A Tribute To Jimi Hendrix

A TRIBUTE TO JIMI HENDRIX

Herausgegeben von Frank Schäfer

MIT BEITRÄGEN VON:

*Ulrich Blumenbach, Esther Breger, Udo Breger, Karl Bruckmaier,
Christoph Dieckmann, Wolfgang Doebeling, Hartmut El Kurdi,
Gerald Fricke, Ulrich Holbein, Axel Klingenberg, Andreas Klotz,
Bernd Matheja, Christian Meurer, Dietrich zur Nedden,
Matthias Penzel, Michael Quasthoff, Friedhelm Rathjen,
Michael Sailer, Helmut Salzinger, Klaus Schneider, Frank Schulz,
Klaus Theweleit, Mark-Stefan Tietze, Wolfgang Welt.*

Schwarzkopf & Schwarzkopf

INHALT

III. WERK

5

IV. WIRKUNG

INTRODUKTION

Am 27. November 2002 hätte Jimi Hendrix seinen Sechzigsten gefeiert. Und vielleicht wäre er bluesiger denn je gewesen, oder jazziger, zum Buddhismus konvertiert, oder zum muslimischen Glauben, hätte mit Steve Morse und Steve Vai eine letztgültige Formation des All-Star-Projekts G3 generiert, oder nur noch Akustikgitarre gespielt für sich und seine Kinder zwölfköpf'ger Schar oder aber Eisengitarre in einer moribunden Black-Metal-Kapelle – nein, das dann wohl eher nicht! (Oder vielleicht doch: Man lese Hartmut El Kurdis Beitrag und urteile selbst!)

Das anstehende Jubiläum zu nutzen, um diesem einflussreichsten Rockgitarristen in der Geschichte des Genres ein angemessenes literarisches Denkmal zu setzen, und zwar in Form einer Kollektiv-Monographie – das war der Plan! Und die Begeisterung hielt sich in Grenzen. »Noch ein Buch über Hendrix? Muss das denn wieder sein?«, fragten die einen. Und andere hängten sogar noch ein ziemlich vernichtendes Diktum an: »Es gibt doch schon so viele Bücher zu Hendrix, die wir auch nicht gelesen haben.«

Nun ja, Letzteren war nicht zu helfen, Ersteren schon. Und zwar mit den Worten meines leider längst verstorbenen Onkels: »Wurst muss, Brot kann!« Das heißt, ein solches Buch muss nicht, kann aber sein. Und umso mehr darf es sein, wenn es sich mit dem eher Abseitigen, zu wenig Beachteten, vielleicht falsch Gewichteten befasst oder eben – und darum ging es hier ja vor allem – um eine literarische Anverwandlung des Gegenstandes bemüht.

Ein paar Autoren haben sich dann tatsächlich hingesetzt und schöne Essays und Storys geschrieben, andere haben auf einen unbedingt nachdruckenswerten Aufsatz verwiesen, wieder andere haben seine Lyrics übersetzt bzw. nachgedichtet – und so ist tatsächlich »noch ein Buch über Hendrix« entstanden. Wie nicht anders zu erwarten: ein Flickenteppich, Haribo Colorado, ein bunter Haufen mithin. Aber besitzt eine solche Collage – und darüber sollte man doch mal nachdenken! – nicht sogar eine gewisse ästhetische Notwendigkeit? Ist diese nicht nachgerade die angemessene Form der Auseinandersetzung mit einem Künstler, der selbst ein Eklek-

tiker war, dessen Spiel und dessen Kompositionen sich unter-
schiedlichster Stile (Blues, Rock, Funk, Soul, Jazz etc.) bedienten?
Kurzum: Wäre unser Kollektivding dann nicht im besten Sinne kon-
genial? Na!

Frank Schäfer, September 2002

I.
Lyrics

Friedhelm Rathjen

ROTES HAUS

Ah yeah!
Ein rotes Haus, das steht da drüben
Da wohnt die, die ich mag
Gott, ein rotes Haus, das steht da drüben
Gott, da wohnt die, die ich mag
Ich war nicht einmal bei der Süßen
In 99 plus halbem Tag

Schreck lass nach, da stimmt doch was nicht
Ein neues Schloss an der Tür
Schreck lass nach, da stimmt was nicht, Gott, so'n Jammer
Das Schloss ist neu an der Tür
Irgendwas läuft verkehrt hier
Ich hab so'n böses Gefühl
Meine Süße, die wohnt nicht mehr hier

Na, da geh ich wohl mal wieder rüber
Marsch zurück, woher ich kam
Das wär doch nicht schlecht
Gott, da geh ich wohl mal wieder rüber
Und marsch zurück, woher ich kam
Denn die Süße, wenn die nicht mehr will ...
Kommt ihre Schwester dran
Yeah.

HEUTE LEB ICH NICHT

Leb ich vielleicht morgen?
Puh, was fragst du mich
Leb ich vielleicht morgen?
Puh, was fragst du mich
Aber eins ist klar
Heute leb ich nicht
Im Fenster nicht mal 'n Fitzel Sonne
Fühl mich, als lebte ich ganz unten in 'nem Grab
I-im Fenster nicht mal 'n Fitzel Sonne
Fühl mich, als lebte ich ganz unten in 'nem Grab
Ach, komm doch bald zu mir und rette mich
So geht's mir hier, ganz miserabel blöd
(Puh) Heute
Leb ich nicht
Vielleicht ja morgen, wer weiß das schon, nur – hmm
Heute
Leb ich nicht
So meine Zeit hier zu vertrödeln, das ist Stuss
Existenz
Hm, puh – Heute
Leb ich nicht
Vielleicht ja morgen, hab wirklich keine Ahnung, nur – hmm
Na, heute
Leb ich nicht
So meine Zeit hier zu vertun, hey,
Das ist Stuß
Existenz
Yeah
Boah
Yeah
Och nee
Yeah
Puh, das Leben ist echt nirgendwo

Boah, nee, [hustet] hmm [schnieft]
Geht ab
(Hast) du was durchgemacht? [klatscht]
Musst was durchmachen [klatscht]
Hmm, musst was durchmachen [klatscht]
Hmm, musst was durchmachen [klatscht]
Hast du was durchgemacht?

HAST DU WAS DURCHGEMACHT?

Wenn du's bloß mal auf die Reihe kriegtest
Hmm – dann komm doch einfach mal zu mir
Wir halten Händchen, schaun uns dann die Sonne an
Wie sie aufsteigt aus dem Meer
Doch sag: hast du was durchgemacht?
Hmm – hat dich jemals einer durchgemacht – hmm?
Na, ich schon
(Na) Ich weiß, ich weiß, du fängst gleich an zu schrein
Du kommst aus dieser kleinen Welt nicht raus
Doch wem in deiner miesen kleinen Welt (hmm)
Willst du bloß beweisen, dass du
Ganz aus Gold bist und – hmm – unverkäuflich?
Hm-hmm, hast du was durchgemacht?
Hat dich jemals einer durchgemacht? (-hmm)
Na, ich schon
Hmm, lass mich's dir beweisen, ja
Trompeten und Geigen hör ich – hmm – da in der Ferne
Ich glaub, die rufen uns beim Namen
Glaub wohl, dass du sie nicht hörst
Wirst du aber, ja, wenn du bloß
Bei der Hand mich faßt
Ohhh – hast du schon was durchgemacht?
Hat dich jemals wer durchgemacht?
Nicht unbedingt bezischt, doch wunderschön

FLÜGELKIND

Und sie gleitet durch die Wolken
Mit 'nem Zirkuskopf, kreislig herum
Schmetterlinge, Zebras
Und Märchen voller Mondscheinstoff
Sonst geht ihr gar nichts durch den Kopf
Beim Windewunderritt

Geht's mir schlecht, kommt sie zu mir
Lächelt tausendfach, mir zum Geschenk
Ist schon gut, sagt sie, ist schon gut
Nimm alles, was du von mir willst, alles, ja
Alles, ja

Flieg zu, Flügelkind
Ja, ja, ja, Flügelkind

DER WIND GREINT MARY

Sind erst alle Clowns in ihren Betten
Die Klappen zu, die Affen tot
Dann kannst du hörn, wie das Glück durch die Straßen irrt
Schritte ganz in rot
Und der Wind flüstert Mary
Ein Besen fegt ohne Sinn
All die Trümmer des Gestern in den Drahtverhau
Irgendwo weint eine Königin
Irgendwo fehlt dem König die Frau
Und der Wind, der greint Mary
Die Ampeln, die springen, hmm, morgen auf blau
Und beleuchten mein Bett mit ihrer Not
Das Inselchen, das treibt flussab
Denn das Leben, das lebte, ist tot
Und der Wind heult Mary
Hmm – wird der Wind sich erinnern
An die Namen, die er einst verweht?
Mit dieser Krücke, dem Alter, seiner Weisheit
Da flüstert er: alles zu spät
Und der Wind greint Mary

Ulrich Blumenbach

PURPURDUNST

Purpurdunst benebelt mich,
Alles wirkt plötzlich so anders.
Benehm' mich daneben, weiß nicht warum.
Tschuldigung, muss grad den Himmel küssen.

Purpurdunst überall.
Weiß nicht, ob ich draufkomm oder runter.
Geht's mir eigentlich gut oder sauschlecht?
Egal was, die Frau hat mich verhext.
Hilfe!
Hilfe!

Yeah!
Purpurdunst vor den Augen.
Weiß nicht, ob Tag ist oder Nacht.
Du machst mich high, ich dreh' gleich durch.
Ist schon morgen oder bloß das Ende der Zeit?

WENN 6 9 WÄRE

Wenn die Sonne nicht mehr scheinen will,
Ist das für mich kein Grund zum Gebrüll.
Wenn die Berge stürzen in den Ozean,
Von mir aus, geht mich doch nichts an.

Ich muss in meiner eigenen Welt klarkommen und
Dich mach' ich nicht nach.

Ist die 6 auf einmal die 9,
Kratzt das doch keinen, das kratzt doch keinen.
Wenn sich alle Hippies die Haare schneiden,
Können sie mir trotzdem gestohlen bleiben.
Kapiert?

Ich muss nämlich in meiner eigenen Welt klarkommen und
Dich mach' ich nicht nach.

Krawattenspießer rasen die Straße runter,
Zeigen mit ihren Plastikfingern auf mich.
Wir sollen dran glauben müssen,
Aber ich werde meine Freakfahne hissen!

Stürzt, Berge, aber stürzt nicht auf mich.
Nur zu, Mr. Koofmich, du kannst dich nicht kleiden wie ich.

Weiß keiner, was ich meine?
Ich muss mein eigenes Leben leben.
Wenn meine Zeit gekommen ist, muss ich sterben,
Also will ich mein Leben so leben, wie ich will.
Also sing weiter, Bruder, spiel weiter, Drummer.

DRITTER STEIN VON DER SONNE

Sternenflotte an Aufklärer, bitte Position angeben. Over.
Ich bin auf der Umlaufbahn um den dritten Planeten des Sterns
Sonne. Over.
Sie meinen, das ist die Erde? Over.
Positiv. Soweit wir wissen, gibt es hier intelligentes Leben. Over.
Das sollten wir uns mal ansehen.

Fremdes, schönes, grünes Gras
Und so majestätische Silbermeere.
Eure unerforschlichen Berge möchte ich mir näher anschauen.
Kann ich meinen schrägen Apparat landen?

Auch wenn mich Eure Welt verwundert
Und Eure majestätische, weise gackernde Henne,
Kann ich Euer Volk nicht kapieren
Und lass' Euch jetzt explodieren,
Und Ihr werdet nie mehr Surfmusik hören.

VOM HIMMEL HOCH

Ich möchte nur mit Euch reden.
Ich tu' Euch nichts.
Ich möchte nur wissen, wie es in Euren verschiedenen Leben so
           zugeht
Auf dieser Menschenfarm.
Ich hab' gehört, manche von Euch haben Familien,
Die leben in Käfigen, groß und kalt.
Und manchmal bleibt Ihr da und verstaubt
Über das Alter hinaus.
Ist das wahr?
Ich will nur mit Euch reden.

Ich möchte etwas erfahren über
Die Räume hinter Eurem Denken.
Seh' ich da ein Vakuum
Oder erblinde ich?
Oder sind das Reste von Schwingungen
Und Echos von einst?
Von Sätzen wie »Liebt die Welt« und
»Die Phantasie an die Macht«?
Ist das wahr?
Ich will nur mit Euch reden.
Ich will nur mit Euch reden.

Einst, in der Eiszeit, habe ich hier gelebt.
Und deswegen interessiert Ihr mich.
Jetzt komm' ich zurück, die Sterne sind futsch,
Und die Welt riecht irgendwie verbrannt.
Die Welt riecht so verbrannt.

Ja klar, kann sein, hm ...
Vielleicht liegt das bloß am neuen Klima.
Hm, hm ...

Klar, ich versteh' das.
Ich versteh' das, Baby.
Ich möchte es mir bloß anschauen.

Wo kann ich eine Eintrittskarte bekommen?
Ich hätte gern einen Logenplatz.
Ich möchte mehr über die neue Mutter Erde wissen.
Ich möchte alles hören und sehen.
Ich möchte alles hören und sehen.
Ich möchte alles hören und sehen.

Udo Breger

FREI WIE EIN STEIN

Jeden Tag der Woche bin ich in einer anderen Stadt
Bleibe ich zu lang, versuchen die Leute mich runterzuziehn
Sie reden über mich wie über einen Hund
Reden über die Klamotten, die ich trage
Realisieren aber nicht, dass sie die Spießer sind
Hey!
Genau deshalb
Kannst Du mich nicht festhalten
Ich will nicht schlecht drauf sein, ich muss hier raus
Auh!
Frei wie'n Stein, zu tun, was mir gefällt
Frei wie'n Stein, mit dem Wind zu ziehen
Frei wie'n Stein, bleiben kann ich nicht
Ich muss, ich muss, muss, muss weg von hier
Yeah!
Alright!
Baby, hör mir mal zu
Hier eine Frau, da eine Frau, die versucht, mich in einem
                                        Plastikkäfig zu halten
Sie schnallen aber nicht, dass er so einfach zu knacken ist
Oh, manchmal aber bringt mir das ein ... Ha!
Merke, wie mein Herz irgendwie auf Touren kommt
Das ist der Punkt, an dem ich weiter muss, bevor ich hängen bleib
Hey! Genau deshalb, Baby, hör zu, kannst du mich nicht
                                        festhalten
Ich will nicht festgenagelt werden
Ich muss frei sein
Auuh!
Ich sagte
Frei wie'n Stein, zu tun, was mir gefällt
Frei wie'n Stein, mit dem Wind zu ziehen

Frei wie'n Stein, bleiben kann ich nicht
Ich muss, ich muss, muss, muss weg von hier
Yeah!
Lass mich los, Baby
Yeah!
Auh!
Mach schon, yeah!
Frei wie'n Stein, mit dem Wind zu ziehen
Frei wie'n Stein, zu tun, was mir gefällt
Frei wie'n Stein, bleiben kann ich nicht
Frei wie'n Stein, ich muss, ich muss, muss weg von hier
Frei wie'n Stein, versuche nicht, mich zurückzuhalten, Babe
Frei wie'n Stein, den Highway hinab
Frei wie'n Stein, oh yeah, Baby
Frei wie'n Stein, ich muss, muss, muss weg von hier
Frei wie'n Stein, Baby, goodbye!
Frei wie'n Stein
...

MANISCHE DEPRESSION

Manische Depression geht mir an die Seele
Ich weiß, was ich will, weiß aber nicht
Wie anstell'n, dass ich drankomm
Gefühle, süß' Gefühle
Es tropft von mein' Fingern, Fingern
Man'sche Depression kassiert meine Seele

Frauen so lustlos, süßes Anlieg'n vergeblich
Du verliebst dich, wirst treulos
Läuft aufs selbe hinaus
Wenn's vorbei, wenn's vorbei ist
Musik, süß' Musik
Ich wünscht, ich könnt liebkos'n, liebkosen
Man'sche Depression, was für'n herber Frust
Auh!
Nun, ich denk, ich klink mich da aus
Und lass mich gehn
Gehn, bis absolut nichts mehr geht
Hat echt kein'n Zweck, häng ich
In deiner Szene herum

Musik, süße Musik
Ich wünscht, ich könnt liebkos'n, einen Kuss, einen Kuss
Man'sche Depression, was für'n herber Frust

Auh!
Yeah!
Musik, süße Musik
Musik, süße Musik

Esther Breger

SICH DIE NACHT UM
DIE OHREN SCHLAGEN

Der Morgen ist tot
Und der Tag ist es auch.
Es ist niemand mehr da, den ich treffen könnt,
Außer dem samtenen Mond.
All meine Einsamkeit, die ich heute gespürt,
Ist wie ein wenig mehr als genug,
Damit ein Mann sich selber aufgibt.

Und ich mache weiter,
Schlage mir die Nacht um die Ohren,
Allein.

Dein lächelndes Porträt hängt jetzt immer noch
An der stirnrunzelnden Wand.
Es macht mir echt, macht mir echt gar nicht mehr so viel aus.
Es ist nur der ständig herabsinkende Staub,
Der mich den vergessenen Ohrring kaum sehen lässt,
Der, kalt zur Tür weisend,
Auf dem Fußboden liegt.

Ich mache weiter,
Schlage mir die Nacht um die Ohren,
Oh Gott, allein.

Einsamkeit ist eine solche Qual.

Also sitze ich hier und starre
In denselben alten Kamin.
Bereite mich auf dieselbe alte Explosion vor,

An die ich immer wieder denken muss.
Und schon sehr bald wird die Zeit lehren,
Was es mit dem Zirkus um den Wunschbrunnen auf sich hat.
Und mit einem, der für mich kauft und verkauft.
Jemand, der meine Glocke läutet.

Aber ich mache weiter,
Und schlage mir die Nacht um die Ohren,
O Gott, allein.
Liebling, kannst du mich nicht rufen hören?
Bin so allein,
Werde mir wohl die Kugel geben müssen.

BURGEN AUS SAND

Die ganze Straße kann man sie schreien hören,
»Du bist eine Schande«,
Und sie ihm die Tür, blau wie er ist, vor der Nase zuknallt.
Und jetzt steht er draußen vor der Tür,
Und alle Nachbarn fangen an zu tratschen und zu geifern.
Er schreit, »Oh, Mädchen, du musst verrückt sein.
Was ist mit der Liebe, die dich und mich so süß verband?«
Er lehnt gegen die Tür und fängt eine Szene an.
Und seine Tränen fallen herab und verbrennen den Rasen vorm
Haus.
Und so fallen sie ins Meer, Burgen aus Sand, irgendwann.

Und ein tapferer kleiner Indianer, spielte, bevor er zehn Jahr war
Kriegsspiele mit seinen Indianerfreunden im Wald.
Und er träumte einen Traum, dass er als Erwachsener
Ein furchtloser Indianerhäuptling auf dem Kriegspfad wäre.
Viele Monde gingen vorüber, und der Traum ließ ihn nicht los, bis
Er morgen sein erstes Kriegsgeheul anstimmen und erstmals in den
Kampf ziehen würde.
Aber irgendwas ging schief und der Tod überraschte ihn im Schlaf
in dieser Nacht.
Und so zerrinnen sie im Meer, Burgen aus Sand, irgendwann.

Es war mal ein junges Mädchen, deren Herz ein einziges
Stirnrunzeln war,
Weil sie auf immer verkrüppelt war,
Und sie brachte keinen Ton heraus.
Und sie wünschte sich und betete, sie könnte aufhören zu leben,
Und sie beschloss zu sterben.
Und sie rollte ihren Rollstuhl weit hinaus an den Strand,
Und sie lächelte zu ihren Beinen herab: »Ihr werdet mir nicht mehr
wehtun«.

Aber dann sah sie etwas, das sie nie zuvor gesehen; und sie sprang
auf und sagte:
»Schau, ein Schiff mit goldenen Flügeln kreuzt meinen Weg!«
Und es musste nicht wirklich beidrehen, es segelte einfach weiter.
Und so rutschen sie ins Meer, Burgen aus Sand, irgendwann.

II.

Hendrix und seine Zeit

Wolfgang Doebeling

BOTH ENDS BURNING

Hey Jimi

Es war, so will es der Volksmund, zwischen den Jahren. Noch schrieben wir '66. Atemlose zwölf Monate lagen hinter uns, beginnend mit »19th Nervous Breakdown« und endend mit »Good Vibrations«. Dazwischen tausend Pop-Abenteuer. Nein: Tausende. Die alle ihren Anfang unter meinem Kopfkissen nahmen, nächtens. Das teure Radio hatte ich im Jahr davor bei einem Wettbewerb der Firma Blaupunkt gewonnen. Massen-Schwof in der Stadthalle Leinfelden, vier lokale Live-Kapellen, eine sklerotischer als die andere, und als Highlight eben jenes »Beat-Quiz Baden-Württemberg«. 64 Teilnehmer, KO-System. Wie beim Tennis. Mit Fragen, die nicht nur deshalb lachhaft waren, weil sie ein geschniegelter, gescheitelter Hörfunk-Heini stellte, sondern weil sie wahnsinnig leicht waren. Jedenfalls für jemand, der sich durch die jahrelange Lektüre einschlägiger Periodika wie »Melody Maker«, »New Musical Express« oder »Disc & Music Echo« gewappnet hatte. Wie heißt der Organist der Animals? Von wem stammt das Original von »Please Mr. Postman«? Aus welcher Stadt kommen die Hollies? Wie lauten die bürgerlichen Namen der Walker Brothers? Pipifax. Nächste Frage. Piece of cake.

Im Finale traf ich auf einen Typ namens Ernst, der sechs oder sieben Jahre älter war und sich ziemlich siegessicher gab. Er arbeite in einem Plattenladen und spiele in einer Band, gab er dem Moderator vom Süddeutschen Rundfunk Auskunft, und daher kenne er sich ganz gut aus. Nach seinen Lieblingsbands gefragt, verkündete er: »Natürlich die Beatles und die Rolling Stones«. Applaus vom lauen Teil des Publikums, Buhrufe und Pfiffe aus dem Stones-Lager. Was für ein Depp, dachte ich. Und antwortete auf dieselbe Frage viel zu leise: »Die Stones, nicht die Beatles«. Was vom Conferencier im hellblauen Blazer zum weißen Rollkragenpulli so prompt wie frohsinnig für das Publikum verfälscht wurde. »Ist ja prima«, dröhnte der Schlageronkel, »Wolfgang und Ernst haben denselben guten Geschmack«. Scheiße. Ich schüttelte ohnmächtig den Kopf, rief »Nein! Nein!«, doch der Profi-Plauderer hatte das Mikro und war bereits dabei, die letzten Quiz-Hürden zu erläutern. Jede der vier Combos würde einen Shadows-Hit anspielen, und gewonnen habe, wer die meisten identifizieren könne. Bei »Apache« hatte Ernst die Hand schneller oben, weil ich noch an der Schmach zu knabbern hatte, als Beatles-Fan dazustehen. Mit »Wonderful Land« glich ich aus, ging mit »FBI« in Führung und mit »The Frightened City« souverän durchs Ziel. Mein Glück, dass die Shadows fünf Jahre lang zum täglichen Brot gehörten. Ernst durfte sich über den zweiten Preis freuen. Ein Transistor-Radio »im Wert von 199 Mark«, wie der Quiz-Master in Diensten von Blaupunkt mitteilte. Um danach jenes »Modell der Luxusklasse« anzupreisen, für das im Laden stolze 329 Mark hingeblättert werden müssten und das nun in den Besitz von yours truly übergehen würde. 329 Mark! War irre viel Geld damals. Ich hatte den Betrag bereits in meine persönliche Währung umgerechnet, bevor ich das edle Gerät in Händen hielt: 69 Singles oder 18 LPs. Sechs Kilo wog der Apparat, doch spürte ich kein Gramm davon, als ich ihn später – der letzte Bus war längst weg – zwei Stunden nach Hause trug. Das war im Herbst 1965.

Und nun, wie gesagt, war Weihnachten '66 gerade in familiärer Harmonie verklungen.

Schulfrei. Was bedeutete, dass ich die ganze Nacht Radio hören konnte. Leise zwar, denn mein Bruder schlief nur wenige Meter entfernt, aber doch laut genug, um alles zu absorbieren. Wenn der Empfang passabel war. Das hing nicht zuletzt vom Wetter ab, das zwischen Sender und Empfänger herrschte. Und von der Stärke des betreffenden Mittelwellen-Senders natürlich. Radio Luxemburg auf 208 Meter war nachts kein Problem. Doch die Pirate Stations, die fast alle vor der südostenglischen Küste vor Anker lagen, brauchten schon optimale Bedingungen, um ihre Signale ohne allzu schlimme Störungen nach Stuttgart durchzubringen. Und so hatte ich ständig damit zu tun, die Ferrit-Antenne meines Blaupunkt auf die jeweilige Situation im Äther einzustellen. Und hörte in jener Nacht kurz vor Neujahr Radio Caroline. Mein bevorzugter Sender, seit Radio England im November die Segel gestrichen hatte.

Es ging gegen Mitternacht und es war Johnnie Walkers Show, wenn mich mein Gedächtnis nicht trügt, die diesen Kugelblitz von einem Gitarren-Intro unter mein Kopfkissen jagte. Elektrisierend. Acht, neun Sekunden nur, quecksilbrig, überfallartig, sinister. »Hey Joe«, bellte einer den Blues, den Namen indes verstand ich nicht. Wohl aber, dass dieses magische Stück Musik zum Radio Caroline »Sureshot« erkoren worden war und mithin mehrmals täglich zu hören sein würde. Ich blieb dran. Und wurde paar Stunden später belohnt. Wieder dieses wunderbar flüssige Intro, wieder diese traurige Stimme. Ein paar Textfetzen kamen an, klangen dunkel und bedrohlich. »Hey Joe«, tönte es durch die Federn, »I shot your woman down«. Diesmal verstand ich den DJ besser. Irgend etwas mit »Experience«. Ich stand auf, knipste die Schreibtischlampe an und begann, in meinen Musikblättern nach Hinweisen zu suchen. Im »Melody Maker« wurde ich schließlich fündig. Eine kleine Anzeige von Polydor, links unten in der Ecke, die »Hey Joe« bewarb von The Jimi Hendrix Experience. »Brandnew single – out soon« hieß es lapidar. Kein Info, kein Photo. Aber alles, was ich brauchte.

Zwei, drei Telefonate am nächsten Tag ergaben lediglich, dass die zwei, drei Beat-Kenner unter meinen Freunden keinen Schimmer hatten. Dasselbe galt für die Verkäufer der Plattenläden, die ich frequentierte. Nicht einmal bei Radio Barth konnte man mir helfen. Das war bitter, hatte ich zwar die rund fünfzig Mark, die Weihnachten erbracht hatten, bereits für Platten ausgegeben, doch befand sich in meinem Besitz noch ein Barth-Gutschein. Für eine Single, Wert: 4 Mark 75. Brannte mir ein Loch in die Tasche, das Ding. Doch ich löste ihn nicht ein, obschon »Happenings Ten Years Time Ago« von den Yardbirds, »Dead End Street« von den Kinks und »Stop Stop Stop« von den Hollies verheißungsvoll in den Auslagen lockten. Was, wenn »Hey Joe« hereinkäme und es mir an Barem gebräche? Und so nervte ich das Barth-Personal bis in den Januar hinein. Eines Tages, die Schule hatte schon wieder begonnen, war sie dann da. Ein schmuckloses Árt-Sleeve, wieder kein Photo. Eine Dummheit von Polydor, ja ein Frevel, bedenkt man das visu-

elle Potential dieser Band. Anyway, mein Plattenspieler lief heiß
mit »Hey Joe« und »Stone Free«. Dann ging es Schlag auf Schlag.
Im März kam »Purple Haze«, endlich mit Pic-Sleeve. Im April wurde ich siebzehn, im Mai liebte ich »The Wind Cries Mary«, im August »Burning Of The Midnight Lamp«. The Jimi Hendrix Experience hatten meine Top-Ten geentert. Platz sieben. Nach den
Stones, Walker Brothers, Beach Boys, Byrds, Kinks und The Who.

Way to go, Jimi

Das folgende Jahr war ein durchwachsenes. Die Musik wurde aben-
teuerlicher, die Politik zog den Stöpsel. Im Sommer 1968, während
»Jumping Jack Flash« die Airwaves regierte, bevor die Beatles mit
»Hey Jude« und »Revolution« vollends auseinanderfielen, ratifi-
zierte die Labour-Regierung den Marine Broadcasting Offences
Act, der die Pirate Stations zum Verstummen brachte. Radio Caroline sendete zwar illegal weiter, doch es war nicht mehr dasselbe. Und Radio One, die von der BBC installierte neue Popwelle,
war nur ein müder Ersatz. Obwohl man die besten Pirate-DJs angeheuert hatte, von Stuart Henry über Emperor Rosko bis John
Peel. Jetzt war es halt Pop von Staats wegen. Öffentlich-rechtlich,
könnte man sagen. Man spielte The Move, The Nice und Pink
Floyd, aber eben nicht mehr von einem in rauher See schlingern-
den Schiff, den klimatischen wie politischen Mächten trotzend. Die
Statik von Swinging London wankte.

The Jimi Hendrix Experience war zu einem der tragenden Pfeiler Pop-Londons avanciert. Seattle? Forget it. Dies war eine britische Institution. Weniger, weil Noel Redding und Mitch Mitchell
Brit-Kids waren, aus Middlesex und Kent, sondern weil Hendrix
selbst erst ein Bein auf die Erde kriegte, nachdem er im Herbst '66
Londoner Boden betreten hatte. Die frühen Roundhouse-Gigs
formten Hendrix mehr als seine jahrelangen Handlangerdienste für
die Isleys, Little Richard, King Curtis oder Curtis Knight. Jimi Hendrix war, ähnlich wie die Walker Brothers, nur dem Pass nach Amerikaner. In Sachen Atmo, Stil und Gefühl gehörte er zu Londons

Pop-Society. Die sich freilich nicht zu fein war, auf Geheiß jener Biedermänner, die damals das Sagen hatten bei den paar nennenswerten Plattenfirmen, regelrecht hausieren zu gehen. Mit ihren Tonkonserven bei Radio One. Ich erinnere mich an ein Interview mit Jimi Hendrix, das ihn als Opportunisten outete. Oder als Nihilisten. Jedenfalls waren seine Kommentare zu Gott und der Welt extrem wischiwaschi und beliebig interpretierbar. Jimi liebte, wollte man ihm glauben, alles und jeden. Muss ihm sein Manager Chas Chandler eingeflüstert haben. Der schickte sein musikalisches Mündel auch auf bizarre Package-Tours mit Cat Stevens und Engelbert Humperdinck. Die Hitparade unter sich.

Mein erstes Hendrix-Konzert erlebte ich in Stuttgart. Liederhalle, Beethovensaal. Ich war gerade 18 geworden und hatte gute Erfahrungen mit Bullshitting gemacht. Hey, the world was my oyster. Wer hätte mich aufhalten können? Nun, der livrierte Pförtner der Liederhalle zum Beispiel. Wir, das heißt mein Freund Peter und ich, waren am frühen Abend, circa drei Stunden vor Konzertbeginn am Seiteneingang vorstellig geworden und begehrten Einlass. Auf Englisch. Na ja, Schulenglisch. »We're with the band«, sagte ich forsch. Der Pförtner musterte uns mißtrauisch, schüttelte den Kopf. »No come in here«, radebrechte er. Muss Mitte sechzig gewesen sein und offenbar überfordert. Die Geigenkastenträger, mit denen er sonst zu tun hatte, verhielten sich vermutlich anders. Und hatten auch nicht Haare bis über die Schultern. »Have you passport?« fragte er, schon ein wenig verunsichert. »No Sir«, erwiderte ich, »all we have are these newspapers«. Und hielt ihm die eben am Bahnhofskiosk erstandenen Weeklies unter die Nase. »NME«, »Disc« und »Melody Maker«. Er las ein paar Worte und gab sich schon fast zufrieden, griff aber wohl zur Sicherheit zu seinem Walkie-Talkie. Jetzt hieß es, schnell zu handeln. »Look«, sagte ich ungeduldig, »we are in a hurry. Jimi is waiting, we must play«. Von drinnen drang Feedback an unser Ohr. Ich zeigte auf das Poster an der Wand der Pförtnerloge. Ein bunt verkabeltes Afro-Haupt. Jimi Hendrix. »Look«, hob ich erneut an, »this is Jimi and he is waiting for us«. Peter, der ab und zu ein schüchternes »yeah« eingestreut hatte, sagte nun beherzt »yeah«. Der Livrierte gab sich geschlagen.

Ein letzter prüfender Blick auf meine Zeitungen, dann ließ er uns passieren. Nicht ohne uns mit Händen und Füßen erklärt zu haben, wie wir auf dem schnellsten Weg zu den Künstlergarderoben gelangen konnten. Drei Minuten später stolzierten wir im Backstage-Bereich herum, als ob es das Normalste der Welt wäre.

Jimi Hendrix schaute kurz auf, als wir sein Allerheiligstes betraten. Und wandte sich wieder dem Catering zu. Ein halbes Dutzend Gitarren lehnten an der Tischkante. Noel Redding kam und ging, ein paar langmähnige Mädchen standen kichernd im Korridor, Mitch Mitchell trommelte nervös mit den Fingern auf einer Sessellehne, Roadies schleppten Amps auf die Bühne, niemand nahm Notiz von uns. Hendrix machte einen zugleich gelangweilten und unnahbaren Eindruck. Er sagte wenig, sprach leise. Überhaupt ging es extrem gesittet zu. The Eire Apparent, ein psychedelisches Quartett aus Irland, bestritt das Vorprogramm. Kamen aus demselben Management-Stall wie Hendrix, die Jungs. Jimi hatte sogar auf ein paar ihrer Aufnahmen gastiert. Live hinterließen sie einen guten Eindruck, spielten mit mehr Dringlichkeit und Drive als auf Platte.

Hendrix selbst verließ seinen Raum nicht, saß eine Weile dösend in einer Ecke. Dann futterte er wieder. Ihn anzusprechen trauten wir uns nicht. Aus Angst, uns zu verraten. Ordinäre Fans waren schon damals nicht gelitten im Backstage-Refugium der Stars. Erst kurz vor der Show, als Hendrix sich anschickte, an uns vorbei die Bühne zu betreten, fasste sich Peter ein Herz, ging mit Kuli und Zettel auf ihn zu und sagte: »Jimi, perhaps you can give me an autograph«. »Perhaps«, meinte Hendrix spöttisch und ließ meinen verdutzten Freund stehen. Was haben wir gelacht, später, auf dem Heimweg. Peter mit Autogramm. Hendrix hatte sich seiner erbarmt, nachdem er sich auf der Bühne nicht gerade verausgabt hatte. Es war trotzdem toll. Zumindest der musikalische Teil. »Foxy Lady« und »Manic Depression« waren wild und wundervoll, die Hits enttäuschten nicht, nur die Zirkuseinlagen erschienen uns reichlich überflüssig. Jimi kniet vor seiner Gitarre, zündet sie an, spielt mit der Zunge, über Kopf auf dem Rücken, der ganze Quatsch. Blendwerk, Mann. Dafür waren wir zu alt, ich 18, Peter 19. Experienced.

Jimi going, going, gone

Mein letztes Hendrix-Konzert nahm seinen enttäuschenden Lauf im August 1970, auf der Isle Of Wight. The Jimi Hendrix Experience hatte sich längst erledigt, Noel Redding war im Unfrieden geschieden. Dennoch hatten die Festival-Veranstalter auf ihren Plakaten mit dem Bandnamen geworben. Kein gutes Omen, fand ich. Ein Etikettenschwindel. Passte aber irgendwie zu diesem Mammut-Spektakel. Joni Mitchell in Tränen, Leonard Cohen in der Morgendämmerung, die Doors uninspiriert, die Moody Blues famos, Kris Kristofferson umstritten. Weil kaum einer sein »Blame It On The Stones« kapierte. Und Emerson, Lake & Palmer pompös, samt Kanonendonner. Im Rückblick lässt sich leicht urteilen: dies war der Anfang vom Ende. Es ging mit Siebenmeilenstiefeln in Richtung jenes Abgrunds, den wir heute Prog-Rock nennen, der damals aber für sich in Anspruch nahm, die Zukunft zu sein. Prätention, noch ohne Arg.

Jimi schien sich für all das nicht sonderlich zu interessieren. Für seinen Auftritt auch nur am Rande. Über weite Strecken schien er neben sich zu stehen, spielte wie in Trance. Dieses etwas dumpfe Band-Of-Gypsys-Zeugs. Jamming, maaaan. Was nicht leichtfällt, wenn die Ärmel zu lang sind – und der attention span zu kurz. Vom Moderator Jeff Dexter als »the man with the guitar« angesagt, durchaus respektvoll, erwies sich Jimi Hendrix in dieser Nacht außerstande, seinem Ruf gerecht zu werden. Ich persönlich fand ihn faszinierend. Sicher, vieles war halbgar. Bei der einen oder anderen Blues-Variation fand er nicht mehr zum Ausgangsmotiv zurück. Aber Hendrix zeigte Haltung, verließ die Bühne in Würde, winkend. Ein paar Monate später war er tot.

Helmut Salzinger

ROCK POWER

oder: *Wie musikalisch ist die Revolution?*

Wir widmen dieses Stück allen Soldaten, die in Chicago kämpfen und (kleine Pause) in Milwaukee und (kleine Pause) in New York. Ach ja, und allen Soldaten, die in Vietnam kämpfen.

Mit diesen Worten sagte Jimi Hendrix in der Silvesternacht 1969 seine Nummer »Machine Gun« an. Zu hören auf der Hendrix-LP »Band Of Gypsys« (Polydor 2480005). Die Namen der amerikanischen Städte bezeichnen jene Straßenschlachten, die die revolutionäre amerikanische Jugend der Polizei und der Nationalgarde lieferte. Einige von ihnen. Jimi Hendrix, so ist dieser Ansage zu entnehmen, ist auf ihrer Seite. Mehr: er ist einer von ihnen. Es kommt ganz spontan heraus. Das Jahr 69 ist zu Ende. Im Jahre 70 wird der Kampf weitergehen. Ein Rock-Star, der ein Revolutionär ist, spielt für Rock-Fans, die Revolutionäre sind.

Wir widmen dieses Stück allen Soldaten, die in Birmingham kämpfen, allen Skinheads, allen Soldaten, die in London kämpfen. Ach ja, allen Soldaten, die in Vietnam kämpfen.

Mit diesen Worten sagte Jimi Hendrix am 30. August 1970 beim Festival auf der Isle of Wight seine Nummer »Machine Gun« an. Wer da war, weiß es vielleicht noch. Wer nicht da war, kann es auf der Raub-Doppel-LP, die den Mitschnitt des Auftritts von Jimi Hendrix enthält, hören. Die kleine Interjektion »oh yes« entlarvt die Spontaneität der Ansage als einstudiert. Das revolutionäre Engagement ist Teil der Bühnenshow.

Der Rock ist ein Gebrauchswert, der ein besonderes Bedürfnis befriedigt. Um ihn hervorzubringen, bedarf es einer bestimmten Art produktiver Tätigkeit. Sie ist bestimmt durch ihren Zweck, Operationsweise, Gegenstand, Mittel und Resultat.

Soweit Karl Marx im »Kapital« (Marx-Engels-Werke, Bd. 23, S 56).

Jerry Rubin: Der Rock'n'Roll bezeichnete den Beginn der Revolution.

Jimi Hendrix war ein farbiger Amerikaner. Später wurde er ein Pop-Star.

Er starb knapp drei Wochen nach seinem Isle of Wight-Auftritt unter nicht ganz geklärten Umständen. Durch seinen Tod löste er einen neuen Hendrix-Boom aus. Seine Plattenfirma dankte es ihm mit einem Nachruf: Trotz seines dauerhaften Erfolgs hat Jimi nie aufgehört, ein Anti-Star zu sein.

Der Spiegel: ... Deutschland-Tournee, bei der er sich im Mercedes-600-Pullman chauffieren lässt ...

Melanie:
... selling's not my game
I sing
The life I'm livin'

Jimi Hendrix: Ich hasse es, mich fein anzuziehen und auf Gesellschaften zu gehen. Ich habe immer das Gefühl, dass mich die Leute nur einlassen, weil ich der Star Hendrix bin und nicht der einfache James Maurice Hendrix aus den Slums von Seattle.

The Byrds:
Gotta pay for riches and fame
...
Don't forget who you are
You're a rock'n'roll star

Jim Morrison von den Doors:
music is your only friend
until the end
until the end
until the end

Jim Morrison starb im Juli 1971 unter nicht ganz geklärten Umständen in einem Pariser Hotelzimmer.

Jim Morrison:
we want the world and we want it
nowwwwwwwwwwwwwwwww

sad. Stockholm, 15. August 1971. Wird der Stockholmer Jimmi Sundquist (1) bald 1,3 Millionen Mark erben? Das Baby ist das uneheliche Kind des amerikanischen Pop-Idols Jimi Hendrix, der im vorigen September starb. Die Mutter, die 27-Jährige Schwedin Eva Sundquist, hatte Hendrix bei einem Urlaub auf Mallorca zehn Monate vor seinem Tod kennen gelernt. Sie meldete jetzt Erbansprüche an. Das Millionen-Vermögen des Pop-Sängers war seinem Vater zugefallen.

Die BILD-Redakteure mussten, um Jimi Hendrix zum Millionär ernennen zu können, erst die kümmerlichen Dollars in gute Deutsche Mark umrechnen.

Wolfgang Welt

TOD IN LONDON

Let's go back, back in time. 1970 war der Krieg in Vietnam noch nicht gewonnen, aber wir Langhaarigen an der Heimatfront, denen Lennon/McCartney mehr bedeuteten als Marx & Engels, hatten endgültig nach einer schier endlosen Schlacht unsere Eltern und Lehrer zerschmetternd besiegt: Der Damm war gebrochen – unsere Haare wuchsen ins Ungeahnte und sollten praktisch erst nach zehn Jahren, Punk sei Dank und weil die Schöpfe dünner wurden, wieder geschnitten werden. In jenem Jahr fuhren wir mit unserer Oberprima ins Ziel meiner Teenager-Träume, nach London. Einige Mitschüler hatten zwar für Paris plädiert, aber wir Anglophilen behielten die Oberhand.

Der September war schön. In den knapp zwei Wochen, die wir dablieben, hatten wir keinen regnerischen Tag und auch sonst: Never a dull moment. Wir wohnten mit je zwei Jungs bei einer englischen Familie. Mir gefiel meine (Mutter mit Adoptivsohn) so gut, dass ich später öfter bei ihnen übernachten sollte.

Das übliche Programm war rasch erledigt (Madame Tussaud's, Tower, Windsor Castle). Wir kauften uns Go-as-you-please-tickets und kurvten damit in unserer freien Zeit durch halb London. Abends ging's in Pubs oder Konzerte, samstags zum Fußball. Ich sah Crystal Palace gegen Manchester United, damals noch mit Bobby Charlton, Dennis Law und George Best im Angriff. Wir verfolgten mit offenem Mund im berühmten Marquee Gruppen wie die Keef Hartley Band und Gentle Giant. Nach ein paar Tagen wollten wir uns Eric Burdon and War ansehen, die laut »Time Out« im Ronnie Scott's Club auftreten sollten, der einem bekannten englischen Jazzer gehörte. Wir kamen nachmittags in der Frith Street in Soho an. Wir wussten nicht, wie groß der Laden war. Jedenfalls zu klein für uns. Er war ausverkauft, oder man wollte uns Schnösel mit dem deutschen Akzent einfach nicht dabei haben. Wir gingen statt dessen Cider trinken.

Zwei Tage später erreichte uns von den Zeitungsschlagzeilen die Nachricht, dass Jimi Hendrix in London gestorben war. Dienstags riss ich dem Händler den »New Musical Express« aus der Hand, um Genaueres aus meiner Bibel zu erfahren. Dass er an seiner eigenen Kotze nach Drogengenuss erstickt war, überraschte mich kaum, wohl aber, dass er an jenem Abend, als ich Eric Burdon and War sehen wollte, eben mit dieser Band auf der Bühne von eben jenem Ronnie Scott's Club gejammt und dabei die Nummern »Mother Earth« und »Tobacco Road« gespielt hatte. Es war sein letzter öffentlicher Auftritt, und ich hatte ihn knapp verpasst.

Im Jahr drauf flog ich nach dem Abitur und dreimonatiger Maloche auf der Ritter-Brauerei wieder in ein sonniges London und mir geschah ähnliches. Ich hatte die Wahl, entweder in den Marquee in die Wardour Street zu gehen, um einen Rock'n'Roller der ersten Stunde, Gene Vincent (»BeBop A Lula«), live zu erleben, der noch immer an den Verletzungen litt, die er sich in dem Verkehrsunfall zugezogen hatte, bei dem sein Freund Eddie Cochran (»Summer Time Blues«) am 17. April 1960 sein Leben gelassen hatte. Oder, und dafür entschied ich mich, am selben Abend endlich mal die Crickets zu sehen, die Buddy-Holly-Gruppe, die als Stargäste eines Rock-Film-Festivals im National Film Theatre auftreten sollten. Ich fuhr also zur Southbank und kaufte mir im NFT ein paar Songbooks, in die ich mir Autogramme von den »Grillen« geben lassen wollte. Aber die Veteranen schafften es nicht rechtzeitig bis an die Themse. It's a long way from Lubbock. Stattdessen erklomm Marty Wilde die Bühne, ein mittelmäßiger englischer Cliff-Richard-Rivale. Berühmter als er wurde zehn Jahre später seine Tochter Kim (»Kids In America«). Scheißabend. Ich hatte die Legende Gene Vincent nicht erlebt. Ein paar Tage später starb auch er, und ich hatte auch seinen letzten Auftritt versäumt ...

Bob Dylan hatte im Januar 59 in seinem Heimatort Duluth/Minnesota Buddy Holly noch drei Tage vor dessen Tod mitkriegen können und schwärmte noch Jahre später davon im »Rolling Stone«. Solch ein Schlüsselerlebnis war mir nicht vergönnt.

Als ich im Herbst 1997 mal wieder in London war, sah ich zwei Leute singen, die Ende der siebziger Jahre zu meinen Favoriten gezählt hatten, Al Stewart (»The Year Of the Cat«) und Steve Forbert (»Alive On Arrival«). Abgestürzt aber ist im Oktober John Denver (»Leaving On A Jet-Plane«). Diesmal war ich nicht in der Nähe, auch nicht bei seinem letzten Gig. Aber immerhin hatte er denselben Geburtstag wie ich. So was verbindet.

Gerald Fricke

WARUM REBELLIERT DIE DEUTSCHE JUGEND?

Experten im Gespräch

Die Sechziger sind schon ein komisches Jahrzehnt, auch und gerade in Westdeutschland. Im Anschluss an den »Sommer der Liebe« vollzog sich, im Dezember 1967, ein beachtenswertes Stück Fernsehgeschichte. Der große Frankfurter Philosoph und Musikkritiker Theodor Wiesengrund Adorno, Prof. Karl Schiller, Minister und Aushängeschild der Großen Koalition und späterer Superminister unter Willy Brandt (für Wirtschaft und Finanzen), der Politikwissenschaftler Prof. Kurt Sontheimer, der Soziologe Ralf Dahrendorf, der Psychoanalytiker Prof. Alexander Mitscherlich, der Schriftsteller, Bildhauer und spätere Literaturnobelpreisträger Günter Grass und, last but not least, Rudi Dutschke, aufstrebender Bürgerschreck, diskutierten zu später Stunde im ZDF über »Jugend und Rebellion im technischen Staat«. Im Rahmen der Sendung »Zur Person«. Eine Sendereihe ohne »Geschwätz«, in der es nur auf das »wirkliche, auf das wesentliche gebrachte Gespräch« ankommt, wie die »Frankfurter Rundschau« anerkennend in der damaligen Zeit schrieb.

Die Gesprächsleitung lag wie immer bei Günter Gaus. »Gaus versteht es«, wir zitieren immer noch die »FR«, »geschickt, zuweilen auch hartnäckig und bohrend zu fragen, ohne jemals taktlos zu werden. Die Zunge immer spitz, aber nie im Giftfaß.« Als musikalischer Sachverständiger der Sendung war Bill Ramsey geladen, der den »Jazz nach Hause« geholt habe, wie Günter Gaus schmunzelnd erläuterte. Leider sollte dieses einzigartige, schwarz-weiße Dokument deutscher Geschichte aufgrund musikalischer Differenzen nie gesendet werden. Uns liegt aber eine Abschrift vor.

Die Diskussion drehte sich um Fragen der Rebellion im Inneren und Äußeren. Wir überspringen die ersten zwanzig, dreißig Minuten. In dieser »Warm up«-Phase versuchten einige Komödianten, heute würde man »Animateure« sagen, die Diskutanten und das Publikum »aufzuheizen«. Insbesondere von Prof. Adorno wurden diese Versuche als »albern« und »unangemessen« zurückgewiesen. In der Aufzeichnung wäre zu erkennen gewesen, wie Adorno das Gesicht verzieht, zugleich aber Prof. Sontheimer und Günter Grass bei der Mary-Roos-Parodie durchaus fröhlich mitschnippsen. Dann geht es endlich zur Sache. Günter Gaus braucht nur ein Stichwort zu sagen, und schon sticht der Hafer. Aber hören wir selber: Günter Gaus sagt: »Ich brauche wohl nur ein Stichwort zu sagen, Herr Prof. Mitscherlich. Hitler!«

Prof. Mitscherlich springt natürlich gleich darauf an und führt aus, dass die deutschen Jugendlichen nie einen Hitler erlebt hätten und deshalb trauerten. Unverarbeitete Trauer aber schlage in Wut und Rebellion um. Diese beziehe sich auch auf den »technischen Staat«. Die Unwirtlichkeit unserer Städte trage ein Übriges dazu bei. Prof. Schiller kontert geschickt, »Technik hin oder her«, klar sei, dass jeder Deutsche innerhalb von dreißig Minuten die Autobahn erreichen müsse. Müsse! Ovationen im Publikum. Eins zu null für die SPD. Nun wendet sich Günter Gaus an Theodor Adorno.

»Herr Prof. Adorno. Beat-Musik als Größe der politischen Sozialisation. Was ist Ihre Meinung dazu?« Adorno kaut an der Pfeife. Er scheint immer noch empört über die unangemessene Mary-Roos-Parodie zu sein. Da fährt ihm Ralf Dahrendorf in die Parade: »Beat-Musik entspringt dem westlichen Modernisierungsschub. Die Nachkriegsjugend sehnt sich nach neuen Lebenskonzepten. Die politisch kontrollierte Wirtschaft bietet diese Alternativen in politisch kontrollierter Form an ...« – »Sie meinen«, hakt Gaus nach, »die, sagen wir, Beat-Kultur ist nicht authentisch, sondern ›gemacht‹. Da spielen also Kapitalverwertungsinteressen mit hinein?« – »Ja, das ist alles ein großes Geschäft geworden. Am Anfang waren die Trommeln Afrikas. Dann kam der Jazz. Betrachten Sie nur den Siegeszug des Jazz einmal genauer. Der verlief parallel zu dem des Automobils. Es waren die Fabriken Henry Fords, die ab 1908 das Fahrzeug mit Verbrennungsmotor zur Massenware machten – Fabriken mit Fließband und tayloristischen Methoden. Da wurde

ein ganz neues Niveau in der ›Rationalisierung‹, in der Abstrakt-
heit und Messbarkeit von Arbeit erreicht, das bald auf die Produktion anderer Konsumgüter übergriff. Auch die Schallplatte entwickelte sich zur industriell gefertigten Massenware.«
Nun ist auch Adorno hellwach:»Jazzmusik? Negermusik! Der
Jazz ist Ware im strikten Sinn. Der Jazz charakterisiert eine Sub-
jektivität, die gegen eine Kollektivmacht aufbegehrt, die sie doch
selber ›ist‹; darum erscheint ihr Aufbegehren lächerlich und wird
von der Trommel Afrikas niedergeschlagen wie die Synkope von
der Zählzeit. Das ›Zerfetzen der Zeit‹ durch die Synkope ist ambi-
valent. Es ist zugleich Ausdruck der opponierenden Scheinsubjek-
tivität, die gegen das Maß der Zeit aufbegehrt, und der von der ob-
jektiven Instanz vorgezeichneten Regression.« – »Jaja, blabla, das
ist doch alles herrschaftsverschleiernd. Wir sprechen hier über Kapitalismus und Faschismus. Die NPD marschiert in die Landtage.
Das ist der Kapitalismus heute. Wir sprechen hier über amerikanische Musik, und zur gleichen Zeit führen die USA einen Vernichtungskrieg gegen das vietnamesische Volk. Mich interessiert nicht
die Musik, mich interessieren diese Zusammenhänge.« – »Herr
Dutschke, Sie sprechen davon, den Kampf um die Befreiung, wie
Sie, die Studenten und Ihre Genossen es nennen, in die westlichen
Metropolen zu tragen. Nun haben wir aber erlebt, dass in den USA,
in San Francisco die jungen Menschen nicht kämpfen wollen, sondern mit Blumen in den Haaren ...« – »Herr Gaus, entschuldigen
Sie, ich lach' mich tot.«

Prof. Schiller versucht zu mediatisieren:»Blumen sind doch etwas Schönes, Herr Dutschke, nicht wahr. Wenn Sie mich fragen,
ich liebe nicht Deutschland, sondern meine Frau, wie ja auch der
spätere Bundespräsident Gustav Heinemann sagen wird, nicht
wahr, und dazu gehören für mich Blumen.« Prof. Sontheimer ist
nun herausgefordert. »Nun, geehrter Herr Kollege Schiller, wenn
Sie hier öffentlich über die Möglichkeiten einer sozialliberalen Re-
gierungskoalition nach 1969 spekulieren ...« Prof. Dahrendorf
bleibt am Ball:»Sie sprechen über Reformpolitik. Nun, einige junge Leute entziehen sich dem neuen, soliden Wohlstand. Aussteiger.
Die Springer-Presse nennt sie Gammler. Lassen Sie mich aber noch

kurz einen Gedanken zur populären Musik nachtragen. Die Rock-Musik ist jenes im republikanischen Amerika der 50er Jahre kreierte Medium, das die weißen Jugendlichen von der Zuwendung zu den schwarzen Radios, der schwarzen Musik und damit einer Gegen-Kultur heimholen sollte. Die doppelte kulturelle Sozialisation gebar aus dem schwarzen Blues und der weißen Country-Music ...«–»... den Mulatten Rock'n'Roll!« enragiert sich Adorno. Bill Ramsey zuckt:»Ick weiß nich, ick weiß nich. O.k., ick bin Pausenclown aus USA. Sackt man so? Onkel Pausenclown aus Amerricka. O.k., ick akzeptiere. Aber was ist mit Elvis Presley? Kein Pausenclown? Kein Retorte? Nickt Körper gewordene Ikone der pubertären Haltung: Stimme, Hair, Styling, Bewegung. Ist das nickt Retorte?« Rudi Dutschke greift den Gedanken auf:»Fetter Elvis, Sackgesicht, natürlich. Das staatskapitalistische Ziel bei Elvis bestand darin, ihn einzugliedern in das System, bis hin zum Eintritt der Leitfigur in die Armee, der ›King‹ affimierte so die kapitalistische Kultur. Da muss ich Bill Ramsey Reckt, äh Recht geben.«

Alexander Mitscherlich lässt nicht locker:»Sexualität als Medium der pubertären Ich-Findung war der Motor der Zuwendung, Sexualität war das Mittel der Kontrolle, der Körper ist das Zentrum der Beat-Kultur: nicht die christliche Züchtigung, wohl aber Kastration ohne, äh, jetzt hab ich mich ...« Günter Gaus unterbricht:»Lassen wir doch bitte die Kirche im Dorf, Herr Mitscherlich, bzw. das Genitale im Schoß, haha, kommen wir zurück auf die Politik.« Günter Grass platzt der Geduldsfaden.»Benno Ohnesorg musste sterben, in diesem vermeintlichen Sex-Sommer, damit ein orientalischer Despot in Berlin ungestört seinen Faschismus feiern kann. Und wir sitzen hier wie die Gruppe 47. Ich bin empört über den Verlauf der Auseinandersetzung. Die Notstandsgesetze würde ich niemals durchgehen lassen. Die Espede sollte sich gut überlegen, ob sie wirklich weiter die Regierung eines NSDAP-Mannes stützen will. Ich beobachte mit großem Interesse das Aufkommen der sogenannten Außerparlamentarischen Oppositionen ...« – Dutschke grunzt:»Ha! Aha!« – »... warne aber zugleich davor ...«

Prof. Schiller unterbricht:»Nana, Herr Grass. Wir schaffen hier einen modernen Staat, das wissen Sie. Wir brauchen keine amerikanische Musik, Herr Gaus, Herr Adorno, aber wir können sehr viel von den westlichen Industriestaaten übernehmen. Wir brauchen eine keynesianisch inspirierte Globalsteuerung der Finanzpolitik. Im Rahmen einer konzertierten Aktion. Die Sozialdemokratie in Deutschland ist keine marxistische Glaubensgemeinschaft mehr, nicht wahr, sondern die Kraft für das magische Viereck« – Prof. Sontheimer wirft ein:»Ad eins Wirtschaftswachstum, ad zwei Vollbeschäftigung, drittens Geldwertstabilität, viertens außenwirtschaftliches Gleichgewicht.«»Sehr richtig«, bescheidet Schiller dem vorwitzigen Kollegen,»und ich sage immer: So viel Markt wie möglich, so viel Staat wie nötig. Von den jungen Leuten höre ich immer: Konzeptalbum. ›Sgt. Pepper‹. Progressive Rock. Was soll das?« – »Ja, auck in der Musik, Improvisation ja, aber konstruktiv muss sie sein!« wirft Bill Ramsey ein. »Was Sie wollen ist Marschmusik total!« ereifert sich Dutschke gegen den braven SPD-Professor Sontheimer, der doch gar nichts gesagt hat,»das totale Platzkonzert des Faschismus. Direkt in den Vernichtungskrieg!« Prof. Sontheimer läuft rot an und verlässt wutschnaubend die Bühne.

»Meine Herren, ›Rebelllion der Jugend im technischen Staat‹, lautet das Thema unserer heutigen Diskussion. Wir haben jetzt viel gelernt über Rebellion und Jugend, aber leider nur wenig über den technischen Staat.« Prof. Schiller wird von der Kamera beim Augenverdrehen ertappt. »Ja, 1967 war ein außergewöhnliches Jahr. Bleiben wir bei der Musik. In diesem Jahr gab es ja auch das fantastische Festival in Monterey, mit einem neuen amerikanischen Künstler, Jimi Hendrix, der uns alle ... Herr Ramsey, bitte.«

»Ja«, übernimmt Bill das Wort, »Jimi Hendrix begän sein Laufbahn in den funfziger Jahren als Begleitmusiker für Gruppen wie die Isley Brothers. Aber in die USA fänd er kein Püblickum für sein Gitarrenspiel und ging daher nach Ingland, wo er sein Sex-Image steigerte und einen kömischen Gitarren-Stil entwickelte.« – »Vielen Dank, Herr Ramsey. In Mr. Hendrix, ja, da haben wir den Blues, den Jazz, den Beat, das Indianergeheul, die Gitarre und die Trommel Afrikas. Herr Adorno, Herr Mitscherlich, jetzt zufrieden!« triumphiert Günter Gaus. So erregt hat man ihn noch nie erlebt.

Alexander Mitscherlich aber lässt sich nicht irritieren. »Sie spielen auf die große Blues-Kontroverse an, Herr Gaus. Sie sagen Hendrix, ich sage o.k., aber ich sage noch einen Namen: Eric Clapton, die große weiße Hoffnung.«

Nun bricht sich eine lange angestaute große Empörung Bahn. Tumulte und körperliche Auseinandersetzungen lassen das Studio wackeln. Die Sendung muss schließlich abgebrochen werden und ist bis heute im ZDF-»Giftschrank« eingemauert. Schade eigentlich.

Die erfolgreichsten Hits 1967 in Deutschland. Ermittelt von »Bravo«, der Stimme der Jugend:

1. Roy Black – Frag nur dein Herz
2. Roy Black – Meine Liebe zu dir
3. Manfred Mann – Ha! Ha! Said The Clown
4. Sandie Shaw – Puppet On A String
5. Scott McKenzie – San Francisco
6. Beatles – Penny Lane
7. Dave Dee & Co – Okay
8. Ricky Shayne – Ich sprenge alle Ketten
9. David Garrick – Dear Mrs. Applebee
10. Beatles – All You Need Is Love
    (...)
17. Jimi Hendrix – Purple Haze

Christian Meurer

ALL ALONG THE QUATSCHTOWER

Jimi Hendrix und Monika Dannemann

Auf einer – damals vielen Zeitschriften beiliegenden – Werbe-schallfolie der Pop-Illustrierten»Poster-Press« kam Anfang der 70er Jahre eine Frau mit ungewöhnlichem Anliegen zu Wort: »Ich bin Monika Dannemann. Ich war Jimis Freundin. Mir hat er gesagt, was er dachte und fühlte, wenn er seine Musik durch die Verstärker jagte, wenn Dutzende und Hunderte von kreischenden Groupies ihn verfolgten, ich weiß, wie Jimi wirklich war. Seitdem Jimi tot ist, wurden haarsträubende Lügen über ihn erzählt und viel Unsinn geschrieben. Ich bin es endlich leid, mir das anhören zu müssen. Ich habe alles aufgeschrieben, die ganze Wahrheit über ihn, und ich habe nichts ausgelassen oder beschönigt. Ehrlich! Vom An-fang bis zum Ende. Niemand kannte ihn besser als ich, denn mich hat er geliebt, so wie ich ihn geliebt habe und so, wie die ganze Welt Jimis unsterbliche Musik liebt. Mit diesem Song – ›Hey Joe‹ – be-gann 1967 Jimis unglaubliche Karriere.«

Dem folgenden 30-Sekunden-Ausschnitt aus »Hey Joe« schob Frau Dannemann noch eine kräftige Halbwahrheit nach: »Das war ›Hey Joe‹. Viele, viele Hits und Welterfolge kamen danach. Ich ha-be alles vor und hinter den Kulissen miterlebt. Ich kenne die Wahr-heit über Jimi Hendrix.«

Wie man's nimmt. Mit ihm zusammengelebt hatte Hendrix' Ge-fährtin etwa 5 Wochen; ihren seinerzeit in »Poster-Press« und »Bild am Sonntag« erhobenen Alleinvertretungsanspruch hielt sie selbst als 50-Jährige eisern aufrecht. Noch 25 Jahre später, im Septem-ber 1995, bekräftigte sie ihn mit einem Buch: »The Inner World Of Jimi Hendrix« (St. Martin's Press, New York 1995). Das wie-derum trug ihr so massive Scherereien mit einer Rivalin ein, dass sie sich zu Ostern des folgenden Jahres zu endgültigen Konsequen-zen gezwungen sah. Bis dahin, bis zu ihrem Tod Anfang April 1996, wollte sie ihren Zeitgenossen vor allem eines nahelegen: dass das im September 1970 gestorbene Rockidol telepathische Kräfte und Visionen hatte, sich an frühere Leben und Astralreisen erinnern konnte und nur durch sein Ableben daran gehindert wurde, eine neue Religion zu stiften – nämlich eine von seiner Musik, Frau Dannemanns Ölgemälden und intergalaktischen Besuchern inspirierte Menschheit dem Zeitalter eines neuen Atlantis entgegenzuführen.

Angesichts etlicher Dokumente der Eiskunstläuferin Dannemann wird die kühne These schnell triftig; Kernaussagen pflichten seriöse Hendrix-Biographen durchweg bei. Zweifelsfrei verbürgt ist auch Frau Dannemanns erstes Zusammentreffen mit dem afroamerikanischen Gitarrenvirtuosen: am 13. Januar 1969 gegen 11 Uhr in der Lobby des Düsseldorfer Park-Hotels. Dorthin war die gerade bei ihren Eltern aufhältige 23-Jährige Genfer Eiskunstlauflehrerin geraten, weil sie ein befreundeter Diskotheken-Impresario, Baron Reiner von der Osten-Sacken, um einen Gefallen gebeten hatte. Sie sollte Jimi Hendrix und seine »Experience«-Musiker für ihn fotografieren – ein Termin, den sie schnellstmöglich hinter sich bringen wollte.

Hendrix-Fan war sie zwar, seitdem sie »Purple Haze« im Autoradio gehört hatte; auch sein Konzert in der Rheinhalle hatte sie am Vorabend besucht. Doch das kolportierte Hendrix-Image vom animalischen Wüstling stieß sie zunächst ab: Als der Baron sich nach dem Auftritt mit Hendrix im Club Le Pirate treffen konnte, ging sie diesem strikt aus dem Weg. Aber als Hendrix nun im Hotelfoyer auftauchte, sprach er sie direkt an. Höflich erkundigte er sich, ob sie einen Freund habe, und als sie verneinte, schlug er nach kurzem Überlegen vor, dass sie seine Freundin werden und »zum besseren Kennenlernen« bald zu ihm nach London kommen solle – schließlich habe er »schon lange nach ihr gesucht«.

Nach einer zweistündigen Unterredung, bei der Monikas Gefühle bereits schwankten, brach Road Manager Gerry Stickells die zarte Entwicklung ab, weil vor dem Konzert in Köln noch etliche Pressetermine warteten. Hendrix' Bitte, ihn zu begleiten, kam sie zwar trotz eines ersten Abschiedskusses nicht nach; Baron von der Osten-Sacken musste die Verwirrte dann aber umgehend nach Köln chauffieren, wo Hendrix im Hotel am Dom abgestiegen war. Unmittelbar vor dem Auftritt küsste er sie erneut und aß nach dem Konzert mit ihr zu Abend.

Da sie sich für eine »physische Beziehung« dennoch nicht bereit fühlte, hatte Hendrix anschließend im Hotelzimmer die ganze Nacht Zeit, ihr aus seinem Leben zu erzählen: von seiner indianischen Großmutter, anderen Verwandten, bei denen er aufwuchs, weil seine Mutter sich nicht um ihn kümmerte, und von seiner Zeit als Fallschirmjäger bei der 101st Airborne Division in Fort Campbell/Kentucky. Ein Spaziergang am nächsten Morgen führte sie dann in den Kölner Dom, wo ein Priester Hendrix wegen allzu blumiger Bekleidung hinauswarf (für den ein Indiz, wie weit sich die Kirche von den Menschen entfernt habe). Tags darauf stieg er in den Hubschrauber, der ihn zum nächsten Konzert nach Münster brachte, und verblieb mit Frau Dannemann, bis zum Wiedersehen bei Tourneeschluss in London täglich zu telefonieren.

Schon das allein ein Stoff, aus dem die kleinen Rocklegenden sind. Doch nach dem Künstler gab sich ihr dann auch der Künder Hendrix zu erkennen, als sie Anfang Februar nach London flog. Zwar vertrieb sich das Paar in den nächsten Wochen vorwiegend mit Einkäufen, Spaziergängen im Hyde Park oder Kinobesuchen die Zeit (wenn Jimi nicht gerade im Olympic Sounds Studio neue Titel einspielte); oft aber saß man in Monikas Hotelzimmer, wo Hendrix gerne dozierte.

Bei solchen Kollegs erfuhr sie etwa, dass ihn ein mystischer Traum zu »Purple Haze« angeregt hatte, in dem er aus dem All auf die Erde sah und dabei einen auf seine Geburt wartenden Fötus und die Geister der Toten beobachtete, die die Erde verließen. Im selben Traum sei er auf eine Reise durch die Dimensionen und auf dem Meeresgrund herumgegangen. Hauchzarte, purpurfarbene Dunstschleier hätten ihn dabei umhüllt. Das sei eine traumatische Erfahrung gewesen, doch sein Glaube an Jesus habe ihn gerettet.

»Purple Haze – Jesus Saves« habe der Song darum ursprünglich geheißen (was das 20 Jahre später bei Sotheby's versteigerte Manuskript belegt) und über 20 Textseiten gefüllt. Sein skrupelloser Manager Mike Jeffery habe ihn jedoch gezwungen, das Werk auf eine kommerzielle 3-Minuten-Version zusammenzudampfen. Jeffery beute ihn ohnehin brutal aus, buche ständig neue Tourneen und zwinge ihn, die einträgliche Sex-Masche beizubehalten. Längst sei Erholung überfällig; Monika solle sich schon mal nach einem Ferienhaus am Schwarzwälder Titisee umtun.

Bau-Projekte wälzt das Paar ebenfalls: In der Nähe von Los Angeles soll Monika ein Haus »indianisch« einrichten, das andere soll auf Felsen unmittelbar am Pazifik liegen, kreisrund sein und ebensolche Zimmer haben, denn, so Jimi, nichts in der Natur sei eckig. In diesen Londoner Tagen schlüpft Monika Dannemann erstmals in die Rolle der Hendrix-Sammlerin. Er überlässt ihr Songtexte, Zeichnungen, Kritzeleien und Notizen über Astralkörper, Karma, Wiedergeburt – und Monika beginnt zu malen. Von einem indianischen Totempfahl aus Hendrix-Köpfen ist Jimi so begeistert, dass er die Düsseldorferin dringlich bittet, ihr Hobby zum Beruf zu machen: Er will beider Künste vereinen.

Vier Wochen später, kurz vor ihrer Abreise, kauft sie einen goldenen Schlangenring. Er erwirbt ein Gegenstück, tauscht mit ihr und bezeichnet sie als »unsere Verlobungsringe«. Im Restaurant des Musikertreffs Speakeasy zeigt er sie anschließend herum und gibt das Ereignis bekannt – für die junge Deutsche unstrittig der Höhepunkt ihres London-Trips.

Im Verlauf der folgenden, in jeder besseren Rock-History nachlesbaren Etappen – ununterbrochene Tourneen, Heroinfunde in seinem Gepäck auf dem Flughafen von Toronto, die Auflösung der Experience nach einem Festival in Denver, dazu eine Entführung durch die Mafia, Ärger mit Manager Jeffery und den Black Panthers – muss die junge Deutsche bei Hendrix tatsächlich einen nachhaltigen Eindruck hinterlassen haben: Als er drei Wochen vor Woodstock mit der aus alten Armee- und Tourneemusikerfreunden zusammengestellten Formation Gypsy Suns & Rainbows ein Repertoire einübt, ist unter den neuen Titeln auch der Song »Izabella«, auf dessen Textblatt er »Monika = Izabella« notiert hat. Der von ihr bezeugte Offenbarungsdrang tut sich nun auch öffentlich kund: In Dick Cavetts Talk-Show kündigt Hendrix die Gründung einer psychedelischen Erweckungsbewegung an, der »Electric Church« (»Der Glaube kommt durch Elektrizität zu den Menschen«).

Derweil sitzt sein Düsseldorfer Dornröschen an weiteren Ölgemälden und kann gelassen zu Werke gehen: Auch für den akri-
bischen Hendrix-Biographen Shapiro ist sie zu diesem Zeitpunkt
bereits eine der »drei wichtigsten Frauen« in Hendrix' Leben. Dessen bisherige Favoritinnen reagieren unterschiedlich. Die in den
USA lebende drogensüchtige Devon Wilson versucht, ihn nachhaltig mit Heroin vollzupumpen; die britische Titelverteidigerin
Kathy Etchingham, Hendrix seit seinem ersten Englandbesuch im
September 1966 verbunden, heiratet dagegen einen Angestellten
Eric Claptons, Ray Mayer. (Was Hendrix so empört, dass er ohne
Monikas Wissen im März 1970 für ein paar Tage nach London
fliegt, um Kathy diese Ehe auszureden; zeitweise quartiert er sich
dazu sogar bei den Jungvermählten ein.)

Bei Monika meldet er sich erst im August 1970 wieder. Das Isle
of Wight-Festival und eine Europatournee stehen bevor; Monika
mietet ein Zimmer im Londoner Hotel Samarkand. Als Hendrix
am 27. August dort eintrifft, inspiziert er kurz die Örtlichkeit, er-
kundigt sich, ob sie ein Kind von ihm möchte (Wasami, Donner,
soll es heißen, wie der Cherokee-Krieger, der Hendrix in einem
früheren Leben gewesen sein will), schreibt ihr ein Gedicht (»Sun
goddess weeping never mind / I'll be coming back another time«)
und fliegt dann weiter zur Isle of Wight.

Es folgen Auftritte in Göteborg, Aarhus, Kopenhagen (eine Kir-
sten Nefer präsentiert sich nach seiner Abreise als Hendrix-Ver-
lobte), in Westberlin und zuletzt beim von Regengüssen beinahe
weggeschwemmten »Love & Peace«-Festival auf der Ostseeinsel
Fehmarn. Dort verprügeln Hell's Angels-Ordner seinen Road Manager Stickells, schießen einen Bühnenarbeiter an und rauben die
Kasse aus. Bassist Billy Cox erleidet einen Kollaps, die Tour wird
abgebrochen und Fehmarn auf diese Weise Hendrix' letzter Auf-
trittsort.

Am 6. September 1970 ist er wieder in London. Auf einer Pressekonferenz will er sich von seinem krakenhaften Manager Jeffery
lossagen, ein Orchester gründen, das einen offenbar teutonisch ge-
prägten Blues-Rock spielen soll (»Richard Strauss und Wagner werden den Hintergrund für meine Musik bilden«), und auch von sei-

ner Hochzeit mit Monika sollen endlich alle wissen. Ansonsten ist er ganz der alte. Er warnt seine Verlobte vor den Mächten des Bösen, dem Materialismus und dem Blendwerk des Fernsehens. All dem will er »Musik mit heilender Kraft« entgegensetzen, um »die Seele von Erde und Mensch zu heilen«. So nämlich habe man es seinerzeit »in Atlantis« praktiziert. Dies sei die Mission, wegen der er, Hendrix, auf die Erde gekommen sei, und Monika vor allem müsse ihm dabei helfen.

Sein angestautes Geheimwissen gibt er preis. »Er sagte, wenn Positives umgekehrt würde, würde es negativ. Um das zu demonstrieren, griff er sich einen Schreibblock und schrieb das Wort ›God‹ und erklärte, wenn man das Wort umgekehrt buchstabiere, käme ›Dog‹ heraus. Während er schrieb, sagte er, seit er dies entdeckt habe, vermeide er das Wort ›God‹. In der Mitte des Blattes schrieb er dann ›Devil‹ und fügte darunter die Umkehrung (›lived‹) hinzu. Da wusste ich, was er meinte. Dann schrieb er die Zahl 8 und erklärte, dass sie oft für böse Zwecke benutzt würde, und die Zahl 15 und ein Gleichheitszeichen vor das Wort ›Devil‹. 15 sei der Teufel. Er sagte mir, das Gegenteil sei die Zahl 7, die eine ganz besondere und positive Zahl sei. Er sagte, die Zahl 7 sei voller Geheimnisse. Es sei die wichtigste Zahl, mit vielen verborgenen Bedeutungen. Geist und Erde sind mit der Zahl 7 verbunden. Außerdem findet alle 7 Jahre eine Veränderung im Körper statt. Es ist ein Kreis, und deshalb wandelt und verändert sich alles um ihn herum. Jimi erläuterte mir, dass in der Vergangenheit andere Zivilisationen durch diese mit der Zahl 7 verbundenen Zyklen hindurchgehen mussten, durch einen Höhepunkt, dann mussten einige Opfer gebracht, einige Anstrengungen vorangetrieben werden – was er darstellte, indem er ein Kreuz über jeden Kreisbogen zeichnete. ›Auf diese Art und Weise geschieht die Evolution‹, sagte er. Dann malte Jimi vier einander gegenüberliegende Siebenen – ein Hakenkreuz. Er erklärte, dass es von entscheidender Wichtigkeit sei, in welche Richtung die Siebenen zeigten, denn dies zeige, ob das Symbol eine gute oder böse Bedeutung habe. Auf dasselbe Blatt schrieb er die Wörter ›Modern Man‹ und ›Material‹ ... Darüber schrieb er die Zahl 6, anscheinend ohne es zu bemerken. Ich erwähnte, das es in Deutschland als sehr unhöflich gilt, jemandem einen Strauß mit einer geraden Anzahl Blumen zu überreichen. Er sagte, dass es noch viele Sitten gäbe, die die Menschen noch beachteten, ohne den Grund zu kennen, denn viel Wissen sei über die Zeiten vergessen worden.«

Nach diesem Exkurs sucht er mit seiner blonden Braut eine Geburtstagsparty und den Ronnie Scott's Club auf (wo er mit Eric Burdons neuer Band War jammt, während Monika von der angereisten Devon Wilson mit Obszönitäten belästigt wird). Zurück im Hotel Samarkand, schläft man nach langen Gesprächen – Hendrix prophezeit u.a. das Eintreffen hilfreicher Aliens in ca. 30 Jahren – am frühen Morgen müde, aber selig ein.

Gegen Mittag sind beide wieder wach. Hendrix skizziert auf einem Schreibblock ein LP-Cover, das Monika malen soll: »Vier Rassen in einer« – ein Kreuz aus Menschenköpfen mit ihm selbst als Synthese in der Mitte. Zu seiner Linken will er die schwarze Rasse, rechts von sich die weiße dargestellt haben, über sich die gelbe und unter sich die rote. Abgebildet werden sollen die unterschiedlichsten Personen: Frauen, Babys, Prominente wie Martin Luther King, Kennedy, Buddha, Dschingis Khan, die Indianerhäuptlinge Geronimo und Crazy Horse – und, direkt neben Hendrix, Adolf Hitler.

»Jimi war der Ansicht, dass Hitler ursprünglich nicht böse gewesen sei, aber sich aus Schwäche bösen Kräften geöffnet habe und dann selber böse geworden sei. Jimi erläuterte mir, dass Hitler das Hakenkreuz – ein altes, heiliges Symbol – für seine eigenen, niedrigen Zwecke missbraucht habe und dass er auch schwarze Magie betrieben habe.« Hitlers Kopf direkt neben Jimis zu malen, lehnt Monika jedoch ab; man einigt sich darauf, den Kennedys zwischen beiden zu platzieren. Dann fahren sie zum Shopping auf den Kensington Market. Hier hat der Tod bereits eins seiner diskreten Arrangements getroffen: Zufällig schlendert dort auch Monikas Vorgängerin Kathy Etchingham herum, die Hendrix seit dem Streit im März nicht mehr sah. Und auch Devon Wilson taucht auf. Während Monika im Auto wartet, wechselt Hendrix ein paar Worte mit Devon, die ihn zu einer Party am selben Abend einlädt. Im Cumberland Hotel spricht er dann mit Monika über ihre Hochzeit in Deutschland und darüber, dass Jesus Maria Magdalena geliebt und »nach der Kreuzigung auch geheiratet« habe – eine Tatsache, die die Kirche heute unterdrücke, ihn aber spontan zu seinem letzten Song »The Story Of Life« anregt: In einem Zug wirft er das Werk, in dem er sich und Monika mit jenem Paar vergleicht, aufs Papier.

Den Text überlässt er ihr mit der zweimaligen Beschwörung, wo immer sie auch sei, er werde stets in ihr sein; dann will er auf Devons Party gefahren werden. Monika holt ihn vereinbarungsgemäß nach einer Stunde wieder ab, beide fahren ins Hotel Samarkand. Dort legt sich Hendrix eine Kette mit einem Kruzifix um, bittet Monika um ein paar Schlaftabletten und legt sich schlafen. Längst ist der 18. September 1970 angebrochen. Um 10.20 Uhr wacht Monika auf und geht Zigaretten holen. Als sie sich rauchend neben den Schlafenden aufs Bett setzt, bemerkt sie ein kleines Rinnsal in seinem Mundwinkel.

Erlassen wir uns weitgehend die Einzelheiten des hiermit einsetzenden Durcheinanders – Monikas verzweifelte Anrufe bei Eric Burdon (der heute behauptet, weil »überall Stoff herumgelegen« hätte, habe sie zunächst niemanden zu Jimi lassen wollen); die von ihr verständigte Ambulanz, die ihn statt ins nächste ins weit entfernte St. Mary Abbots Hospital bringt; eine aufheulende Boulevardpresse, die das Geschehen zum Drogenexzess umfrisiert usw. Die am Boden zerstörte Monika jedenfalls taucht eine Zeitlang ab.

Später, daheim in Düsseldorf, malt sie am Bild von den »Vier Rassen in einer«. Während andere Hendrix-Hinterbliebene in den folgenden Jahren sterben (Devon ein Jahr später durch Heroin, Manager Jeffery zwei Jahre später bei einem Flugzeugabsturz) oder sich vor Gericht wiedersehen, widmet sie ihr Leben ganz der ihr hinterlassenen Botschaft, bezieht ein Cottage im südenglischen Seaford und malt Hendrix-Ikonen: Jimi im Weltraum, Jimi auf dem Dach des Weißen Hauses mit einer fliegenden Untertasse, Jimi mit Blick auf das erneut dem Meer entsteigende Atlantis. Bisweilen muss ihr die selbstauferlegte Mission selbst komisch vorgekommen sein: Einem Bild, das Hendrix als ihr Spiegelbild in einem entrückten Teich zeigt, fügt sie auch ein recht deutsches Bi-Ba-Butzemännchen

hinzu, das in einiger Entfernung im Wasser planscht. Ihre Eremi-
tenklause verlässt sie nur, um in Interviews zu orakeln und die reine Lehre wachzuhalten. Dabei fallen auch ein paar beiläufige Anmerkungen zu ihrer Vorgängerin Kathy Etchingham – Anmerkungen, die sie zuerst in den Gerichtssaal, dann unentrinnbar ins Ver-
derben ziehen sollten:

»Die Animosität zwischen den beiden Frauen begann in den 70er
Jahren«, wusste die »Times« vom 3. April 1996, »als Frau Dannemann Frau Etchingham in Interviews beschimpfte. Sie gab Kommentare wieder, die Hendrix angeblich über Frau Etchingham gemacht hatte, z.b. ›Kathy Etchingham war nur auch eins von diesen
Mädchen, denen ich begegnete, als ich nach London kam, und die
für Geld logen und betrogen‹. (...) Frau Etchingham strengte eine
Zivilklage an. Das Verfahren wurde 1992 beigelegt, und Frau Dannemann verpflichtete sich vor Gericht, ihre in Interviews gemach-
ten Anschuldigungen nicht zu wiederholen und insbesondere Frau
Etchingham nicht der Lüge zu bezichtigen.«

Die aber ruhte nun ihrerseits nicht und übergab der Staatsan-
waltschaft Mitte Dezember 1993 ein Dossier. Tenor: Monika Dannemann habe den Krankenwagen erst fünf Stunden nach Hendrix'
Tod gerufen. Damit lockte sie die Düsseldorferin nochmals aus der
Reserve (längst war der Zank der beiden Endvierzigerinnen fester
running gag der britischen Presse). Im September 1995 veröffentlichte sie ihren farbenprächtigen Gemäldeband »Die Innenwelt des
Jimi Hendrix«, in dessen Nachwort sie Kathy als »Mrs. Marple-Ty-
pe« und ihre »Schauergeschichte« als »pure Erfindung« charakteri-
sierte – für Kathy der willkommene Anlass, sie wegen Zuwider-
handlung gegen ihre frühere Verpflichtung erneut vor Gericht zu
zerren.

Der Ausgang war bitter. Am 3. April 1996 meldete dpa: »Ein
Vierteljahrhundert nach dem Tod von Jimi Hendrix hat seine letzte Freundin, die Deutsche Monika Dannemann, Selbstmord ver-
übt. Die Polizei fand die Leiche der 50-Jährigen gestern morgen
um 9.40 Uhr in ihrem mit Auspuffgasen gefüllten Auto vor ihrem
Haus in Seaford. Erst am Mittwoch war sie von einem Londoner
Gericht wegen übler Nachrede schuldig gesprochen worden. Schon

1992 war die Deutsche deshalb zu Schadenersatz verurteilt worden. Diesmal blieb es bei einer Verwarnung, aber die Prozesskosten – rund 70.000 Mark – hätte sie nicht bezahlen können.«

Tja. Immerhin: Genauso unbezahlbar sind die ihr geschuldeten Einblicke ins Geistwesen J. Hendrix als solches. Möge Jimi eines Tages wiederkommen und eventuell Atlantis mitbringen – wir sind auf alles vorbereitet.

Frank Schäfer

DER MONITOR BLIEB DUNKEL

Jimis Tod

MONIKA DANNEMANN: Wir kamen gegen zwanzig Uhr dreißig zusammen nach Hause. Ich kochte etwas zu essen, und gegen dreiundzwanzig Uhr tranken wir eine Flasche Wein. Ich wusch mir die Haare, und wir sprachen über Musik. Um ein Uhr fünfundvierzig früh sagte Jimi, er hätte noch eine Verabredung. Ich fuhr ihn zu der angegebenen Adresse und holte ihn um drei Uhr wieder ab. Zwischendurch haben wir dreimal miteinander telefoniert. Zu Hause machte ich ihm zwei Sandwiches mit Thunfisch. Wir sprachen noch etwas und gingen dann ins Bett.

JOURNALIST, ABSOLUT UNBESTECHLICH: Gestatten Sie, dass ich mitschreibe ...

MONIKA DANNEMANN: Frühmorgens, um sieben Uhr, war Jimi noch hellwach.

JOURNALIST, ABSOLUT UNBESTECHLICH *(murmelnd)*: Um sieben noch hellwach ...

MONIKA DANNEMANN: Um sieben Uhr nahm ich eine Schlaftablette ...

JOURNALIST, ABSOLUT UNBESTECHLICH: Sieben Uhr, aha.

MONIKA DANNEMANN: Ich bin gegen viertel nach sieben eingeschlafen ...

JOURNALIST, ABSOLUT UNBESTECHLICH: Ja, hab ich.

MONIKA DANNEMANN: Ungefähr um zwanzig nach zehn Uhr morgens wurde ich wach; Jimi schlief ganz normal; und ich weckte ihn nicht, da er an diesem Tag einige wichtige Termine, unter anderem bei der Plattenfirma, hatte. Ich verließ dann kurz die Wohnung, um für uns Zigaretten zu kaufen.

JOURNALIST, ABSOLUT UNBESTECHLICH: Und als sie zurückkamen?

MONIKA DANNEMANN: ... schaute ich nach, ob Jimi wach war. Dann merkte ich, dass es ihm schlecht ging.

JOURNALIST, ABSOLUT UNBESTECHLICH: Schlecht? Inwiefern?

MONIKA DANNEMANN: Dass etwas aus seinem Mund herausfloss, worauf ich versuchte ihn zu wecken. Das gelang mir aber nicht.

JOURNALIST, ABSOLUT UNBESTECHLICH: Aus seinem Mund?

MONIKA DANNEMANN: Er lag in einer Lache von Erbrochenem. Ich fühlte seinen Puls, aber der war normal. Sein Herzschlag war auch genauso wie meiner. Ich versuchte nochmal ihn zu wecken, aber er wollte nicht aufwachen.

JOURNALIST, ABSOLUT UNBESTECHLICH: Und dann?

MONIKA DANNEMANN: Ich fand dann eine Zehnerpackung Schlaftabletten, in der neun Stück fehlten. Nachdem ich eingeschlafen war, muss Jimi ein paar Schlaftabletten genommen haben. Ich kann mir nur vorstellen, dass die ihm zu langsam gewirkt haben, so dass er noch mehr genommen hat, eben neun Stück.

CHARLES SHAAR MURRAY: In ihrer Panik rief sie Eric Burdon an ...

MONIKA DANNEMANN: Da ich die Telefonnummer von Jimis Arzt nicht fand, rief ich eine Bekannte, Alvinia Bridges, an, die zu der Zeit bei Eric Burdon wohnte.

ALVINIA BRIDGES: Er hatte sich übergeben im Schlaf. Ich sagte, dreh ihn um. Dann zog ich mir etwas über und rannte zu ihr.

CHRISTOPHER OGILATI: Kurz darauf rief Monika Dannemann nochmal an und sagte, es ginge Jimi schlechter.

ERIC BURDON: Lass ihn rumlaufen, sagte ich, gib ihm Kaffee, spritz ihm kaltes Wasser ins Gesicht.

MONIKA DANNEMANN: ... man darf ja nicht vergessen, dass er ein Star war; also dachte ich, dass ich wohl besser ganz schnell seinen Arzt anrufen sollte. Ich wusste, er hieß Robertson, aber es gab so viele Robertsons im Telefonbuch, dass ich dachte, vergiss es.

ERIC BURDON: Ich kann keinen Krankenwagen holen, sagte sie, hier ist alles voll Haschisch. Vergiss es, sagte ich, hol sofort einen Krankenwagen. Alvinia ist schon auf dem Weg.

MONIKA DANNEMANN: Als ich sie schließlich erreichte, fragte ich sie nach der Nummer, denn sie kannte Jimi auch, und ob sie oder irgend jemand sonst einen guten Arzt kennen würde. Sie sagte nein. Eric Burdon kam ans Telefon und wollte wissen, was los war. Ich sagte: Jimi geht's nicht gut, ich krieg' ihn nicht wach und rufe jetzt den Notarzt. Er meinte, ich solle auf gar keinen

Fall einen Krankenwagen rufen, und ich antwortete: Ich werde doch einen rufen, und ich muss jetzt auflegen. Er sagte: Na gut, dann ruf halt deinen blöden Krankenwagen. Er war unheimlich wütend.

CHRISTOPHER OGILATI *(süffisant)*: Während Jimi offenbar im Sterben lag, waren die Drogen entfernt und im Garten vergraben worden.

CHARLES SHAAR MURRAY *(übereifrig, schnell sprechend)*: Die Ambulanz kam auch gleich, aber irgendwie hatte man Hendrix beim Transport auf den Rücken gelegt, und da sein ganzer Körper von den Tabletten vollständig gelähmt war, konnte er das Erbrochene nicht ausspucken oder -husten und ist einfach daran erstickt.

CHRISTOPHER OGILATI *(rauh)*: Es wurde festgestellt, dass erst um 11:18 Uhr ein Krankenwagen alarmiert worden war.

MONIKA DANNEMANN: Als die Sanitäter kamen, haben sie seinen Puls gemessen, Herzschlag sowie die Augen kontrolliert. Danach meinten sie, es wäre alles okay, er wäre nur tief am Schlafen.

CHARLES SHAAR MURRAY: Die Leute von der Ambulanz hatten Monika Dannemann gesagt, Hendrix käme schon wieder in Ordnung, aber ihre Versicherungen erwiesen sich als völlig unbegründet.

MONIKA DANNEMANN: Sie trugen Jimi in den Krankenwagen, und ich fuhr mit. Sie stellten keine Sirene an, und wir brauchten bis zum Krankenhaus etwa 18 Minuten, es war eine ganz normale Fahrt. Später stellte ich fest, dass sich direkt um die Ecke ein Krankenhaus befand. Sie brachten ihn aber nicht dorthin, sondern ins weiter entfernte St. Mary's. Sie setzten Jimi aufrecht auf einen Stuhl. Weil Jimi schlief, fiel sein Kopf nach vorne, doch einer der Typen drückte ihn immer wieder zurück.

HARRY SHAPIRO/CAESAR GLEBBEEK *(unisono und wie mit erhobenem Zeigefinger)*: Der Krankenwagen erreichte das »St. Mary Abbots«-Krankenhaus in der Marloes Road in Kensington kurz nach zwölf Uhr mittags.

MONIKA DANNEMANN: Als wir den Eingang des Krankenhauses erreichten, machten die Sanitäter plötzlich ganz schnell und legten Jimi eine Sauerstoffmaske an. Also wusste ich, dass etwas nicht stimmte. Sie brachten ihn sofort in einen Raum, und ich gab dem

Arzt das Päckchen, damit er wusste, um welche Tabletten es sich handelte und so weiter. Aber er interessierte sich nicht besonders für die Tabletten, sondern für mich und Jimi – schwarz und weiß, das gefiel ihm nicht. Er wollte wissen, wer ich war, was ich machte, warum ich mit ihm zusammen wäre, und so weiter.

DR. MARTIN SEIFER: Ich begann sofort mit der Wiederbelebung, aber der Monitor blieb dunkel.

MONIKA DANNEMANN: Ich konnte es nicht fassen und und sagte: Wir werden heiraten, falls Sie das interessiert. Ich war wirklich außer mir. Aber er stellte immer neue Fragen.

ALVINIA BRIDGES: Eine Schwester kam heraus und sagte: Er kommt durch.

MONIKA DANNEMANN: Dann kam nach über einer halben Stunde eine Krankenschwester – zwischendurch hatte ich versucht, den Raum zu betreten, aber sie hielten mich jedesmal auf. Sie sagte, ich solle mir keine Sorgen machen, sein Herz habe aufgehört zu schlagen, aber das würden sie schon wieder in Ordnung bringen, keine Sorge.

ALVINIA BRIDGES: Dann kam sie zurück und sagte, er ist tot.

MONIKA DANNEMANN: Ungefähr zehn Minuten später kam die Krankenschwester wieder und teilte uns mit, dass er gestorben sei. Später habe ich mit mehreren Ärzten gesprochen, die mir erklärten, dass man, wenn einem übel ist und die Luftröhre verstopft ist, einen Luftröhrenschnitt macht, damit der Patient wieder atmen kann und es kein Problem mehr gibt. Aber bei ihm haben sie das nicht gemacht. Sie hatten ihn eine ganze Stunde lang im Krankenhaus, aber sie haben weder einen Luftröhrenschnitt gemacht, noch sonst was. Er ist an seinem Erbrochenen erstickt. Sie hätten ihn also wirklich retten können – aber sie haben es verdammt noch mal nicht getan.

DR. MARTIN SEIFER: Zu diesem Zeitpunkt, als ich ihn sah, war er nicht mehr zu retten.

CORINNE ULLRICH: 20 Jahre später ließ Kathy Etchingham den Fall noch einmal aufrollen. Erst jetzt stellte sich heraus, dass kein anderer Zeuge Monika Dannemanns Bericht vom Hergang der Ereignisse am 18. September 1970 bestätigen wollte.

JOURNALIST, ABSOLUT UNBESTECHLICH: Auch die beiden Krankenwagenfahrer erzählen eine andere Version. Lasst mal hören!!

REG JONES: Als wir in die Wohnung kamen, war die Tür weit offen. Der Körper lag auf dem Bett, bedeckt von Kotze in allen Farben, schwarz, braun, überall, auf ihm, auf dem Kissen. Es war kein anderer Mensch in Sicht. Ich ging zurück in den Krankenwagen, um einen Aspirator zu holen und ihn wiederzubeleben, konnte es aber nicht. Die Kotze war ganz trocken, als hätte er schon eine lange Zeit so gelegen. Er hatte keinen Herzschlag. Er war blau, atmete nicht und reagierte nicht auf Licht oder Schmerz. Wir riefen die Polizei, denn wir dachten, dass die Umstände seines Todes sehr merkwürdig waren.

HARRY SHAPIRO/CAESAR GLEBBEEK *(unisono und wie mit erhobenem Zeigefinger)*: Der Leiter der Aufnahmeabteilung, Mr. Price, hätte für Jimi, falls dieser ins Krankenhaus gebracht worden wäre, ein Aufnahmeformular ausfüllen müssen. Aber ein solches Formular wurde nie ausgefüllt, da Jimi offiziell nicht ins Krankenhaus eingeliefert worden war.

WALTER PRICE: Der Krankenwagen fuhr vor, die beiden Sanitäter sprangen raus und rannten in die Notaufnahme. Zwei Ärzte gingen nach draußen, machten vergebliche Wiederbelebungsversuche. Später hörte ich, wie sie sagten, er sei im Krankenwagen gestorben. Sie brachten ihn direkt in die Leichenhalle.

CORINNE ULLRICH: Die Wahrheit nahm Monika mit ins Grab. Sie verübte im Alter von 50 Jahren im Juni 1998 Selbstmord, nachdem sie wenige Tage zuvor in einem Zivilgerichtsverfahren in London Kathy Etchingham unterlegen war.

JOURNALIST, ABSOLUT UNBESTECHLICH: Das war schon im April 96, Frau Ullrich! Aber sonst ist alles richtig, was Sie sagen ...

MONIKA DANNEMANN: Ich verlangte ihn zu sehen, weil Jimi mir geraten hatte, falls er sterben würde, müsste ich bestimmte Dinge für ihn tun. Unter anderem sollte ich mich drei Tage lang um ihn kümmern, weil es schon vorgekommen sei, dass Menschen auf eine Astralreise gingen und ihr Körper dabei tot wirkte. Und deshalb seien einige von ihnen lebendig begraben worden. Natürlich wurde mir diese Bitte sofort abgeschlagen. Aber nach einigem Drängen durfte ich ihn sehen, und ich war völlig überrascht, denn auf seinem Gesicht lag ein Lächeln.

HARRY SHAPIRO/CAESAR GLEBBEEK *(unisono und wie mit erhobenem Zeigefinger)*: In Seattle hatte sich Jimis ganze Familie versammelt. Plötzlich begann sich der Schaukelstuhl in der Ecke leicht zu bewegen. Rose, eine Freundin der Familie, drehte sich um und schrie: »Das ist Jimi!« Und der Hund der Familie hörte nicht auf zu heulen.

FRANK SCHÄFER: Als Eric Clapton, der noch im März des Jahres ausgiebig mit Jimi gejammt hatte, von dessen Tod erfuhr, soll er wie besinnungslos seinen Kopf immer wieder gegen die Studiowand gehauen und dabei geschrien haben ...

ERIC CLAPTON: Wie kann er einfach sterben und mich verlassen?!

FRANK MARINO *(schließt seine Les Paul an, beginnt etwas zu improvisieren, sein Spiel geht dann über in sanftes Fingerpicking, und er singt dazu)*:

Also, mein Freund und ich, wir waren viel zusammen.

Und wir ritten gemeinsam auf Engelsflügeln.

Und ich dachte nicht an die Zukunft,

Solange ich ihn spielen und singen hörte.

Wenn es mir mies ging,

Dann munterte er mich auf.

Aber gleichzeitig

Ließ mich der Zauber seiner Musik weinen.

Und dann, eines Tages, machte er sich

Einfach davon und starb.

Und ich blieb allein mit meinen Tränen.

LOTHAR TRAMPERT: Schon zehn Tage, nachdem er gestorben war, lag das offizielle Statement des Pathologen Donald Teare vor, in dem unter Punkt 6 (Todesursache) zu lesen war ...

DONALD TEARE: Einatmen von Erbrochenem; Barbituratvergiftung (Quinalbarbitone); unzureichende Indizien für die Umstände, kein abschließendes Urteil.

CHRISTOPHER OGILATI: Sein Leichnam wurde nach Hause gebracht, nach Seattle.

ERIC BURDON *(düster)*: Er wollte in England begraben werden.

HARRY SHAPIRO/CAESAR GLEBBEEK *(unisono und wie mit erhobenem Zeigefinger)*: Seattle hatte einen wunderschönen Altweibersommer erlebt, aber am 1. Oktober, dem Tag von Jimis Beerdigung, schien eine blasse Wintersonne.

GEORG DIEZ: ... der massige Musikjournalist MacDonald kann sich noch an die Beerdigung von Jimi Hendrix erinnern, damals, als sie den großen Sohn der Stadt in einem billigen Grab verscharrten, drüben in Renton, weil es sich sein Vater nicht anders leisten konnte.

AL HENDRIX: Sorry Jimmy, it's cheap.

CHRISTOPHER OGILATI: Seattle war zum toten Jimi Hendrix nicht freundlicher als zum Lebenden. Es gab eine ziemliche Aufregung um ein Denkmal, schließlich hatte er Drogen genommen. Endlich fand man einen Platz für einen Gedenkstein – im Zoo.

BILLY COX: Es ist aufregend zu sehen, dass die Welt erst jetzt Jimis Talent wirklich erkennt. Vielleicht werden die alles überschattenden Gerüchte, die von einigen in Umlauf gebracht worden sind und die das Bild von ihm wie eine Wolke verdunkelt haben, ersetzt werden durch ein Verständnis für den Menschen, den *ich* gekannt habe – ein Kind des Universums, ein Meistergitarrist, eine warme und sanfte Seele.

Zitierte Literatur

Georg Diez: Die Revolution frisst ihre Garagen. In: Süddeutsche Zeitung vom 4. 3. 2001.

Rudolf Herfurtner: Brennende Gitarre. Ist Jimi Hendrix wirklich tot? München/Wien 1980.

Christopher Ogilati: Hey Joe. Das kurze wilde Leben des Jimi Hendrix. Dt. Bearbeitung von Wolfgang Mönninghoff. BBC 1999.

Charles Shaar Murray: Purple Haze – Jimi Hendrix. Die Legende der Rockmusik. Wien 1990.

Frank Schäfer: Hendrix, Jimi. In: Michael Rudolf, Frank Schäfer: Lexikon der Rockgitarristen. Berlin 1999, S. 121ff.

Harry Shapiro/Caesar Glebbeek: Jimi Hendrix – Electric Gypsy. Köln 1993.

Lothar Trampert: Elektrisch! Jimi Hendrix. Der Musiker hinter dem Mythos. München 1994.

Corinne Ullrich: Jimi Hendrix. München 2000.

Karl Bruckmaier

BEIM AFRO DES PROPHETEN

Der Hausmeister an unserem niederbayerischen Gymnasium hieß Hofemeister oder so ähnlich, ein untersetzter, alter Mann mit schlohweißem Haupthaar und einem meist mild-verständnislosen Lächeln im kantigen Gesicht. Als er sich an jenem Septembermorgen nach leichtem Klopfen in unser Klassenzimmer schob – grau bekittelt wie immer, grau wie der ganze Schulbetrieb, grau wie etwas, von dem wir noch nicht wissen konnten, dass uns davor graute –, lächelte er wohl auch und hob verlegen einen mit gerollten Plakaten gefüllten Papierkorb in die Höhe. Es sei wohl einer von unseren Heiligen gestorben, und das komme jetzt von der Schülerzeitung, und jeder nur eines, bitte.

Wir Siebtklässler fühlten uns vermutlich geehrt, irgend etwas von den coolen Schülerzeitungsmachern geschenkt zu bekommen, und sei es ein Heiligenbildchen, aber was mir wirklich in Erinnerung blieb, ist zweierlei: Die Anteilnahme im Blick des Hausmeisters, der wohl in seinem Leben auch mehr als einen Freund verloren hatte und darum sein Mitgefühl nicht unterdrücken konnte. Und das billig gedruckte, kakaofarbene und milchweiße Gesicht, welches das Plakat ausfüllte: Jimi Hendrix. Da habe ich das erste Mal von ihm gehört; da habe ich ihn zum ersten Mal gesehen. Da war er bereits tot: »Scuse me while I kiss the sky.«

Wenige Wochen vor seinem 28. Geburtstag erstickte der in Seattle geborene James Marshall Hendrix an seinem Erbrochenen, ob im Alkohol-, Pillen- oder Heroinrausch, ist so unwichtig wie ungeklärt. Jimi Hendrix starb an einem Zuviel von allem und wohl auch an einem Zuwenig. Er starb den irgendwie seltsam klaglos und selbstverständlich hingenommenen Stellvertretertod für die 60er Jahre und den dort beheimateten Drang zur Freiheit – wie Glasperlen reihten sich die Namen, Martin Luther King, Bobbie Kennedy, Meredith Hunter, Janis Joplin, Jim Morrison, Brian Jones, fast war es eine Schande, nicht jung gestorben zu sein, nachdem man so schnell gelebt hatte.

Und das konnte man Jimi Hendrix nicht absprechen, das Hochgeschwindigkeitsleben: Nach musikalischen Lehrjahren im Staate Washington und einer kurzen Zeit als Fallschirmspringer tingelte der junge Gitarrist mit allen Größen der afroamerikanischen Popmusik über Land, mit Ike Turner, mit Sam Cooke, mit den Isley Brothers, Curtis Knight und James Brown, schließlich landete er 1965 in New York und suchte mit eigenen Combos den Erfolg. Frühe Studioaufnahmen lassen den Ausnahmegitarristen bereits ahnen; auch Chas Chandler, Bassist der englischen Beatgruppe Animals und Hendrix' erster Manager, erkannte sein Potenzial und holte den flamboyanten Performer 1966 in ein London, das so gerade eben zu swingen anfangen wollte: Hendrix und sein von Chandler zusammengestelltes Trio The Jimi Hendrix Experience – einer der besten Band-Namen aller Zeiten und auch heute noch oft kopiert – explodierten wie eine psychedelische Bombe, turnten mit ihren bekifften, schillernden, geilen und unverblümt durchgeknallten Etüden den englischen Pop-Adel um Clapton, Jagger und Lennon an: »Sockittomebaby!«

Amerika re-importierte seinen unentdeckten Gitarrengott für das Monterey Pop Festival im Jahr 1967 und eine Amerikatournee im Vorprogramm der ewig unterschätzten Monkees. Von da an lief alles wie von selbst für den idealtypischen Hippie-Showman: triumphale Konzerte, Titelseiten, millionenfache Schallplattenverkäufe, schließlich Woodstock, schließlich Isle of Wight, schließlich der Tod und ein postumes Veröffentlichungsgemetzel um Bänder und Rechte, das sich über Jahrzehnte hinzog und mit einer Rückgabe der Urheberrechte an die Hendrix-Familie und der Eröffnung des »Experience Music Project« in Seattle, einem verkappten Hendrix-Museum, ein vorläufiges Ende fand.

Warum wurde ausgerechnet nach dem Tod von Jimi Hendrix ein Poster an unserer Schule verteilt? Mehr noch als Janis und Jim und die anderen, ungenannten und ungezählten Toten und Zerstörten jener ach so kreuzfidelen Sixties, war Jimi Hendrix ein Schock gewesen, ein Grund, sich tief drinnen berühren zu lassen, und dann etwas im eigenen Leben zu verändern. Jimi Hendrix mag kein besonders intelligenter Mensch gewesen sein – seine Interviews oder Talkshowauftritte vertragen sich so gar nicht mit der unstrittig vorhandenen Poesie seiner Songtexte –, aber diese Ungeschütztheit, ein Fehlen von Berechnung, eine Reinheit der Seele machten den Gitarristen zum idealtypischen »Edlen Wilden«, der, angetan mit bunten Gewändern und vollgepumpt mit freundlich machenden Drogen, von einer finsteren Vergangenheit (2. Weltkrieg in Europa, McCarthy in Amerika), blutrünstigen Gegenwart (Vietnam, Rassenunruhen) und zweifelhaften Zukunft (atomare Bedrohung) ablenken konnte und eine lebensbejahende, bacchantische Alternative zu bieten hatte.

Hendrix flog das wie von selbst zu: Er kam aus einer afro-amerikanischen Entertainment-Tradition, wo die Gitarre schon zu Charlie Pattons Zeiten hinter dem Rücken gespielt wurde und die Höschen der Damen bereits zu T-Bone Walker auf die Bühne flogen, wenn der seine E-Gitarre im Spagat malträtierte. Für ihn war das normal und keineswegs etwas Außergewöhnliches, das sich gar mit der Ernsthaftigkeit seiner Spielkunst nicht vertragen würde, wie bierernste Hendrix-Kritiker seit Jahrzehnten tönen. Nur war dieses schwarze Amerika den meisten US-Teenagern – und uns Europäern sowieso – verborgen geblieben, eine parallele Realität. Mit Hendrix stand sie plötzlich unverfälscht im Rampenlicht, roh, lebendig, verantwortungslos, dem Augenblick verpflichtet, und in diesem Licht lag am Boden auch noch ein Wah-Wah-Pedal, standen dahinter Marshall-Verstärker, mit denen sich endlich so richtig laut spielen und ein feines Feedback erzeugen ließ. Und zu Hause wartete das nagelneue Stereo-Gerät, das nur auf einen jungen Wilden gewartet zu haben schien, der die UFOs von lechts nach rinks sausen lassen konnte.

Jimi Hendrix großes Verdienst ist es, die afro-amerikanische Tradition, psychedelische Hipness und technische Neuerungen zu einem knallbunten und sehr lauten Gesamtkunstwerk zusammengeführt zu haben. Und das gelang ihm nur – ein, zwei Minuten Hendrix-Filmmaterial genügen, um dies zu verstehen –, weil der Linkshänder mit der Rechtsgitarre der Musik und den Lärmfetzen die

Hässlichkeit und Gewöhnlichkeit nehmen konnte. Weil er selbst so unsagbar schön war. Weil seine Art, sich zu bewegen – was er da gerade mit dem Arm macht, jetzt mit der Schulter, jetzt mit dem Bein, unfassbar – ein so unaussprechlich großes Geheimnis beinhaltet über alles, was gut sein könnte an uns Menschen, dass auch heute noch, dreißig Jahre nach seinem Tod, jeder Gitarrist einmal an einen Punkt kommt, an dem er seine Großmutter verkaufen würde und den Bart des Propheten dazu, könnte er nur einen Abend lang so spielen, so sein wie Jimi Hendrix.

III.

Werk

Michael Quasthoff

SEARCHERS NEVER COMING HOME

Coltrane und Jimi Hendrix

Die auferstanden sind im Geistergewand des Jazz im Schatten der goldenen Blasorchester ... bliesen des nackten Geistes Amerikas Lechzen nach Liebe in einem Eli-eli-lama-asabthani-Saxophonschrei, der die Städte bis aufs letzte Radio erzittern ließ.

Allen Ginsberg, »Howl«

Sie nannten ihn Train, weil er spielte wie ein rasender Zug. Sie schrieben, er spiele sein Horn, »als ob er es in Stücke blasen wolle«. Manche meinten, mit Trains Musik »könntest Du an einem klaren Wintertag jede Wohnung heizen«. Andere schworen, ihre überirdische Schönheit bringe »schwache Herzen und korrupte Gewissen dazu, aus dem Fenster zu springen.« Nun, ich habe nie jemanden springen sehen. Aber Train schaffte sie alle. Meinen Vater, meine Mutter, Musiklehrer Grube, meinen älteren Bruder und seine plateaubesohlten Headbanger aus der 10 A. Sie alle hassten Train, und ich liebte ihn dafür. Ich war 15, und er war mein Gott. Ich huldigte ihm täglich mittels einer alten C-Klarinette, die ich auf dem Schrottplatz gefunden hatte. Es war ein schäbiges Instrument. Die Klappen deckten nicht, das Holz war zerkratzt, das Mundstück zerkaut wie ein alter Pfeifenstiel. Man brachte nicht viel mehr heraus als ein kläglich dürres, aber durchdringendes Fiepen. Mir machte das nichts. Ich legte Trains »Live At The Village Vanguard« auf den Plattenteller, hielt das Instrument in Hab-Acht-Stellung und wartete. Auf den Opener »Naima« und auf Opa Schneiderath, den alten Stalingradkämpfer aus dem Souterrain. Wir hatten unseren Einsatz, wenn Pharao Sanders kreischendes Obertoninferno in Trains majestätische Melodiebögen phräste. Es war ein denkwürdiges Duett. Ich fiepste mir die Seele aus dem Leib, und Schneiderath brüllte das Treppenhaus zusammen. Und zwar mit den Worten: »Wir sind hier nicht bei den Hottentotten.« Er brüllte das mehrmals und mit schwellendem Diskant. Meistens bemerkte ich ihn erst, wenn Poli und Zisti unsere Haustür im Stile Cozy Powells mit dem Gummiknüppel bearbeiteten. Die Anzeige wegen Ruhestörung quittierte mein Vater abends routiniert mit einer Kopfnuß. Dann schloss er meine Klarinette für eine Woche weg. Ich aber wusste, ich war auf dem richtigen Weg.

John Williams Coltrane, geboren am 23. September 1926 in Hamlet/North Carolina, benutzt ein Otto Link Mundstück Nr. 5 mit mittlerer Öffnung und mittelkurzer Bahn und ein hartes Blatt der Stärke vier. Als Hiroshima brennt, spielt er den Blues in den Bands von John Webb und Big Maybelle. Er tourt mit Eddie Cleanhead Vinson, Earl Bostic und Johnny Hodges. Er redet selten und übt ununterbrochen. Mit fünfundzwanzig kennt er jeden Schuppen zwischen Chicago und New Orleans und ist der beste Freund von Sister Heroin. Er wird von Dizzy Gillespie gefeuert und von Miles Davis verprügelt, »weil er immer ›high‹ ist, zu spät kommt und auf der Bühne einschläft«. Monk sagt ihm: »Mann, wenn einer so wie du Saxophon spielt, braucht er sich das nicht gefallen zu lassen. Train lässt es sich gefallen, bis er raus hat, wie Miles auf modalen Skalen elegant an den Akkorden vorbei improvisiert. Im Jahre 1957 empfängt er die Gnade des Herrn. Der Herr spricht: »John Williams Coltrane, vergiss den Blues und suche das Göttliche im Klang des Universums, und wenn Du ES gefunden hast, preise ES und künde meinem Volke.« Seitdem ist er clean, und niemand hat ihn mehr lachen sehen. Sein Ton wird »gepresst, schneidend, grell und trocken«. Er spielt Balladen von schmerzender Schönheit, er spielt »Sheets of Sounds« (Ira Gittler), rasende Noten wie splitterndes Glas, und zertrümmert das Rhythmusgerüst des Bop, er spielt »kompromisslos« (J. E. Behrendt), »oft brutal und hässlich« (Bob Weingart), er spielt einfach »abgedreht« (Miles Davis). Aber das John Coltrane-Quartett ist die heißeste Combo, die man seit Armstrongs »Hot Five« gesehen hat. Train, Tenor und Sopranosax, Jimmy Garrison, Bass, Elvin Jones, drums, McCoy Tyner, piano: eine Besetzung wie in Stein gemeißelt. Mit ihnen macht Train die Nile Rogers Walzernichtigkeit »My Favourite Thing« zu einem Klassiker. Nach dem hymnischen »Love Supreme« liegen ihm die Hippies zu Füßen, und bei Tower Records in der 15. Straße lässt ein junger Rhythm & Blues-Gitarrist namens Jimi Hendrix erstmals Dylan links liegen, kauft eine Coltrane-Platte. Im Innenteil findet sich ein Poem von Train, dessen letzte Worte lauten: »Erhebung, Eleganz, Begeisterung«. Der Linkshänder aus Seattle wird sich das merken. 1965 stellt Train ein Doppelquartett zusammen und nimmt das Free-Jazz-Album »Ascension« auf. Die Kritiker sind fassungslos, wie man einen 40minütigen Orgasmus in Vinyl pressen kann. Der schwarze Dichter LeRoi Jones nennt ihn nun »Priester« und in einem Atemzug mit all den bösen schwarzen Männern, vor denen die weißen Vorstadtsiedlungen zittern.

Doch Coltrane kann *ES* immer noch nicht hören. Leider kann seine Band *das* nicht mehr hören und kündigt. Train versucht es mit zwei Bassisten, mit zwei Drummern und drei Saxophonisten. Er sucht den göttlichen Klang in indischen Ragas und orientalischen Skalen, in afrikanischer Polyphonie und verzehrender Intensität. Er bläst allein gegen Schlagzeugwände an, und seine Soli werden mit jeder Aufnahme länger. Sie heißen »OM«, »Meditation« oder »Interstellar Space«, sie wucherten erst über Plattenseiten, dann über ganze Alben und Doppel-LPs ins Nirgendwo. Als ihm immer öfter die Luft wegbleibt, stellte er den Kraftbläser Pharao Sanders ein, damit der Furor nur ja weitergeht. Sein letztes Album hieß »Expression«. Kurz darauf fällt er einfach um.

Als Train am 17. Juli 1967 im Hospital von Huntington/Long Island im Sterben liegt, ist die Welt sehr sehr still. Die Beatles meditieren in Indien, Bob Dylan ist vom Motorad auf den Kopf gefallen, Joseph Beuys verpackt einen Flügel in Filz, und John Cage setzt sich vor ein Klavier und schweigt es exakt 4 Minuten und 33 Sekunden an.

Ich stelle mir vor, Frau Alice hat Trains Hand gehalten. Seine Augen sind groß und leer und starren an die weiße Wand. Durch das Jalousiegitter schiebt die Sonne flirrende Staubstreifen ins Halbdämmer. Nur aus dem Nebenzimmer hört man wie aus weiter Ferne ein Radio rauschen. Plötzlich peitscht ein elektrischer Tritonus-

Intervall durch die Stille, genauer gesagt eine chromatisch erniedrigte Quinte. Musikwissenschaftler nennen sie Diablo in Musica, weil die Inquisition ihre Verwendung in religiösem Liedgut unter Androhung der Todesstrafe verbot. Train hört den Drummer pulsierende perkussive Strudel schlagen, während aus einem Strudel klirrenden Krachs und dampfender Basslinien Gitarrenläufe in chromatisch erhöhten Nonen aufsteigen. Es ist, als sähe er in einem magischen Spiegel das alte Coltrane-Quartett. Seine Männer sitzen in fliegenden Untertassen und tragen komische bunte Hüte und Anzüge, aus deren Ärmeln und Hosenbeinen Kabel, Wah-Wah-Pedale und Vibratoarme baumeln. Mit Lichtgeschwindigkeit jagen sie über Länder und Kontinente, durch Stroboskopgalaxien und Rückkopplungsgewitter, um nach einem letzten kosmischen Röhren in Phil Spectors »Wall of Sound« zu verglühen.

Dann hört Train eine Stimme:

Purple Haze all in my brain
Lately things don't seem the same
Acting funny, but I don't know why
Scuse me while I kiss the sky.

Train lächelt, *DAS* könnte *ES* gewesen sein. Zumindest wäre es ein schönes Ende dieser Geschichte. Doch John Ford-Fans wissen: Searchers never coming home. Jimi Hendrix, Noel Redding und Mitch Mitchel tragen die Fackel weiter bis Monterey. Die anschließende Tour ist schon nicht mehr ganz so experienced. Redding geht auf der Expedition ins Electric Ladyland verloren. Mitchel verliert bei der Band of Gypsys den Anschluss. Hendrix, der »an klaren Tagen ins Unendliche sehen« kann (Hendrix), verirrt sich schließlich irgendwo zwischen Woodstock und den Bandschleifen des Record Plant-Studios. Ausgebrannt und desorientiert kehrt er nach London zurück, weil er nichts gefunden hat außer ein paar großartigen Songs: »Ich habe einen über Abtreibung, einen über Vietnam, einen Song zu fast jedem Problem.« Am Ende hat er nur noch Probleme, hält sich für einen Außerirdischen und »will seinen Bart wachsen hören«. Aber selbst in diesem Zustand verliert er nie seine professionelle Würde. Als ihn zugedröhnte Rocker bei seinem letzten Konzert in Fehmarn mit Schmähungen überhäufen, bellt er ins Mikrophon: »Ist mir scheißegal, wenn ihr mich ausbuht – solange es die richtige Tonart ist.« Hut ab.

Frank Schulz

HEXENRITT

Auf der Bundesstraße 73, die direkt vorm Hausparkplatz verlief, brüllte der Feierabendverkehr. Mit eingeschaltetem Licht. Es konnte jeden Moment zu regnen beginnen. Als ich meinen abscheulichen Kadett bestieg, vernahm ich ein fernes Donnergrollen aus Richtung Harburg.

Jenes Unterbauchfieber, das mich packte, war ebenso wenig als Orakel geeignet. Denn es erscheint unberufen, ebenso unwillkürlich, wie mir jenes uralte Bild erscheint, ebenso schwarz-weiß wie ich träume. Es stammt, meine ich, aus der Fernsehserie »Gestatten – mein Name ist Cox«. Ein Mann im Trenchcoat – auf der Flucht – kriecht eine Uferböschung hinauf, setzt schnaufend eine Zigarette in Brand und blickt schließlich über den ausgeblasenen Rauch hinaus, der langsam in das Panorama einer Industrielandschaft jenseits des Kanals dampft und die steilen Schlotqualmfahnen kreuzt; und schließlich kriecht der Mann in eine verborgene Höhle ... – während ich ihm zusehe, die Beine in den grünen Strickhosen ausgestreckt, die Fersen genau am Sesselrand. Oma schaut seufzend vom Abendbrottisch herüber. Papa und Opa reiben sich unten in der Waschküche unter lautstarkem plattdeutschen Geplauder die ölverschmierten und mörtelverkrusteten Hände mit Persilpulver rosig, und nicht weit hinterm Stubenfenster trompetet der rote Schienenbus, der Mama aus dem kleinstädtischen Kaufhaus nach Hause bringt.

In diesem Moment, glaube ich, entstand das Molekül für eine Empfindung, das seither ein Ingrediens meines Lebensgefühls, meiner Befindlichkeit auf Erden ist – ein süffiges Ziehen in den Gedärmen, das die Lenden putscht, ein Eu-Stromstoß ins Sonnengeflecht, der den Körpersaft die Wirbelsäule hinaufpeitscht wie Quecksilber; biochemische Formel meiner Weltlust, aufregender Schmerz, eine Art Lampenfieber vorm Dasein.

Ich schob die Hendrix-Kassette in den Recorder und spulte vor und zurück, bis ich die Pause vor »Voodoo Chile« gefunden hatte. Ich drehte den Knopf fast bis zum Anschlag, dass es rauschte, und steckte mir eine Zigarette an.

Acht Monate zuvor hatte ich meinen dreißigsten Geburtstag gefeiert.

Ich schaute rauchend auf den brüllenden Verkehr, starrte in den dunkelblauen Himmel, wo sich monströse, rußige Schaumwolken wie aus verschiedenen Richtungen zu einer Gewalt formierten. Ich hatte Durst vom Rauchen und vom Docschen Chivas Regal, der meine Körperkapillaren flambiert hatte. Durch das ätherische Rauschen vom Chromdioxidband hindurch nahte aus zeitloser Ferne schnell das metallische Kratzen heran, vom Wah-Wah verzerrt, mit dem Hall einer einsamen Ebene, das rhythmische Nagen eines Gorgonen an einer Hochspannungsleitung, und dann, ganz nah, jaulen die Drähte auf, nun herb melodiös, die schmerzliche Verhöhnung eines versunkenen Kindersingsangs aus einer archaischen Welt, von einem Dur mit gebleckten Zähnen in ein murmelndes Moll verwirbelnd und zurück, ein gekappter Hi-Hat-Tusch am Schluss einer Sequenz, die Wiederholung von der Fußtrommel begleitet, bumm-badummdumm-bumbum-bumbum, bumm-badummdumm-bumm, und Hi-Hat-Tusch, und noch einmal, und dann kneift der Voodoo-Zauberer sein Gitarrenbiest in den empfindlichsten Nervenstrang, dass es aufschreit – ein Break der Sticks – und zusammen mit einem Beckenschlag wie eine Arschbombe und einem Basston, auf meinem eigenen Dünndarm gerissen, platzt ein Akkord wie die Alarmsirene des Weltuntergangs, unterbrochen vom euphorischen Wutgeheul des wilden Tiers, das wieder auftaucht und sich vom maschinenhaften Zylinderstampfen löst und an geladenen Trossen dengelt und wieder hineinstürzt ins Geräuschgetümmel, bis der Hexenmeister selbst kühl und leidenschaftlich zugleich zur Arie seiner Sirene das Wort ergreift, als wisse er genau, wie sie sich fühlt, um in lässigem Sprechgesang Worte hinzuzufügen, bis wieder das Biest kreischt und schnappt und in den Rhythmus der unbarmherzigen Maschine zurückgezwungen wird; und dann wird der Meister angesteckt vom kreischenden

Greinen seiner Kreatur und brüllt seine Hassliebe im Diskant, »Yes I'm A Voodoo Chile, Babe«, und dann lässt er die Bestie los, sie macht sich los von der Maschine und springt grölend durch die hässliche Welt und quiekt sich die Seele aus dem Leibe, und sie *kotzt* sich aus und kreischt und greint, einen solchen Atem haben nur Teufel und ihre Bestien ...

Mein Wagen schwamm fast lautlos im Strom der Bundesstraße. Der Motor war kaum zu hören hinter Jimi Hendrix' Hexenritt. Es wurde immer finsterer, aber es regnete noch nicht. Im Westen, den ich verließ, gab es noch ein wenig Lichtspiel und schuf eine gespenstische Atmosphäre – ich fuhr ins Dunkle, während der Spiegel Helligkeit einfing und mich blendete.

In einer sonderbaren Stimmung parkte ich am Fuß der steilen steinernen Treppe, die zur »Hexenkate« hinaufführte. Als ich oben war, keuchte ich wie ein alter Mann. Es war fünf vor sechs. Eine Stunde zu früh. Eine sehr verhängnisvolle Stunde. Eugens Schuld an meinem zukünftigen Doppelleben, denn er hatte sich um diese eine Stunde vertan. Diese eine Stunde war die Grundstunde, der Keim für drei Bärbel-Phasen.

Die Tür stand offen. Das Lokal war leer.

Das heißt, am Ende des Tresens, da hockte dieses junge Weib, in diesem verwünschten Blümchenkleid, hockte da mit ihrem gottgegebenen Boulevardarsch auf einem Barhocker an der Stirnseite des Tresens, die gewaltigen Chaka-Khan-Schenkel übereinandergeschlagen, so dass – in Keulenhöhe – satte achtunddreißig Zentimeter von der Scheitellinie bis zur Strumpfnahtseite vergingen. (Ich habe sie im Zuge unserer Körperspielchen später einmal ausgemessen.) Ihr weißes Kleid mit den rosa Rosen darauf, bis zur Hälfte des Oberschenkels gerutscht, leuchtete in der 40-Watt-Dämmerung. Die Brüste, obwohl schwebend wie Zeppelinbuge, wogen schon damals drei Pfund – jede. Sie taten ihr manchmal weh, wenn sie lange hatte stehen oder viel laufen müssen. Ihr ovales Gesicht – dunkler Hauttyp – war bis ans rundliche Kinn von dickem, glattem Haar von dunklem Brünett eingefasst, das sich freilich am Ende wellte wie es wollte; sie trug es seitlich gescheitelt, so dass sie ständig dabei war, die lange, dichtgefieder-

te Schwinge aus den Süßkirschenaugen in den Schopf zurückzu-
streichen, aus dem sie sich immer wieder löste.

»Starker Auftritt!« sagte sie.

Bernd Matheja

SPÄTE ERLEUCHTUNG

oder: »*The Burning Of The Midnight Lamp*«

Geschenke verscheuert man nicht, es sei denn, es handelt sich um eine 17-cm-Platte, und auf der Color-Tüte steht »Burning Of The Midnight Lamp«. Irgendwer hatte Anfang 1968 das Teil als wilde Gabe angeschleppt; spekulierend, dass die knapp 3:35 für den 17-Jährigen Fan ja wohl ein Selbstgänger sein müssten. Speziell für einen, der zuvor »Joe«, »Haze« und »Mary« geradezu verschlungen hatte. Nur: Ich konnte diesen Song nicht ausstehen.

Schnell war er ganz sicher nicht, aber irgendwie auch nicht langsam. Und das machte nervös. Zu verstehen war ebenso wenig – trotz sehr ordentlicher Kenntnis des Englischen. Und das machte beleidigt. Obendrein noch dieses Cembalo ... Bei Hendrix! Und das machte das Maß dann endgültig voll: Keine Woche nach dem Wiegenfest kam dieses Grauen, natürlich schon durch ein »bm« auf Cover und Label verschönert, auf den Schulhof – als Sonderangebot. Die Kumpels aus Lübeck bewiesen jedoch Geschmack: Kein Aas sprang an, Totalverweigerung. Wochen später erbarmte sich wer – nach einem soliden Tausch unter Pop-Jüngern besaß ich nun, wie passend, »Poor Boy« von den Lords. Hauptsache weg.

Die Lampe war aus, das Thema durch. Denn im Hörfunk lief dieser Jimi-Krummling sowieso nicht, und als er 1969 auf der LP »Electric Ladyland« unvermittelt wieder auftauchte, konnte Radio Lehmensiek in der Königstraße sich das ganze Doppelalbum gepflegt an den Hut stecken.

Knapp 20 Jahre später. Die gesamte Single-Kollektion aus dem Vor-Tertiär war längst final verklappt, und der zunehmend desinteressierte Geschmack hatte sich von Jimi, Cream und den Davies-Brüdern in Richtung *(kein Kommentar)* verirrt. Messehallen Hamburg, Flohmarkt. In der Bücherkiste einer offenbar vom Leben Enttäuschten (Typ Heilpraktikerin, »Durchfall als Weg«) stecken auch ein paar Singles. Cat Stevens, Herr Bertelmann, Werbe-Flexis, Ringo solo, der ganze übliche Uuurgh. Und mitten drin?! Genau. Nicht etwa »eine«, sondern meine – MEINE »Burning Of The Midnight Lamp«. Die rosa Papierhülle rechtschaffen zernuddelt, aber oben links die Kennung: Aktenzeichen »bm« ... gelöst, Lübeck – Hamburg in zwei Jahrzehnten, »isvommeimbruder«.

Vielleicht war es sogar ein 11. September. Sicher dagegen ist, dass von da an nichts mehr so war wie vorher – zumindest midnightmäßig. Die Rührseligkeit über den heimgekehrten, verlorenen Ton mutierte zwar nicht gleich zur Besessenheit, doch dieser verdammte Song – obendrein in klaustrophobischem Mono ... – wurde mit Verspätung zur Gummiwand, an der von da an alles andere abprallen würde: Was noch kam, sowieso. Aber auch alles, was bis dahin die private Bestenliste seit anno X angeführt hatte, rutschte einen tiefer: Rod Stewarts bis heute ignorierter 69er-Geniestreich »Blind Prayer«; Led Zeppelins Kurz-Klassiker ohne Anfang & Ende, »Immigrant Song«; »Stay With Me«, der komprimierte, monumentale Gefühlskosmos von Lorraine Ellison.

Dutzende Male hat Hendrix seitdem zwischen meinen Ohren die Laterne entzündet, natürlich auch auf CD. Wobei sich selbst die Firmen-Koppler mit dem Song (»... which everyone around here hated.« O-Ton Jimi) bis heute offenbar nur leidlich gern befassen: Er wurde unwesentlich häufiger für »Best Of«-Verrührungen gezogen, als – sagen wir mal – »Winter« von den Stones oder der verhinderte Bee Gees-Smash »The Change Is Made«. Dass er 1998 nicht mal auf dem kommerziellen CD-Großangriff »Experience Hendrix: The Best Of Jimi Hendrix« Platz fand, ist ein absurder Treppenwitz der Musikgeschichte. Schuld sind die Amis, die »Burning« schon 1967 die 45er-VÖ verweigerten, es statt dessen später auf der »Watchtower«-B-Seite wegdrückten und sich chartsmäßig damit selbst ins Knie schossen. Und derart Desolates frisst sich dann peinlich durch bis in die Gegenwart. Vielleicht wär's – es lebe das *name dropping* um sieben Ecken – anders gekommen, hätte sich irgendwer erinnert, dass Whitney Houstons Mutter Cissy im Chor mitgetan hatte.

Die Lustlosigkeit rund um den Song manifestiert sich zusätzlich in einem Aspekt aus der Abt. Erbsenzählerei, Untergruppe »Berechtigt«: Nimm einen Stapel Booklets, Vinyl-Labels, CDs, Dateien, Verlagslisten, Plattenhüllen, und Du fühlst Dich an den Jauch'schen 50:50-Joker erinnert – »Burning ...« oder »The Burning ...«, das bleibt hier die Frage – auch nach einem zweiten Stapel.

All dies ändert nichts: Was Jimi, Bassist Noel Redding, Drummer Mitch Mitchell, Producer Chas Chandler und Tonmann Gary Kellegran am 6./7. Juli 1967 in den New Yorker Mayfair Studios (sich) geleistet haben, gehört zu den definitiven 60s-Sternstunden. Nur jeweils rund 30 Minuten, so geht die Sage, soll die Experience an den ersten drei Single-A-Titeln gedrechselt haben. An »Burning Of The Midnight Lamp« dagegen 42 Stunden, inklusive Nachbereitung. Heraus kam ein aberwitziges Konstrukt. Eine aufgetürmte, ums Haar überfrachtete Produktion wie von Phil Spector mit einer Hand an der Starkstromleitung – und mit Komponenten, die sich gegenseitig den Sauerstoff abquetschen. Ein gemeiner Ton-Klumpen, der – Kopfhörer empfohlen – fast bedrohlich aufs Hirn drückt; der immer wieder eines fordertfordertfordert: Überall gleichzeitig absorbieren, was da irritierend und lawinenartig rechts, links und in der Mitte abgeht, überlagert, gedoppelt, getripelt – Reddings unruhiges Pumpen, Mitchells Gepolter, Arethas gospelnde Sweet Inspirations, der Parallelslalom von Fender-Wah-Wah und plinkerndem Cembalo. Und Jimi, der Einöd-Poesie auf eine kongeniale Instrumentierung pfropft. Ab Minute drei: akustischer Flächenbrand. Das ganze diabolische Sperrfeuer aus einer Baureihe, in die auch Nervenabrieb wie Scott Walkers »The Plague« gehört. Alles ist stumpf & Kreissäge zugleich, Staub & Lichtung. Und wieder zurück.

That forgotten earring laying on the floor
Facing coldly towards the door
And I continue to burn the midnight lamp, all alone.

Nein, nicht zu toppen.

Klaus Theweleit

ROCK FOR GROWN-UPS

Gut und böse liegen Seite an Seite, während elektrische Lie-be den Himmel durchbohrt ... ist dies Liebe oder bloß Konfusion ... is it tomorrow or just the end of time ... Sind es die Sterne da am Himmel oder regnet es, weit weg von jetzt ... oh, mein Kopf dreht sich, round and round and round and ro-und ...

»Sterne« und »Himmel« waren früher mal etwas »da oben«. Bei Hendrix sind sie Bezeichnungen für Körperteile, Körperzustände. Die Welt ist geschrumpft, die Körper erweiterten sich unterm Bohrgeräusch der elektrischen Liebe. Die *mindestens* zwei Körper, die Hendrix in seiner Musik erzeugt auf seinem Space Ship Stratocaster (dem Körper des Hörers einen zweiten Körper im Raum hinzufügend, mit dem er sich verbinden kann), treiben sich nicht nur in seinem Sound herum, sie geistern auch durch das *Gesagte*: verbunden mit einem »und«, einem »oder« oder vorgeführt in einem Vermischungszustand, der Hendrix mehr als andere Rocktexter als den Aufzeichner von körperlichen Aggregatzuständen, ihren Wechseln, Schmelz-, Kondensations-, Sublimierungstemperaturen, erscheinen lässt.

Rote Schleier in meinem Hirn ... müssen da all diese Farben sein, ohne Namen, ohne Sounds ... ja, ich fließe durch flüssige Gär-ten und Arizonas roten Sand ... mein Regenbogen ruft mich durch den Schleierdunst meines Wasserfalls ... mein Kopf ist schwind-lig, dreht sich ... sich bedröhnen und anrufen auf dem Fernsa-xophon ... du bringst mich zum Fließen, immer aufwärts in Krei-sen ... nie lässt du mich fallen ... die Ampeln drehn auf Blau am Morgen, sie scheinen ihre Leere auf mein Bett ... manchmal ist meine Seele so nackt und müde, fühlt sich an, als wäre die ganze öffentliche Meinung über sie weggekrochen, dazu die ganze

Vergangenheit ... Fühlen, süßes Fühlen, tropft von meinen Fingern ... Musik, süße Musik, dich möchte ich streicheln, küssen, küssen ... der schreiende blaue Regen riss mir Löcher in den Leib ... Manische Depression, frustrierende Scheiße ... wenn der Tag dahinschmilzt in ein schläfrig rotes Glühn, fangen meine Wünsche an sich zu zeigen ... acting funny but I don't know why, excuse me while I kiss the sky ...

Ein Körper, der den Himmel küsste, mit mehr als einem seiner Teile, dazu die Berge und das Meer, nicht nur einmal, sondern drei, vier Jahre lang (so wie andre pissen gehen ... entschuldige, ich muss mal ... den Himmel küssen).

Ein Kind, das durch keine Schule kam (als es noch »allein« war, unverbunden), liegengelassenes Kind zerstrittener, dann geschiedener Eltern, stumm und ausgelacht, tendenziell analphabetisch, erweckt vom Zusammenstoß mit zwei kräftigen Realitäten: einer halbindianischen Großmutter, Cherokee, zu der er gesteckt wurde mit acht, die ihm einiges flüsterte, und einer Gitarre mit dreizehn, die er nicht mehr aus der Hand legte bis zum Tod mit siebenundzwanzig.

Ein weiteres dieser Kinder, die die Wahrnehmung befestigen, dass zu massiven Zerstörungen massive Erweckungen/Belebungen kommen müssen, um den Funken der »Kunst« aus einem Kinderkörper zu schlagen (für die, die sich für die »Genese des Artistischen« interessieren). Die verschwundene Mutter war lustig gewesen und feierte gern; trank sich tot in zweiter Ehe; Vater Hendrix verbot seinen beiden Söhnen die Teilnahme an der Beerdigung.

Die Jahre bis zum Militär war Hendrix damit beschäftigt, in seinem Zimmer zu sitzen, am Radio zu drehen, alles anzuhören, mitzuspielen und nachzuspielen, was die Seattle Stationen zwischen 1955 und 1960 zu bieten hatten (das taten zur selben Zeit auch die englischen Jünglinge, die Hendrix später aus Amerika nach London erretteten). An Radioknöpfen drehen, Verstärkerknöpfen dann, später Frauenknöpfen ... *Ja, ich habe mit dir geschlafen, Gott weiß, du hast keinen Schmerz gespürt / denn ich bin Millionen Meilen entfernt / und zur selben Zeit grad hier, in deinem Bilderrahmen*

... sonst Gitarre ... *music, sweet music, I wish I could caress, kiss, kiss* .... schwarz/weiß/indianische Analphabetenpoesie, so dicht am eigenen Körper wie möglich (das ist dichter als »autobiographisch«).

Hört man Hendrix' Texte, wie man Rocktexte normalerweise hört, fetzenweise, bruchstückhaft, die Lücken mit eigenen Textfetzen füllend, hört man fast nur diese Körperzustandsberichte, zumal Hendrix' völlig in den Gitarrensound gebettete Stimme (die »siebte Saite«) nicht einlädt, entziffern zu wollen, *wovon* der denn *spricht,* wenn er singt. So weit ich sehe, gibt es keine deutsche Ausgabe Hendrix'scher Texte – was soll man einem Toten tun zu so einem Tag, wenn nicht ein paar seiner Gedichte vorlesen in einer anderen Sprache (auch wenn man selbst kein Poet oder Lyrics-Schreiber ist), zumal in einem Druckmedium; ein paar Texte von Hendrix' Linkshand also zu seinem Sechzigsten (von dem nicht so klar ist, ob es sein *Geburtstag* war). Sechzig bin auch ich geworden im selben Jahr; ich versuche, mir vorzustellen, wie es sich anfühlt, schon zweiunddreißig Jahre tot zu sein an diesem Tag ... Purple Haze is in my brain.

> *Die Nacht, in der ich geboren wurde, wurde der Mond*
> *feuerrot, ich schwör's.*
> *Und meine arme Mutter schrie los:»Gott! Der Zigeuner! Er*
> *hatte Recht!«*
> *Und ich sah sie umfallen, tot.*
> *Berglöwen fanden mich da wartend,*
> *setzten mich auf Adlerflügel.*
> *Der Vogel trug mich in die Außenbezirke der Unendlichkeit,*
> *und als er mich zurück nach hier brachte,*
> *gab er mir Venus' Hexenring, sagte*
> *»Nun flieg weiter, flieg ...»*
> *denn ich bin ein Voodoo Kind, Voodoo Chile ...*

Großmutterkind, Radiokind ... indianisch-elektrisch. Von der Army, sechsundzwanzig Absprünge mit dem Fallschirm, bevor er entlassen wurde (halb verletzt, halb Rausschmiss), brachte der Gitarrist immerhin die Absicht mit, so klingen zu wollen wie der Wind in den Ohren beim Sprung aus dem Flugzeug ... den Wind spielen wollen ... von Orpheus bis Wagner ... Nono, Rihm ... jemand windiger als »Jimi«?

Das Rot, das ich trage, ist reine Zuversicht, es schleudert
Kriegstrophäen und euphorische Bänder.
Das Orange jung und wagemutig,
aber zu unbeständig für das erste Ausgehn mit dir.
Mein Gelb für diesmal nicht so mild wie sonst,
in der Tat will ich sagen: es hat Angst wie ich auch,
und all diese vermischten, – meine – Gefühle, hindern mich,
mein Leben einfach einem Regenbogen zu geben, wie dir.
Aber ich bin kühn wie die Liebe,
kühn wie die Liebe.
Frag die Erdachse.
Sie weiß es.
(»Bold As Love«)

»Dylans Einfluss auf Hendrix war zwiefach: So wie er ihn dazu inspirierte, seine eigene Innenwelt in seinen Texten zu erforschen, so überzeugte ihn Dylan auch davon, dass er zumindest versuchen könnte zu singen. Genau wie man von allen Neugeborenen sagt, sie sähen aus wie Churchill, so klingen auch alle Rocksänger, die ›nicht singen können‹ (wie zum Beispiel Keith Richards, wenn er solo singt), immer etwas wie Dylan.«[1]

Hendrix, der wie alle schüchternen Leute seine Stimme nicht »mochte«, klingt dann aber kein bisschen wie Dylan, als er sich Mut macht und anfängt; er ist einfach ein weiterer Nicht-Sänger mit Stimme (die Einzigen, die man aushalten kann).

Die Stimme lief; mit LSD kamen auch die Wörter ...

Wahnsinnig schön, so herumzutreiben,
sogar eine Qualle wird dir das erzählen.
Ich sagte, in der Strömung liegen ist groovy und leicht,
sogar eine Qualle fängt da was mit an.

Ja, die Quallen treiben lässig und schon lange,
Gott – der hat auch keine Knochenstange
in seinem Quallenrücken drin.
In den Strömen treiben, jeden Tag, jede Nacht,
auf den Wellen, high, dann wieder ruhn.
(Gut, manchmal ist der Wind nicht richtig.)

»With The Power Of Soul« heißt das Stück. Reimt sich auf »anything is possible« ... »possi-boul« ... schöner Reim.

Von zehn Musikerjahren ist Hendrix fünf Jahre Sideman berühmterer Musiker gewesen, angeheuert, rausgeschmissen, um Geld beschissen, verdammt, *seine* Musik »im Kopf« nur zu hören und die der anderen spielen zu müssen. Die zweiten fünf Jahre singt er selbst, Stücke- und Textschreiber ist er erst wirklich ab 1967, gezwungen durch die Notwendigkeit, als Bandleader mit eigenem Material herauszukommen.

Dazu waren drei weitere Erweckungen nötig; die Verpflanzung nach London, wo *black* nicht nur *beautiful* war 1967, sondern das Größte, wenn es so bunt behängt und popgitarristisch daher kam wie Hendrix. Das schwarze Rhythm & Blues & Soul-America konnte damit nichts anfangen. Zweitens fand Hendrix in Amerika Teilchen einer schwarzen Riesenkultur, die sich auf dem Weg zu einer Mainstream-Kultur befand, in London die *eigengesetzliche* Kunstgruppe, die es braucht, zum König von Ausgefreakten werden zu können. Was vierzig Jahre vorher in Paris die Surrealisten waren, war in London 1967 der Rockclan um Jagger, Lennon, Townshend, Clapton. Und, drittens, die Frauen in der Bedeutung von »Life is Love« & »Love is Sex«, alles zusammen, »gesehen« durch die blaue Pille, die die Bilder löst und jene Teile des Gehirns, die sich trauen, auch öffentlich nichts anderes als traum- und märchenhaft zu sein. Die Cherokee-Alte, das Radio, Geliebte, London & LSD (dahinter das harte Handwerk von fünf Jahren Knochenarbeit on the road) erzeugen das Gitarrenwunder des Summer of Love ... und einen Kleiner-Junge-Schreiber, der am liebsten Märchen erzählt, sozialkritische Märchen, Indianermärchen, Märchen aus dem Märchenland, pazifistische Unterwassermärchen, Märchen von der

Vorgeburt, alle aus einem Innenraum heraus, sagen wir, aus dem Bauch der Gitarre durchs Schalloch gesehen.

Einige habe ich in diesen Text eingestreut (es gibt weitere schöne). Meine Übersetzung ist nur Annäherung, keine »Nachdichtung«; den unersetzlichen »native sound« muss man sich selber machen, beim Hören.

Castles Made Of Sand

Man hört's die ganze Straße runter, »du bist ein Ekel«,
wie sie schreit. Und sie schlägt die Tür in sein betrunkenes
Gesicht,
und jetzt steht er draußen, die Nachbarn tuscheln und kakeln.
Er schreit »Oh Frau, bist du denn verrückt.
Was ist mit der süßen Liebe geschehen, die wir hatten.«
Er stemmt sich in die Tür, er startet eine Szene,
seine Tränen verbrennen das Gartengrün.
Und so verlaufen Schlösser, die aus Sand gebaut sind, am
Ende in der See.

Ein kleiner Indianer, tapfer, noch nicht zehn,
spielt den ganzen Tag Krieg mit Freunden im Wald.
Und er baut an seinem Traum, wenn er groß ist, ein furcht-
loser Kriegshäuptling zu sein.
Viele Monde gingen vorbei, der Traum nahm zu und wuchs.
Morgen würde er den ersten Kriegsgesang singen,
morgen seinen ersten Kampf kämpfen. Aber etwas lief schief,
ein Überfall, während er schlief, tötete ihn diese Nacht.
Und so fallen Schlösser, die aus Sand gebaut sind, letztendlich
an die See.

Ein junges Mädchen, ihr Herz war ein Stirnrunzeln,
war verkrüppelt fürs Leben und konnte keinen Ton sprechen,
und sie wünschte und betete, sie könnte aufhören damit,
so beschloss sie zu sterben.
Sie zog ihren Rollstuhl an den Rand vom Strand,

und lächelte ihre Beine an: »Ihr werdet mir nicht mehr lange
weh tun.«

Aber ein Anblick, den sie noch niemals sah, ließ sie aufspringen,
»Sieh, ein goldgeflügeltes Schiff kommt vorbei«,
und es hörte überhaupt nicht auf, es fuhr, es fuhr.
Und so gleiten Schlösser, die aus Sand gebaut sind, am Ende
in die See.

Eine meiner Lieblingsstrophen (für bestimmte Moments of Life)
aus Hendrix ist diese:

Ja, ich hab noch mehr zu sagen.
Wie ich durch L.A. gefahren bin,
auf einer Fahrrad-Missgeburt für Bekloppte,
und seh einen der alten Kumpels da stehn.
Sagt: »Mann, du hast auch schon besser ausgesehn.«
Und ich: »Na ja, manche sehen eben aus wie'n Münztelefon.«
Und er:
»Sieht nich aus, als hättst du irgendwo 'n Groschen übrig.«
Und ich lehnte mich zurück, dachte mir was und sagte dies.
Ich nahm einfach meinen Stolz auf von hinter der Telefonzelle,
und kämmte seinen Atem aus meinem Haar, vollkommen.
Und manchmal ist es nicht so einfach, besonders wenn dein
einziger Freund
so spricht, so guckt, so aussieht und so fühlt wie du,
und du machst auch nichts andres als er.
(»My Friend«)

Den »einzigen Freund« in diesem Song sieht Hendrix, wenn er in
den Spiegel sieht. Er sah (mindestens) zwei, wenn er in den Spiegel sah, und er fand das einsam (mit diesem Freund). Indianer, Halb-
indianer oder elektrische (inmitten ihrer Geisterschar) handhaben
den »Doppelgänger« etwas anders als wir mit unserer Doppelsee-
le. Sie sind nie alleine und immer mehr als zwei – außer zur *Mit-*
ternacht selber, wenn der Blick auf die Freundin im Bilderrahmen
fällt, die, die nicht mehr da ist, die, die nie mehr kommt, der Mo-

ment, in dem die Welt gewichen ist und die Schreibhand aufs Papier schreibt: »And I continue to burn the midnight lamp alone.« »Burning Of The Midnight Lamp«, vielleicht Hendrix' europäischster Text; die Musik am schönsten in der Aufnahme für Radio One, ohne den Background-Chor von »Electric Ladyland«.

Häufiger bei Hendrix ist eine andere Frau, die, die »Catherina« heißt in »A Merman ...« oder »Gypsy Eyes« oder »Angel«, ein Wesen, das zu ihm kommt (auf Wimpernflügeln) und ihm was Gutes tut, obwohl er's nicht »verdient« hat; »ich danke dir, Baby, dass du im Dreck gegraben und mich da aufgelesen hast« ... »In From The Storm«.

Night Bird Flying

Sie ist ein Nachtvogel, fliegt durch die Nacht, fliege weiter.
Sie ist ein Nachtvogel auf ihrem Mitternachts-,
                                        Mitternachtsflug,
segle weiter, ja.
Nun ja, sie ist auf dem Flug zu mir,
aber vor Morgen muss ich sie fliegen lassen.
Alles, was wir haben, Baby, eine kostbare Nacht.
Leg ab deinen Blues, deine Schuhe und alles,
und schieb sie runter unter das Bett.
Schlage mich ein in deine wundervollen Flügel
– so ist es nicht schlecht.
Nimm mich mit durch deinen Traum,
in deiner Welt möchte ich sein.
Bis morgen wird keine Träne vergossen,
bis die Sonne rauskommt aus ihrem Bett,
mach weiter; mach weiter, Baby.
Und flieg.
Segle weiter. Gleite weiter.
Segle weiter. Hör nicht auf

Nicht ganz das blues- und rocktübliche Machogerede (das es bei ihm auch gibt); aber kaum die »Ruby Tuesdays«, die kommen und ge-

hen, wie Mann sie braucht, eher selbstständige, auch überlegene
Geliebte.

1983 – A Merman I Should Turn To Be

Ich erwache aus der Vergangenheit, ja,
lebendig – nur der Krieg ist immer noch da.
Komm, Catherina, meine Liebe, und geh
mit mir durch den Lärm hinunter zur See – ein letztes Mal.
Nicht zu sterben, sondern neu geboren zu werden,
weg von Gebieten so zerschmettert und zerfetzt, weg für immer.

Ah, sag, siehst du's nicht, es ist wirklich solch ein Scheiß,
jeder Zoll der Erde ein kämpfendes Nest.
Riesendinger in Bleistift- und Lippenstiftform
regnen unaufhörlich runter, bringen kreischende Schmerzen –
und die Arktis verfärbt sich, silberblau zu blutigrot,
als unsere Füße den Sand finden, das Meer direkt vor uns,
geradeaus.

Na, zu schade, unsre Freunde können nicht mitfeiern, heute,
zu schade.
Die Maschine, die wir uns gebaut haben, wird uns niemals
retten (sagten sie).
(Darum sind sie nicht mitgekommen heute)
Sie sagten auch noch, »es ist unmöglich für einen Mann,
unter Wasser zu leben und zu atmen, für immer«.
Das war ihr Haupteinwand,
und sie schleuderten mir noch dies ins Gesicht, sie sagten:
»Du weißt genauso gut wie wir, es wäre nicht nach Gottes
Willen
und in der Gnade des Königs.«

So lieben meine Liebe und ich uns im Sand,
als Gruß an den letzten Moment auf Land.
Unsere Maschine funktionierte, sie tat ihr Teil,

keine Schramme auf unseren Körpern, wir sagen ihr Goodbye.
Seestern und Korallen grüßen uns mit einem Lächeln,
noch ein letzter Blick – bevor wir untertauchen – auf das
                                              lärmende Töten,
so völlig bescheuert, dämlich und unmöglich.

Todesarten: einer, den man nicht arbeiten ließ, nachdem er »sein Ding« einmal entwickelt hatte; es musste erst ausgeschlachtet werden. »Wie viele Konzerte habt ihr damals im Jahr gemacht?« »365«, antwortet in einem Interview 1992 Bassist Noel Redding.

Hendrix: »Wir waren im Studio, und wir hatten uns gerade an ein paar verrückten Sachen versucht. Ein paar wirklich freakige Sachen. Und nach ein paar Tagen zerrte man uns aus dem Studio, ohne uns zu sagen, warum. Plötzlich waren wir in Paris, mitten in der Szene, im Pariser Olympia Theater, und dann waren wir plötzlich auf dem Flughafen in London und hatten zwei Stunden Aufenthalt, und noch'n Weilchen später waren wir in New York, irgendwo ausgesetzt in irgendwelchen Straßen. Das geschah alles innerhalb von Stunden. Dann gab's noch eine Pressekonferenz, und du bist eigentlich immer noch dabei, über die Songs nachzudenken. Du hörst sie durch deinen Kopf geistern, und du willst dich beeilen, dass du wieder ins Studio kommst, um an deiner Arbeit weiterzumachen. Schließlich hattest du dich ja darauf eingestellt. Und plötzlich stecken sie dich ins Fillmore. Klar, wir wollten da spielen, doch du denkst immer noch an diese neuen Tracks, die total anders sind als die, die du jetzt spielen musst.«

Der durchgearbeitete Studiosound war für Hendrix das Zentrale seiner Produktion, das, was ihn wirklich interessiert hat. Er klang nie so, wie er »wollte«, die Platten selten, wie sie hätten sollen, obwohl erhebliche Studioarbeit bei den ersten dreien in den Sound investiert worden ist; er hörte »mehr« im Kopf, als aus der Gitarre rauskam, aus der Stimme und aus den Geräten.

Bei »Electric Ladyland« hat er besonders den falschen Sound beklagt: »Wir wollten einen sehr speziellen Sound haben. Das ist dann beim Zusammenmischen verlorengegangen, weil wir kurz vor der Fertigstellung auf Tour gingen. Als ich es gehört habe, fand ich den

Sound ziemlich verschwommen. Die Platte hätte so viel besser sein können, aber wir waren die ganze Zeit auf Tournee und konnten nicht die Zeit, die wir benötigt hätten, im Studio verbringen. Das ist das Schlechte an diesem Business. Du hast eine durchgeplante LP, und plötzlich bringen sie zum Beispiel ›Crosstown Traffic‹ als Single heraus. Hinter der LP steckte eine bestimmte Art zu denken – wir haben die Seiten aus bestimmten Gründen so eingespielt. Und es ist fast eine Sünde, wenn sie dann etwas aus der Mitte auskoppeln und als Single rausbringen (...) nur damit sie mehr Geld verdienen können. Sie koppeln immer die falschen Tracks aus.‹

Studioingenieure mischen den Endsound ab, Marktstrategen koppeln Singles aus. Hendrix baut sich ein Studio in New York, um endlich arbeiten zu können, wie er möchte: Ein Wasserschaden macht es zunichte, nicht mal ein bestochener Klempner, sondern eine angestochene Hauptwasserleitung.

Die vielen Konzertaufnahmen der Experience, immer neue »kommen hervor«, zeigen zwar eindrucksvoll, dass Hendrix den Sound, den er im Studio erzeugte, im Prinzip auch auf der Bühne schaffte, aber die Kicks des Studiosounds fehlen, und die Aufnahmen sind technisch schlechter. In der Performance oft sehr stark, sind die Konzertaufnahmen in ihrer *Körperverwandlungskraft* daher durchweg geringer. Die Studio-LPs »Are You Experienced«, »Axis: Bold As Love«, »Electric Ladyland« (mit Einschränkungen) werden auch durch zweitausend bevorstehende Neuherausgaben und Archivfunde in dieser Hinsicht nicht übertroffen. Ebenso nicht die von Hendrix unfertig im Studio zurückgelassenen (und nachträglich zur Herausgabe bearbeiteten) »Cry Of Love«, »Crash Landing«, »Midnight Lightning«, die, obwohl bei letzteren beiden ein zusätzlicher Gitarrist nach Hendrix' Tod hinzugefügt worden ist, vom Sound her zum Teil mehr Hendrix bieten als die meisten Konzertaufnahmen der Experience oder der Band of Gypsys, mit Billy Cox statt Noel Redding am Baß.

Belly Button Window (Bauchnabelfenster)

Hier bin ich, in der Gebärmutter drin, und seh mich um:
heraus aus meinem Bauchnabelfenster, und was seh ich,
saure Gesichter.
Ich frage mich, ob sie mich wirklich wollen da draußen.

Was geht da vor, alles hängt schief, sagt's gleich,
wenn ihr mich nicht haben wollt, grad jetzt,
ich geh gern zurück zu den Ungeborenen.

Ich weiß noch gut, das letzte Mal,
sie feilschten noch herum wegen mir.
Also wenn ihr mich wieder nicht wollt, entschließt euch, wo
und wann,
wenn ihr mich jetzt nicht wollt, geben oder nehmen,
ihr habt noch zweihundert Tage,
allzu oft komm ich hier nicht mehr die Rutsche runter.

Bekanntlich haben sie Pillen, für ihre Krankheiten, für ihre
Grillen,
ihre Thrills und ihre Fehltritte sogar.
Aber ich glaube, diesmal seid ihr ein bisschen zu spät.
Ich komme jetzt also runter in diese Welt, Daddy,
egal ob Liebe oder Hass. Ich setz mich in deinem Bett auf,
Mama,
und werd grad in dein Gesicht reingrinsen.
Und dann ess ich all deine Schokolade auf und sage:
Ich bin doch wohl nicht zu spät dran damit.
Also entschließt euch, geben oder nehmen, das wär's,
überlegt's euch gut, geben oder nehmen, zweihundert Tage,
mehr sind es nicht.

Aus ihrem Schoß heraus seh ich mich um.
Sie stößt ihn herum. Und ich seh aus meinem Bauchnabelfenster
und frage in ihre zergrübelten Gesichter,
ob sie mich wirklich haben wollen, da draußen.

»Belly Button Window«: »Bauchnabelfenster«, das dürfte ein Wort für »Gitarre« sein; da schaut all sein »Ungeborenes« raus, gewendet in entkommenen Sound.

»In Hendrix' Umgang mit Verstärkern und Verzerrern hört man ihn sagen, das sei der Umgang, wie er ihn sich gewünscht hätte mit seinem Körper«, hab ich anderswo geschrieben, und: »Was alles in mir steckt, wenn man mich berührt, aufdreht, mich in Schwingungen setzt an den richtigen Stellen und mit ruhigen Händen. (...) Es ist die völlige Abwesenheit von Vergewaltigung der Apparatur, die aus seinem Spiel als eine Art Liebe hervorkommt.« Sätze, an denen ich nichts ändern würde und möchte: »Hendrix spielt oft wie auf zwei Instrumenten in der gleichen Zeit; er konstruiert mehrere musikalische Körper, die sich ineinander verschlingen, antreiben, sich reiben, explodieren, sich wieder zusammensetzen. Am Schluss der Stücke ziehen sie sich zurück, langsam, nie abrupt, alles zittert etwas nach.«

Zum Musiker ist einiges geschrieben worden ... Tendenz: Hendrix zum größten Gitarristen der Rockgeschichte heruntergemacht. (Er wird's überleben.)

»Wo ist der zweite Gitarrist«, fragen Musiker bis heute, wenn sie versuchen, mit dem Ohr Hendrix' Soundverschlingungen zu folgen, dem Wal, der überall zugleich ist, unnennbar, von welcher Farbe.

»Ich dachte, ich wäre der heißeste Gitarrist der Szene. Ich ging die Straße rüber und sah ihn mir an. Hendrix wusste, wer ich war, und er verbrannte mich an jenem Tag bei lebendigem Leibe. Ich holte danach nicht mal mehr meine Gitarre raus. Wasserstoffbomben explodierten, Raketen flogen durch die Luft – ich kann den Sound gar nicht beschreiben, den er aus seinem Instrument holte. Er fabrizierte jeden Sound, den ich je von ihm gehört habe – nur mit einer Stratocaster, einem Fender Twin-Verstärker und einem Maestro Fuzz-Gerät. Wie er es machte, ist mir immer ein Geheimnis geblieben.«

Mike Bloomfield von der Butterfield Blues Band zum »Guitar Player«-Magazin über die Unmöglichkeit, Hendrix als Gitarrist zu belauschen. Ein Geheimnis bis jetzt, nicht zu erfassen, mit einer Beschreibung gitarristischer Techniken. Obwohl J. H. diesen oder jenen Hinweis gegeben hat: »Ich spiele eine Fender Stratocaster. Man kann da die Rückwand abnehmen, so eine kleine Platte, und dann kann man auf den Federn rumklopfen ...« Diese Tricks der Klangerzeugung stehen aber jedem Gitarristen offen, nur – *niemand* sonst klingt so.

Musiker wie Musikphysiologen weisen immer wieder auf die materielle Realität der Schallwellen hin, die verändernd in menschliche Körperzellen (die ja auch »Schwingung« sind) einwirken; keiner »glaubt« es so recht, aber alle praktizieren es beziehungsweise sind Objekt des Vorgangs.

Bei Hendrix hängt der Eintritt der Körperverwandlung entscheidender als bei anderen von der akustischen Dosis ab. Erst oberhalb einer bestimmten Schwelle »fasst er dich an«. Das gilt zum Beispiel nicht für die Beatles, deren Art Schwingungen man bei mittlerer Zimmertemperatur aufnehmen kann. Die Dinge ins Schwingen zu bringen, den eigenen Körper, den Raum, das Schiff, dafür sind bei Hendrix ein hoher Pegel, viel Höhen, viel Bässe notwendig; sonst kommt nicht, was da kommen kann. Wenn es kommt, ist es unabweisbar; eine Kraft, die berührt, den Körper hochhebt, schwindeln lässt; was so viele am Anfang des Hendrix-Hörens als »Brutalität« empfanden, entpuppt sich als Wärme, als Umschmelzkraft, ich behaupte, Hendrix ist eine der Kräfte, die in der Lage sind, das, was ich als dynamisierten »Tötungsunwillen« bezeichne, bei Leuten, die sich auf ihn einlassen, zu erzeugen oder zu verstärken; eine riesenhafte Anti-Zerstörungskraft, die an Körperumbauten bastelt und webt und diese Kraft leichterhand, wirklich leichter Hand, unter die Leute wirft. Etwas, das Mütter können, Liebende, manche Geräte und »Kunst«. Ich ärgere mich, wenn solche Wahrnehmungen jeweiligen Popmoden und Lagerkriegen geopfert werden. Man kann zwar, man muss die Welt aber nicht nach Hippie- versus Punk-Barrikaden einteilen. (Nicht nur wegen der Skins, bewahre. Nicht nur wegen all der jetzigen Rap/Soundmixer, die sich auf »Jimi« »berufen«.)

Steve Lacy, Jazzer, Sopransaxophonist: »Für mich war Hendrix einer der Götter, und das ist die einzig passende Bezeichnung, denn er spielte wie niemand sonst. Hendrix war jenseits aller Kategorien, und das ist das, was ich mag. Sachen, die die irdischen Kategorien übersteigen. Mag alles übrige zum Teufel gehen, das Interessante in der Musik ist die Magie. Da sind wir alle drauf aus – die pure Magie!«[2]

Das mit dem Übersteigen der irdischen Kategorien, natürlich kann man meckern, nur, was soll man sonst sagen zu einer wirklichen Einzigartigkeit, wahrgenommen von Leuten, die in diesem Medium leben. Er nennt es Magie, ich nenne es Körperpolitik, meinetwegen auch Wachstumsunterricht. Ein Wachsen von Phasen ausgehend übrigens, die ein bestimmtes Alter voraussetzen. Ich habe bei Jugendlichen, die bestimmte Körper-Misch-Erfahrungen nicht haben, gesehen, dass Hendrix' Berührungen leicht an ihnen vorbeigehen. Rock for Grown-ups scheint mir ein haltbarer Titel. Man muss was mitbringen an den Ort Hendrix, wenn man was mitnehmen will von dort.

Room Full Of Mirrors

Kennst du den Raum voll mit Spiegeln – den thrill?
»Alles was man sah, war ich.«
Ich nehme meinen Geist und zerschlage meine Spiegel.
Nun sehe ich die ganze Welt,
ich sage, die ganze Welt ist jetzt für mich zu sehn.
Jetzt suche ich nach einer Liebe.

Zerbrochenes Glas drang in mein Hirn,
Schnitte und Schreie überall in meinem Kopf.
Zerbrochenes Glas schrie laut in meinem Hirn,
es fiel auf meine Träume, es schnitt in mein Bett.
Ich sage, Liebe machen war schon sehr seltsam hier, in
                                        meinem Bett.

Es ist immer das Material, Musik wie Texte, aus dem die Emotionen sind; eine Art gitarristisch-galileischer Existenznachweis dessen, worum manche Menschenkörper kreisen, die in oder nach dem

Zweiten Weltkrieg geboren sind: die Körperaggregatzustände, das Kosmische, Kopf im Himmel, Füße im Erdmittelpunkt. »Aus-dem-Raum«-Sein, einen Engel an der Hand, Liebeslyriker, Minnesänger, Melancholiker, Märchenmann, dessen Rollstuhlköniginnen gen Himmel schweben, plus der Indianer-schwarze Gypsy (weniger Afro bei ihm, wenn ich recht sehe). Ein Medizinmann, gefährlich, gefolgt vom Federgeschmückten mit der Pfeife, dem Straßenkind mit dem Anti-Violence-Körper, das aufruft, nicht Häuser anzustecken, sondern den Blitz der Liebe, auch den im Kopf. Keine Mischung »menschlicher« Sexualitäten macht Hendrix zu dem Mehr- oder Übergeschlechtlichen, der er ist. Es ist die sexuelle Elektrizität der Gitarre, die das Liebesfeuer schafft, das Friedensfeuer und das Androgyne.

Selten (meist wenn Rassenfragen berührt sind) ist er offen »politisch«:

Look Over Yonder

Sieh da rüber, da kommt der Blues,
die good guys, die Blauen, von Idioten ermächtigt.
Da kommen sie, Blaumäntel, bewaffnet
mit ihrer Gewalt, und schlagen ihre falschen Noten.

Sieh da rüber, der kommt auf mich zu,
der Tag ist im Arsch, wenn ich ihn nur sehe.
Sogar die Gitarrensaiten hast du mir zerfetzt.
Ah, sieh da rüber.

Da – er spricht meine Freundin an,
meine Friedenspfeife haben sie an ihr gefunden,
sie schleppen sie ab.
Wer braucht einen Satan wie den,
uns in der Gegend rumzuprügeln.

Ah, er klopft an meine Tür,
mein Haus bricht zusammen.

Komm nicht näher, Mann, die Straßen werden eisig hier.
Bleib weg von meiner Tür, Kerl,
oder du hast einen Krieg mehr am Hals.
Sieh da rüber, hey, sieh dir das an ...

Er verbrannte nicht nur sein Instrument, er brannte selber und wurde verbrannt, auf einem Scheiterhaufen 1970, den er selbst mit anzünden half und unter dem Jubel der Fans, »Selbstopfer-Ritual«. »Es war keine Überraschung, dass Jimi sich davonmachte«.

»It was no surprise that Jimi split«, schrieb Germaine Greer im Oktober 1970, direkt nach Hendrix' Tod, in der feministischen Zeitschrift »Oz«. »Split«, das im Englischen gebräuchliche Wort für die Atomkernspaltung. Sie hatte das Trio aus Hendrix, Mitch Mitchell und Billy Cox (Noel Redding hatte die Experience verlassen) gerade auf der Isle of Wight mehr gesehen als gehört: in einer vollgestopften Riesenscheune ohne Akustik mit schlechtem Equipment (»Orange«), die Musiker, die sich selbst kaum hörten, orientierungslos, sich mit den Augen auf der Bühne suchend, das Publikum offenbar auf Feuer aus.

Hendrix war auf dem Sprung in ein »neues Leben«, als er starb, Musiker-Arbeitsleben an Platten im Studio. Er wollte nicht nur aus dem Pop-Business raus, sondern aus der Rockmusik. »In fact the best music of Hendrix was still to come«, traute sich Germaine Greer zu schreiben nach einer nächtlichen Session ohne zahlendes Publikum, ohne Beifall, nur Hörer da.[3] Hendrix, in dessen Spiel es mehr zu hören gab als bei jedem anderen Lebenden sonst, war verdammt worden zu einem Publikum, das kam, um zu sehen: den *Akt,* den er erfunden hatte als Zutat, als Zugabe, als übermütige Opferung des Heiligsten, wenn das Ritual geglückt war; der Durchbruch in die physisch-elektrische Erlösung auf der Bühne, an dem sie *alle* arbeiteten und den kaum sonst jemand *materiell* hinbekam mit der Gitarre als Cross Over Medium ins *Jenseits* des eigenen Körpers.

»Solange die Leute kommen, um uns zu hören, und nicht, um uns zu sehen, wird alles okay sein. Aber wenn sie kommen und erwarten, dass du bestimmte Dinge auf der Bühne machst, für die man dich hängen könnte (...). Was mich am meisten nervte, war, dass alle Leute zu viele visuelle Dinge von mir wollten. Ich habe es nie gewollt, diese Visualisierung meiner Musik.«

Wenn die Gitarre nicht brannte, war »nix gewesen« ... Hendrix wusste das 1970, hasste es und hatte begonnen, sich »normal« anzuziehen. Gefährlich all so was, und besser, man sagt nicht zu laut, dass man »sein Leben ändern« will als Popstar, als Kuh im Stall mit den berühmten großen Titten (weiblich/männliche, egal in dem Fall, egal für das Geld, das rauskommt). An Hendrix molken 1970 drei Manager herum, ein gewesener, ein aktueller und ein kommender, einen vierten, der nicht molk, Chas Chandler, der sich hatte auszahlen lassen, weil er kein Melker war, wollte Hendrix gern wiederhaben.

Noel Redding, 1992: »... ich bekomme keinen Pfennig aus den Tantiemen. Überhaupt nichts. Jimi hatte kein Testament gemacht. Ein ganzer Haufen von Anwälten kamen und gingen oder wurden gegangen. Und dann gab's auf einmal diese Hendrix Hinterlassenschaftsfirma. Und die brachten einen Anwalt, Alan Douglas, mit, der das Ganze übernahm; und sie nahmen wirklich einfach alles. Als Mitch und ich versuchten, Gewinnanteile zu bekommen, wurde uns eine miese Abfindung ausbezahlt, die wir aus finanziellen Gründen damals annehmen mussten. Und die haben seither ungefähr achtzig Millionen Dollar verdient. – Und du hast nichts davon abbekommen? – Keinen Cent. – Es muss doch einen Weg geben ... – Nein, das ist gut abgesichert. Ich hab's überprüfen lassen. (...) Ich werde so sauer, wenn ich daran denke. – Und sie können aus dem alten Material soviele neue Zusammenstellungen machen, wie sie wollen, und du siehst keine Mark? – Exakt.«

Schlusswort, von Noel Redding: »Wenn du also sechsundvierzig bist und schon seit siebenundzwanzig Jahren im Geschäft und komponieren und Instrumente spielen kannst, kriegst du keinen Vertrag, weil du zu alt bist. Ich habe in Irland gelebt. Und ich habe mit meiner Frau wieder akustische Musik gemacht. Meine Frau ist kürzlich gestorben. – Gestorben? – Ja, wir waren neunzehn Jahre zusammen. Carol Appleby. Sie kam aus Akron, Ohio. Bei einem Autounfall auf dem Heimweg von einem Gig. Zwei Jahre ist das her. (...) Ich war ziemlich glücklich in Irland. Wir hatten Gigs in Hotels, bei Hochzeiten und so. Wir bekamen zwischen drei- und vierhundert pro Konzert, Essen und Bier frei. Ich war ziemlich glücklich, spielen zu können. Nur wir zwei. (...) Wir hatten ein Auto, ein wunderschönes Haus und die Gigs waren immer in der näheren Umgebung.«[4]

Noel Redding hat zweimal großes Glück gehabt in seinem Leben und zweimal großes Unglück. Das nächste Mal nur das Erstere, wünsche ich ihm.

Jetzt, wo alle Buben im Karton sind,
und alle Clowns vergraben im Bett,
kannst du das Glück auf der Straße stolpern hören,
Fußspuren in Violett.
Und der Wind flüstert Mary.

Anmerkungen

[1] Charles Shaar Murray: Purple Haze. Wien 1989, S. 84. Dieses gute Buch über Jimi Hendrix habe ich hier fürs »Faktische« hauptsächlich benutzt.
[2] Ebd., S. 246.
[3] Germaine Greer: The Madwoman's Underclothes. London 1986, S. 44.
[4] Interview mit Noel Redding von Jesse Nash, deutsch in: Zounds 9/92; die Hendrix-Äußerungen ebenfalls dort.

Mark-Stefan Tietze

DAS ZERFETZTE STERNENBANNER

Hendrix, Woodstock und die Folgen – ein Abgesang

Nach allem, was man die letzten Jahrzehnte über so gehört hat, ranken sich um den Gitarrenspieler Jimi Hendrix etliche Mythen. Die meisten davon existieren völlig zu Recht; anderenfalls wäre der Nachwelt die überlebensgroße Bedeutung des Mannes mit der Blumenkohlfrisur gar nicht gebührend zu vermitteln. Schließlich war Hendrix einer der ersten Rockgitarristen, ich meine: *richtigen* Rockgitarristen, keiner dieser verzagten Fuzzis mit den Beatgitarren, die hinter ihren Sängern versteckt herumklimperten und -klirrten und fünfzehn holprige Sekunden auf der Bluestonleiter bereits als Gitarrensolo verkauften, sondern ein stolzer Bratzer und Gniedler vor dem Herrn, der der turbolärmenden Gitarre auch auf der Langstrecke endlich die gebührende Anerkennung verschaffte und ihre Vorherrschaft wenigstens für die nächsten zehn Jahre zu befestigen half.

Mindestens ebenso wichtig jedoch: Hendrix war der vielleicht bestaussehende Rockmusiker aller Zeiten. Er war der Lord der Psychedelia und sah *wirklich* gut aus, also nicht wie diese Typen in ihren Anzügen und Rollkragenpullovern, die die gesamten Sechziger über nicht aus den Kinderschuhen des Rock'n'Roll, Blues, Beat und Soul steigen mochten und somit die Evolution der Rockmusik auch in Sachen Optik bremsten. Hendrix hatte die coolsten Anziehsachen (coole Hüte, coole Hosen, coole Uniformjacken, coole Tücher, coolen Schmuck), coole Gitarren und wusste sich mit diesen Accessoires sowohl auf der Bühne als auch auf Pressefotos nachhaltig in Szene zu setzen.

Doch seine Verdienste sind ja noch viel größer: Er starb in jungen Jahren einen klassischen Rock'n'Roll-Tod und gab damit ein leuchtendes Vorbild für Generationen von Selbstzerstörern ab, und neben der Aura des musikalischen Revoluzzers und Nihilisten der eigenen Biographie gegenüber umgibt ihn bis heute auch die des politischen Aufwieglers. Denn Hendrix' Version der US-amerikanischen Nationalhymne »The Star Spangled Banner« gilt in der Rockgeschichte als Symbol, Event, wenn nicht gar Exempel. Nämlich für die Fähigkeit der Rockmusik, flammende politische Statements abzugeben, für ihre Tauglichkeit, Rebellion, Subversion, Opposition, wenn nicht gar die kommende Revolution in Klänge zu packen. »Jimi Hendrix zerschmetterte die US-Hymne in einer Feedback-Orgie und gab somit, ganz ohne Worte, einen der eindrucksvollsten politischen Kommentare der Popgeschichte ab«, schreibt zum Beispiel Martin Büsser, der sich mit solchen Sachen auskennt, über Hendrix' Auftritt auf dem Woodstock-Festival. Für Günter Jacob, der sich mit solchen Sachen mindestens ebensogut auskennt, ist Hendrix' Interpretation des Liedes sogar der paradigmatische Paukenschlag, der die Geschichte des wortlos-politischen Pop eröffnet hat:

»Als Jimi Hendrix die US-amerikanische Nationalhymne ›The Star Spangled Banner‹ mit seiner Gitarre zerfetzte, hatte er offensichtlich allein mit musikalischen Ausdrucksmitteln eine politische Aussage gemacht. Hendrix kam damals ohne ein verbales Bekenntnis aus, und alle hatten ihn trotzdem verstanden. Seither gilt es im Pop als selbstverständlich, dass nicht nur Songtexte, sondern auch Beats, Geräusche, Grooves, Tempi, Klangfarben, ungewöhnliche Spielweisen und schließlich die ›Haltung‹ der Beteiligten als ›rebellische Positionen‹ wahrgenommen werden können.«

Hendrix zerschmettert, Hendrix zerfetzt, gibt gleichzeitig einen politischen Kommentar ab und macht eine politische Aussage – das ist cool! Worum aber ging es ihm denn inhaltlich, wogegen rebellierten seine Geräusche, Grooves und Tempi? »Die Gitarre konnte sich in seinen Händen transformieren in ein Maschinengewehr (›Machine Gun‹), ein UFO (›EXP‹) oder in einen ganzen Vietnam-Krieg respektive in die groteske Karikatur des American way of life (wie die Woodstock'sche Verhunzung von ›Star Spangled Banner‹ aufs schönste vorführt)«, locken uns die Rock- und Gitarrenexperten Rudolf und Schäfer auf die richtige Fährte. Im Woodstockjahr 1969 herrschte nämlich Krieg in Vietnam, und die vorbildliche Superdemokratie USA zeigte aller Welt ihre imperialistische

Fratze. Als Hendrix ausgerechnet ihren Nationalgesang (»And the star spangled banner in triumph shall wave / O'er the land of the free and the home of the brave«) in aller Öffentlichkeit verunstaltete, schien er mit provokativsten Mitteln auf genau diesen Widerspruch hinweisen zu wollen.

Inzwischen ist aus dem Woodstockauftritt ein nicht mehr wegzudenkendes Sockelstück des Denkmals Hendrix geworden und »The Star Spangled Banner« so etwas wie eine Chiffre für Hendrix schlechthin, wie uns z.b. der Klappentext von Corinne Ulrichs kürzlich erschienener Hendrix-Biographie unterrichtet: »Jimi Hendrix (1942–1970) war schon zu Lebzeiten eine Kultfigur, ein Gitarrengott, der die amerikanische Nationalhymne musikalisch zerfetzte und sein Instrument auf offener Bühne in Brand steckte.«

»Gitarrengott« ist natürlich goldrichtig – trotzdem wäre es vielleicht einmal interessant, den Mythos des politisch widerständigen Jimi Hendrix auf seinen Gehalt abzuklopfen, einmal eine gründliche Schriftenexegese zu betreiben und den Wegen nachzuspüren, auf denen die explizite Politik der Legende des schwarzen Gitarristen eingeschrieben wurde. Dazu wären einige Schichten freizulegen, unter denen das rebellische Potenzial des »The Star Spangled Banner« glüht, wäre den Folgen und der Aktualität dieses prototypischen Polit-Instrumentals nachzuforschen und vielleicht auch zu klären, wie gerade dieser Song zum festen Bestandteil der Hendrix-Sage wurde, obwohl sich doch Songs wie »Hey Joe« und »Purple Haze« ungleich größerer Beliebtheit erfreuen. Eindeutig zu viel für einen Mann wie mich. Deshalb im folgenden nur ein kleiner Ritt durch das Gelände.

»Eine Art Hymne der Woodstockgeneration«

Das Farmgelände von Max Yasgur im US-Bundesstaat New York, auf dem vom 15. bis zum 17./18. August 1969 das Woodstockfestival stattfand, ist der Ort, an dem die Erfolgsgeschichte von Hendrix' »Star Spangled Banner« begann. Natürlich kann man versuchen, die Live-Aufnahme der Hymnenbearbeitung auch ohne Rückbezug auf diesen auratischen Kontext zu hören, aber es wird vermutlich nicht gelingen. Zum Mythos des »Star Spangled Banner« gehört der sagenumwobene Woodstockauftritt und seine Verewigung auf Tonträger und Film untrennbar dazu. Wäre das Stück nur auf irgendeiner Langspielplatte erschienen (was es ja tat; von der Studioversion auf »Rainbow Bridge« wird aber im allgemeinen nicht geredet, jedenfalls nicht gut) oder auf sonst irgendwelchen gewöhnlichen Konzerten gespielt worden, es hätte niemals jene fortdauernde Symbolkraft erlangen können.

Wie jeder gute Mythos nämlich ist auch dieser leicht vermittelbar: Er braucht bloß den Helden (Hendrix), die Heldentat (eine Hymne, offenbar nicht im Sinne ihrer Erfinder gespielt) und den Schauplatz (Woodstock), der alle soziohistorischen Kontexte gleichsam mitkommuniziert – fertig! Denn schon Woodstock ist selber eine Legende, ein Mythos, ein Markenartikel: Woodstock, die Mutter aller Festivals, wo sich die Gegenkultur formierte, das Schlammbad zur politischen Geste erhoben und der Drogenkonsum auf dem Campingplatz zur Jugendkultur geadelt wurde. Mit Woodstock begann jene eigenartige Tradition, Rockmusik auch tagsüber unter freiem Himmel stattfinden zu lassen, auf umzäuntem Terrain Getränke aus Plastikbehältnissen zu sich zu nehmen und Andenkenverkäufer im Rock'n'Roll-Zirkus mit durchzufüttern. Wenn auch die meisten heute ahnen, dass Woodstock das erfreulich ehrliche Eingeständnis war, dass Pop sich zum reinen Freizeitgut entwickeln wollte – den Blöden in den Medien dient der klischeebehaftete Name immer noch gern zur Illustration von Peace, Love und Sixties.

Doch auch ohne in die noch viel blödere Woodstock-Kritik verfallen zu wollen: Die öffentliche Aufführung der Hymne ist wahrscheinlich gerade deshalb zum zentralen Element des Sternenbanner-Mythos geworden, weil aus ihr etwas Stellvertretendes zu sprechen scheint: Eine riesige Menschenmenge, die alternativen Sichtweisen aufgeschlossen gegenübersteht und damit ihre Alterskohorte überall in der Welt zu repäsentieren scheint, zelebriert ein Wochenende lang so etwas wie einen Aufstand gegen den herrschenden Konsens der restriktiven Kontrollgesellschaft, die sie umgibt.

Auf dem Höhepunkt dieser Zusammenrottung demontiert ein schwarzer Mann vor aller Augen ein Nationalheiligtum und wird von den jugendlichen Massen dafür auch noch wie ein aufrührerischer Schamane bejubelt. Die schiere Zahl der Anwesenden macht das Ereignis zu einem historischen Augenblick, wenn man Christian Grafs Rocklexikon glauben darf: »Jimi Hendrix nutzte einen fulminanten Auftritt beim ›Woodstock Festival‹ als Ventil für seine Wut und Frustrationen. Annähernd 500.000 Menschen waren Zeugen, als Hendrix die amerikanische Nationalhymne ›Star Spangled Banner‹ in eine Feedback-Orgie umfunktionierte.«

Schön, wenn's so gewesen wäre. Leider jedoch war es so nicht, denn Hendrix und seine Band spielten wegen der chaotischen Festivalorganisation nicht wie geplant um Mitternacht am letzten Festivaltag. »Der Beginn ihres Auftritts verzögerte sich bis zum nächsten Morgen um acht Uhr. Etwa 30.000 Leute waren noch geblieben«, schreiben Shapiro & Glebbeck leicht enttäuscht und lassen Hendrix-Schlagzeuger Mitch Mitchell ein hübsches Stimmungsbild hinzufügen: »Wir brauchten Stunden, um mit dem Kombiwagen überhaupt hinzukommen. Es waren keine Garderoben vorhanden, rein gar nichts. Schließlich kämpften wir uns eine halbe Meile durch dieses schlammige Gelände zu einer kleinen Hütte ohne Heizung. Und als wird dann spielten, konnten wir von der Musik nicht die Bohne hören.«

Doch auch wenn Hendrix also genervt im frühen Morgengrauen vor nur noch einem Bruchteil des ursprünglichen Woodstock-Publikums spielte und von daher wohl nicht ganz mit der politisierten Generationenwucht zu Werke gegangen wurde, die Woodstock gemeinhin impliziert, scheint dennoch ein gewisser Zauber über der Szene gelegen zu haben. Shapiro & Glebbeck berichten: »Jimi in weißer Fransenlederjacke und Blue Jeans, mit seinen goldenen Ketten und seinem roten Stirnband, wie er ganz allein auf der Bühne ›The Star Spangled Banner‹ gen Himmel schickt und bei Sonnenaufgang eine Schockwelle durchs Publikum jagt: einer der unvergeßlichen Momente von Woodstock.«

Unvergesslich ist jener Moment aber wahrscheinlich nicht geblieben, weil die 30.000 Zuschauer davon so rege erzählten, sondern weil seine erfolgreiche massenmediale Verbreitung über die entwürdigenden Umstände hinwegtäuschten, die die Geburt des Mythos von Hendrix' »Star Spangled Banner« begleiteten: »Seine kakophonische und lärmende Version, die aus dem Titel einen Abgesang auf den American Way of Life macht, wurde durch den Woodstock-Film zu einer Art Hymne der Woodstock-Generation«, bemerkt denn auch Oliver Hüttenrauch. Und andersherum ist der Film vielleicht nur durch die Hendrix-Performance zu ertragen, die aus ihm ja doch gewaltig heraussticht. Es rockte ja überwiegend gar nicht so recht in Woodstock, sondern es folkte und säuselte, trommelte und sang im vielstimmigen Chor, mit einer messianischen Inbrunst, die Shapiro & Glebbeck folgendermaßen erklären:

»In politischer Hinsicht war Woodstock eine bequeme Bestätigung der Ängste des gutsituierten weißen Mittelstandes in Bezug auf Vietnam als Metapher für den moralischen Bankrott des Staates – was die Auftritte von Country Joe McDonald, Crosby, Stills & Nash und Joan Baez illustrierten. Ein Großteil des Publikums betrachtete seine Anwesenheit in Woodstock als den Gipfel des Protests. Es war eine ebenso radikale Geste wie das Beschimpfen eines Polizisten als ›Schwein‹ – aus einer Entfernung von 500 Metern, versteht sich – oder das Anpinnen eines Che-Guevara-Posters an der Schlafzimmerwand.«

Von dieser luschigen Haltung schien sich Hendrix' Gitarreninferno in seiner martialischen Zerstörungswut doch ganz erheblich zu unterscheiden.

Die angeführte Riege der Liedermacher hatte in Woodstock zwar ebenfalls ihren Protest artikuliert, aber doch aus der klassisch oppositionellen Rolle heraus, die wortreich an die Regierenden appelliert, das Vernünftige statt des Unvernünftigen zu tun und das Gute statt des Bösen. Nun musste man aber schon sehr naiv sein, um zu glauben, dass man die Kriegsmaschine der imperialistischen Supermacht USA mit akustischem Gitarrengeblödel inklusive »alle singen mit« stoppen könnte. Höchstens stoppen konnte man die mit Gegengewalt – und die präsentierte, wenigstens als Ahnung, Hendrix, und zwar nicht nur einmal in grauer Vergangenheit, sondern durch den Film und den Soundtrack zum Film und die dadurch implizierte massenhafte Resonanz immer wieder und überall auf der Welt bis zum heutigen Tag.

»The Star Spangled Banner in triumph shall wave«

Nationalhymnen sind für gewöhnlich staatliche Propagandalieder. Die zu verschandeln, sollte sich eigentlich keiner zu schade sein. Andererseits aber sind Staaten mit ihren Nationalsymbolen oft etwas heikel: In der Bundesrepublik z.b. droht das Strafgesetzbuch in § 90a: »Wer öffentlich, in einer Versammlung oder durch Verbreiten von Schriften (...) die Farben, die Flagge, das Wappen oder die Hymne der Bundesrepublik Deutschland oder eines ihrer Länder verunglimpft, wird mit Freiheitsstrafe bis zu drei Jahren oder mit Geldstrafe bestraft.« In den Vereinigten Staaten legt ein ›Federal Flag Code‹ detailliert fest, wann und wie die Flagge zu hissen ist und was man unter keinen Umständen mit ihr machen darf (sie verkehrt herum aufhängen, sie als Tischdecke benutzen, in ihr tote Tiere transportieren). Immerhin repräsentieren Flagge wie auch Hymne die durch das Gewaltmonopol gedeckte Staatsräson, sollen als Symbol bzw. Musik-Text-Amalgam die Aura und Macht des Staates gegenwärtig machen und Nationalgefühle verbreiten helfen.

Wer sich trotzdem vornimmt, eine Hymne zu verunglimpfen, trifft bei der US-amerikanischen auf den glücklichen Umstand, dass hier Hymne und Flagge aneinandergekoppelt sind: Die Hymne besingt die Flagge, die wiederum beim Absingen der Hymne regelmäßig flattert, und das alles nur, weil der Amateurdichter Francis Scott Key nach einem fünfundzwanzigstündigen britischen Bombardement des Fort St. Henry in Baltimore am 14. September 1814 seine geliebte Flagge durch all den Pulverdampf hindurch immer noch wehen sah. Davon war er derart beeindruckt, dass er aus dem Stand ein patriotisches Gedicht schrieb (»Then conquer we must, when our cause it is just / And this be our motto: ›In God is our trust‹«), zu dem er vermerkte, es möge doch bitte zur Melodie des populären britischen Trinkliedes »To Anacreon In Heaven« gesungen werden. Wenige Jahrzehnte später führte das Lied neben dem »Yankee Doodle« bereits unangefochten die Patrioten-Charts an, zur Nationalhymne wurde es per Kongressbeschluss allerdings erst 1931 erklärt.

Als Hendrix diese geschichtsreiche Nationalhymne als dröhnendes und quiekendes Gitarreninstrumental aufführte, schien es, als wolle er mit der Verfremdung einerseits die Nation attackieren, die unter der besungenen Flagge und begleitet von jener Hymne gerade in Vietnam mit Napalm und Entlaubungsmitteln hantierte. Der Perversion der Nationalmoral und der Perversion des Krieges schien nur mit einer entsprechend pervertierten Hymne beizukommen. Einzig die hässlichsten und schrägsten Töne vermochten anscheinend jene heuchlerische Moral anzuprangern, die die Hymne verkörperte, vermochten den Gitarristenfinger tief in die Wunde zu bohren, die zwischen Anspruch und Wirklichkeit des US-amerikanischen Wertekanons klaffte. Andererseits schien es aber, als versammele sich unter dieser Hymnenversion und also unter diesem elektrifizierten Banner das andere, neue, alternative Amerika, das eben jenen Werten endlich zur Geltung verhelfen wollte, die die Gründerväter in der Verfassung niedergelegt hatten: das wahre Amerika also, das von Krieg und Kapitalismus die Schnauze gestrichen voll hatte. Gegen diese schöne Illusion gab es freilich schon damals kritische Einwände, wie Shapiro & Glebbeck vermerken:

»Nachdem Jimi das Stück im April im Forum von Los Angeles gespielt hatte, warf ihm Pete Johnson von der ›Los Angeles Times‹ billige Effekthascherei vor, weil seinem Protest der Ernst des politischen Engagements von Künstlern wie Country Joe McDonald, Phil Ochs und den Fugs ›oder anderen intellektuellen und psychisch gestörten Künstlern‹ fehle. Dennoch ist ›The Star Spangled Banner‹ in die Geschichte als jene klassische Neubearbeitung der Nationalhymne eingegangen, die für *uns* und gegen *sie* war. Aber ist dies die einzig mögliche Interpretation?«

Wahrscheinlich nicht, auch wenn es die vorherrschende Interpretation ist. Vielleicht hilft es, zwischendurch einmal in Erinnerung zu rufen, dass sich auf dem Live-Album »Hendrix In The West« auch eine Version der britischen Nationalhymne befindet, von der allerdings nur selten zu hören ist, dass sie Elizabeth II. zerfetze und einen Abgesang auf den British way of life darstelle. Zumal Hendrix die Liveaufnahme von »The Queen« mit den Worten einleitet: »We'd like to start off with a thing that everybody knows of you out there. You can join us and start singing. Matter of fact, it'd sound better if you'd stand up for your country and your beliefs and start singing. If you don't – fuck you!«

Ein bisschen erstaunt dieser herzhafte Appell ans Nationalgefühl schon, wenn er vom berüchtigten Zerfetzer der amerikanischen Hymne kommt.

»Wasserstoffbomben explodierten,
Raketen flogen durch die Luft«

Die vorherrschende Interpretation geht aber so: Dieses Träumerische, Zarte, Hippiemäßige und Gegenentwürfige, das Woodstock dominiert hatte – es wurde von den eklen Gitarrentönen des wilden Zigeunernegers beiseitegewischt, die nämlich nichts Konstruktives kannten, sondern nur die verzerrte Fratze dessen hervorstülpten, was in der Nationalhymne ohnehin schon angelegt war: der Leviathan, der über Leichen geht, die Staatsgewalt, all ihrer ideologischen Verbrämungen entkleidet ...

Nur wenig Zweifel kann daran bestehen, dass das musikalische Material, Hendrix' spezifischer Sound, diese Interpretation begünstigt hat, zumal das Stück ja als Instrumental dargeboten wurde, der patriotische Text also nicht mitinterpretiert oder -karikiert wurde, sondern lediglich als mitlaufender Subtext vorhanden war (aber immerhin: jederzeit vorhanden; ganz so sprachfern, wie Günter Jacob es möchte, geht es nicht zu, wenn man ein äußerst populäres Lied mit semantisch hochaufgeladenem und jedem bekannten Text auf Noten und Klang reduziert).

Hendrix' Gitarrensound und -technik aber wird und wurde im allgemeinen mit einer gewissen Aggressivität in Verbindung gebracht und mit überraschend ähnlich lautenden Worten beschrieben. Flender & Rauhe charakterisieren ihn so: »Er entfachte wahre elektronische Klangkaskaden, die aus Jaulen, Klangsplittern und Wah-Wah-Motiven übereinandergelagert waren.« Graves & Schmidt-Joos hören und sehen dagegen folgendes: »Er riss die Saiten mit den Zähnen an, malträtierte sie mit dem Ellbogen, fuhr mit der Zunge über den Steg und entfesselte damit ein 100-Phon-Inferno von hochdifferenzierten Jaul-, Splitter- und Überlagerungsklängen.« Der Gitarrist Michael Bloomfield schließlich beschreibt ein Konzerterlebnis als Zeitzeuge so: »Wasserstoffbomben explodierten, Raketen flogen durch die Luft – ich kann den Sound gar nicht beschreiben, den er aus seinem Instrument holte.« (Dabei ist das gar nicht so schwer. »The Star Spangled Banner« in der Version von Woodstock klingt zum Beispiel so: *De-dö-du-de-dö-öööööuuuuiuiui-diöu-di-dö-de-dou-dööuiuiuiuiiii-de-de-dou-iööiiiiihii-de-dö-eh-duuuuii-eh-öh-di-di-dö-dou-douuuu* ... Anschließend explodieren Wasserstoffbomben, und Raketen fliegen durch die Luft.)

Hendrix' revolutionärer Gebrauch der Gitarre bedeutete in der Tat einen Bruch mit dem sauberen Saitenklang früherer Zeiten. Zwar war dieser in den Jahren zuvor von waghalsigen Saitenquälern mählich angerauht worden – so konsequent wie Hendrix hatte aber kein prominenter Gitarrist die extreme Verzerrkraft des eben erst in England erfundenen Marshall-Verstärkers genutzt. Im Grunde war Hendrix damit Geburtshelfer des Schwermetall-Genres, das wenig später damit beginnen sollte, seine Vision von einer bösen, kranken Welt mittels kaputten Tönen und gewalttätigen Riffs unters Volk zu streuen.

Doch der verzerrte Akkord, der den einen an das atomare Inferno erinnert, gemahnt den anderen womöglich an vergangenes Liebesleid und den dritten wiederum an den Fausthieb, den er jüngst seinem Chef versetzte. Musikalische Aussagen sind halt so herrlich unspezifisch, darum ist Musik ja auch so beliebt. Deshalb muss man die Frage stellen, ob auch die durch den elektrischen Fleischwolf gedrehte Hymne ausschließlich nach den politischen Konnotationen ihrer zeitgenössischen Hörer zu bewerten ist. Natürlich nahm Hendrix der Vorlage mit seiner schreienden Gitarre das nationale Pathos, natürlich eröffnet es Interpretationsspielräume, wenn eine gemeinhin mit Andacht gesungene Melodie nach allen Regeln modernster Instrumentenkunst durchgenudelt wird. Doch es muss schon die Zeit und ihr Geist danach sein, wenn man im Feedback ausschließlich Splitterbomben hört und das parodistische Verfahren als musikalische Ideologiekritik und nichts anderes versteht, wie z.B. Michael Scheiner, der in der Münchener »AZ« von »Hendrix' bombensplitternder Bloßstellung« der Hymne schrieb und dazu erklärte: »Er spielte ›Star Spangled Banner‹ als Anklage gegen das amerikanische Kriegsengagement in Vietnam.«

Dagegen hält Lothar Trampert eine andere Beobachtung:

»Auch die berühmte ›Star-Spangled Banner‹-Version von Woodstock ist, was ihren dramaturgischen Aufbau angeht, weit weniger spektakulär, als viele ihrer Interpretatoren behaupten. Nachdem Hendrix fast die gesamte Melodie vorgestellt hat, unterbricht er sie mit Hilfe von Feedback, Echo und Geräuscheffekten, führt sie danach wie gewohnt weiter, unterbricht sie mit den gleichen Mitteln erneut, führt sie schließlich zu Ende und hängt ihr (...) eine kurze Kadenz an.«

Und er wendet gegen die geradezu reflexhafte Assoziation von Hendrix' Gitarrenklang mit dem Sound von schwerem Militärgerät ein: »Für den, der mit Hendrix' Musik vertraut ist, stellt dies alles nichts Ungewöhnliches dar. Für den, der von ihm nur die Nationalhymne kennt, ist Hendrix natürlich der böse Mann, der in Woodstock sein unartiges Spiel mit ihr getrieben hat.«

»Man sollte die gelbe Gefahr nicht unterschätzen«

Aber lag es denn überhaupt in Hendrix' Absicht, in Woodstock solch ein Spiel mit der Nationalhymne zu treiben? Shapiro & Glebbeck zitieren Hendrix aus dem Jahre 1967 mit einer tatsächlich politischen Aussage über den Vietnamkrieg: »Wenn China erst mal die ganze Welt beherrscht, wird alle Welt wissen, warum sich Amerika so stark in Vietnam engagiert.« Dass dies kein einmaliger drogeninduzierter Ausrutscher war, zeigen weitere Bekenntnisse. Obwohl Hendrix für obiges Statement in der Presse vielfach angegriffen wurde, äußerte er sich kurze Zeit später einer holländischen Zeitschrift gegenüber:

»Die Amerikaner kämpfen in Vietnam für eine völlig freie Welt. Sobald sie dort abziehen, werden sie [die Vietnamesen] den Kommunisten ausgeliefert sein. Aus diesem Grund sollte man die gelbe Gefahr nicht unterschätzen. Natürlich ist Krieg schrecklich, aber im Moment ist er die einzige Garantie für den Frieden.«

Überraschenderweise ist Hendrix also ein recht starker Befürworter des Vietnamkrieges – und nicht nur des Vietnamkrieges. Zwar gilt er wegen seines Songs »Machine Gun« als Kritiker des Kriegs an sich (»Evil men make me kill you / Evil men make you kill me«), zwar setzt er sich ein Jahr später bei Konzerten in Schweden deutlich für amerikanische Kriegsdiensverweigerer und Deserteure ein, doch für ihn selber sieht die Sache anscheinend anders aus, wie er einem schwedischen Journalisten erklärt: »Ich werde wohl kaum noch rechtzeitig nach Vietnam kommen. Wahrscheinlich werde ich direkt nach China gehen. Dieser kleine Krieg in Vietnam ist nur eine Vorbereitung auf das, was noch kommt.«

Hendrix persönlich ist also bereit, unter der Flagge der freien Welt in einen Krieg gegen China zu ziehen. Wie aber ist, angesichts dieser verwirrenden Faktenlage, dann »Star Spangled Banner« zu verstehen? Das fragen sich auch Shapiro & Glebbeck, um gleich darauf zu mutmaßen: »Vielleicht wollte Jimi dem Publikum klarmachen, dass sich nichts ändern würde, nur weil sie drei Tage lang in einem Meer aus Schlamm und Unrat ausharrten.« Vielleicht auch dies: »Vergesst, was Tausende Kilometer entfernt in Vietnam passiert! Kümmert euch um den Schlamassel vor eurer eigenen Haustür: um die Polizisten, die Kinder verprügeln, um Schwarze und Weiße, um die brennenden Ghettos.«

Die beiden Autoren sind sich halbwegs sicher: »Berücksichtigt man, wie euphorisch die Medien (wenngleich nicht alle) am Tag darauf über das Ereignis ›Woodstock‹ berichteten und was danach, vor allem in Altamont, geschah, dann war Jimi vielleicht der einzig echte Woodstock-Revolutionär. Mit Sicherheit aber war er der große böse Bilderstürmer.«

Der kleine Schönheitsfehler dieser Argumentation ist bloß, dass die Nachwelt Hendrix offensichlich nicht auf diese Weise verstanden hat. Seine Hymne gilt ja nicht als scharfe Kritik der Woodstockgeneration, sondern als deren Loblied. Sehr viel vorsichtiger drückt sich deshalb Lothar Trampert aus: »Ob es sich hier wirklich um Hendrix' politisches Manifest handelt – im Sinne einer ernsthaften Abrechnung mit der amerikanischen Kultur – sei dahingestellt. Sicher ist, dass er hier die meistgespielte Melodie der USA auf seine eigene Weise interpretiert hat.«

Aber was, Herr Trampert, heißt denn »auf seine eigene Weise«? Antwort: »In spieltechnischer Hinsicht stellt Hendrix hier sein Konzept der elektrischen Gitarre vor; und auf welche Weise ließe es sich eindrucksvoller verdeutlichen, als es auf eine allgemein bekannte Melodie anzuwenden?«

Der Nachhall eines zerfetzten Abgesangs

Wenn das alles war, was Hendrix im Sinn hatte, als er die Bühne in Woodstock betrat, dann wäre er über die Wirkungsgeschichte seines Auftritts sicher verblüfft gewesen. Zwar wurde der Vietnamkrieg nicht sogleich abgebrochen, aber einige Jahre später war dann doch endgültig Schluss. Was will man mehr als einfacher Rocksuperstar?! Die Vielzahl der ausgefuchsten Interpretationen jedenfalls, die seine Version der Nationalhymne lostrat, hätte dem bescheidenen Mann gewiss die Schamesröte ins Gesicht getrieben.

Aber wir lügen, es gibt diese Vielzahl der Interpretationen nicht, jedenfalls nicht im deutschsprachigen Raum. »Kein Stück, das Hendrix gespielt hat, ist derartig einseitig interpretiert worden wie dieses, insbesondere in seiner legendären Version vom Woodstock-Festival«, schreibt Trampert, und da hat er unbedingt recht. Eigentlich sind es nämlich nur zwei zum Klischee geronnene Phrasen, die als rhetorischer Schrecken durch die Rocklexika und -gazetten spuken. Für alle, die keine Lust zum Zurückblättern haben: Die eine lautet folgendermaßen, wie z.B. in Flender & Rauhes Popgeschichte: »Höhepunkt seiner Live-Auftritte war sein Konzert beim Woodstock-Festival 1969, wo er die amerikanische Nationalhymne ›Star Spangled Banner‹ elektronisch zerfetzte.« Die andere lautet so, wie man es z.B. in Microsofts Encarta-Enzyklopädie nachlesen kann: »Seine Version von ›The Star Spangled Banner‹, der amerikanischen Nationalhymne, wurde von den Fans als Abgesang auf den American Way of Life verstanden.« Ausgekochte Profis wie Barry Graves und Siegfried Schmidt-Joos schließlich, die Verfasser des guten alten (und seit einiger Zeit: neuen) Rocklexikons zeigen, dass sie beides drauf (wenn nicht gar vor Urzeiten erfunden) haben: »Als er beim Woodstock Festival 1969 über die amerikanische Nationalhymne improvisierte und das ›Star Spangled Banner‹ dabei zerfetzte, wurde daraus ein Abgesang auf den American Way of Life.«

Dass sich gerade diese beiden Floskeln durchgesetzt haben, mag einerseits mit der ungeheuren Faulheit von Rockjournalisten zu erklären sein. Es verdankt sich jedoch andererseits gewiss auch der suggestiven Kraft der Formeln. Was genau ein »Abgesang auf den American way of life« sein soll, weiß zwar keiner. Es klingt aber amerikakritisch und deutet mit prophetischem Unterton an, dass gewisse Ärgernisse (US-Hegemonie, Leistungsgesellschaft, Drogenverbot) nicht ewig fortbestehen können. Dabei hat die Nachbeter der Slogans offensichtlich nie gestört, dass das Sternenbanner auch nach zillionenfachem musikalischen Zerfetzen immer noch ganz prächtig über der Weltkugel flattert.

Darum aber ging es nicht nur weltweit mit dem »American way of life«, sondern auch mit dem großen Hymnenverhunzen in der Rockgeschichte munter weiter, ohne dass sich daran jemand groß gestoßen hätte. Trampert berichtet davon, dass Stevie Ray Vaughan 1985 mit einer »Star Spangled Banner«-Version die Baseball-Saison in Houston eingeläutet habe (vermutlich nicht so sehr in zerfetzender Absicht), U2 wiederum das Thema als Intro eines Songs gegen die US-amerikanische Unterstützung der nicaraguanischen Contras verwendet hätten (vermutlich in anprangernder Absicht); und auch die liebenswerten Idioten von KISS sollen auf ihrer Tour 1992 den Titel im Programm gehabt haben (vermutlich wie immer in grob ranschmeißerischer Absicht). Als aber in den Neunzigern die Globalisierung auf den Plan trat und auch der Krieg als akzeptables Mittel der Politik rehabilitiert wurde, kam es offensichtlich unter Globalisierungs- und Kriegsgegnern zu einer Renaissance der Hymne. Ein Internet-Bericht (www.ainfos.ca) von den Protesten in Seattle 1999 dokumentiert dies beispielhaft:

»Wir zogen uns von dem Tränengas zurück. Ungefähr gegenüber war ein Lautsprecherwagen von der Teamsters Union, der bei der Gewerkschaftsdemo mitgefahren war – der Wagen war völlig vom Tränengas eingenebelt, und sie fingen an, über den Lautsprecher Jimi Hendrix ›Star Spangled Banner‹ zu spielen [Anm.: passt gut: 1. war Hendrix aus Seattle, 2. sollte es jemensch nicht wissen, dies ist das Lied, in dem Hendrix die amerikanische Nationalhymne auf seiner Gitarre zu einem Bombenangriff verfremdet; d.Ü.].«

Während die einen Hendrix also als Soundtrack für den Straßenkampf wiederentdecken, nutzen andere die Hymne als Inspirationsquelle für ihr kritisch-theoretisches Wirken. So legt z.b. Goedart Palm in seinem Aufsatz »Krieg als Information – Aporien des Informationskriegs« relativ überzeugend dar: »Kriegsglück und -götter werden ab jetzt durch Rückkoppelungs- und Reaktionsgeschwindigkeiten ersetzt. Kommandogewalt wird zur allgegenwärtigen Herrschaft des feedbacks, das Jimi Hendrix ante litteram bereits als elektronische Gestalt des ›star-spangled-banner‹ denunziert hatte.« Genau! Auch im Zusammenhang mit Naomi Kleins No-Logo-Kampagne hat sich derselbe Autor in einem anderen Beitrag gut mit Hendrix gerüstet:

»Während der Markenschutz juristisch permanent verstärkt wird, stehen plötzlich die strahlenden Logos in einem globalen Zusammenhang, der von den Konzernen immer dann ausgeblendet wird, wenn es um die Schattenseiten des Profits geht. Zwischen Situationismus, Dekonstruktion und der ›Mimesis ans Verhärtete‹ (Adorno) erleben die paramilitärischen Strategien der Werbung nun ein quälendes Feedback. ›Star-spangled-banner‹ von Hendrix richtet sich als globales Maschinengewehr nun auch gegen die Global Unfair Players.«

So hat sich der Mythos des politischen Hendrix also mittlerweile verselbständigt, auch wenn es nur wenige Anhaltspunkte dafür gibt, dass er gerechtfertigt wäre. Die anhaltende Wirkung der Hymnenbearbeitung spricht jedoch dafür, dass der Weltgeist manchmal krumme Wege geht – und es wäre ja nicht das erste Mal, dass ein Kunstwerk mehr weiß, als sein Schöpfer hineingesteckt zu haben glaubt. Falls Hendrix' globales Maschinengewehr allerdings kurzzeitig mal Ladehemmung hat, sollte man unbedingt noch mal nachlesen, was Trampert zum Zusammentreffen von Nationalhymne und elektrifizierter Gitarre zu schreiben hat:

»Hendrix setzte bewusst auf die Reibung zwischen seiner Musik und diesem Symbol; die zugrundeliegende Intention war jedoch zweifellos eine eher musikalische, eine primär politische Aussage im Sinne des ›Zerfetzens‹ einer althergebrachten Ideologie oder des Ersetzens einer alten durch eine neue lag nicht in seiner Absicht. Im Grunde war es der typische Fall eines Aufeinandertreffens von ›hip‹ und ›square‹; und *hipness* kennt nun mal keine Ideologien und keine Schubladen.«

Da ließe sich natürlich trefflich drüber streiten, vor allem über die Frage, ob nicht Hipness mittlerweile die schönste Ausprägung und gleichzeitig der schwungvollste Motor liberaler Ideologie geworden ist. Aber das wollen wir uns jetzt mal schön sparen. Hier sollte es schließlich nur darum gehen, dem Mythos von Hendrix' »Star Spangled Banner« nachzuspüren, der zwar auf bestimmten historischen Voraussetzungen beruht, in dem jedoch heute noch der uralte Wunsch der Pop- und Rockmusik aufbewahrt ist, zugleich hip *und* subversiv sein zu können – und in dem deshalb auch die gern genährte Illusion fortlebt, Popkonsum habe immer einen politischen Aspekt statt nur in Ausnahmefällen und günstigen Stunden.

Literatur

Martin Büsser: Popmusik. Hamburg 2000.

Reinhard Flender/Hermann Rauhe: Popmusik. Geschichte, Funktion, Wirkung, Ästhetik. Darmstadt 1989.

Christian Graf: Rockmusik Lexikon Amerika, Afrika, Australien, Bd.1. Frankfurt/M. 1996.

Barry Graves/Siegfried Schmidt-Joos: Das neue Rocklexikon. 2 Bände. Reinbek 1990.

Oliver Hüttenrauch: Jimi Hendrix & Co. Die Könige des Griffbretts. Rastatt 1989.

Günter Jacob: Was ist ein Protestsong. In: Das lineare Text-Lager (http://www.t0.or.at/~oliver/protest9.htm).

Goedart Palm: Krieg als Information. Aporien des Informationskriegs (http://goedartpalm.virtualave.net/war.html).

Goedart Palm: Am Anfang war das Logo. In: Telepolis (http://www.heise.de/tp), 20.7.2001.

Michael Rudolf/Frank Schäfer: Lexikon der Rockgitarristen. Berlin 1999.

Harry Shapiro/Caesar Glebbeck: Electric Gypsy. Jimi Hendrix – die Biographie. Köln 1993.

Klaus Theweleit: Rock for Grown-Ups. In: taz vom 29. November 1992 [Nachdruck in diesem Buch!].

Lothar Trampert: Elektrisch! Jimi Hendrix – der Musiker hinter dem Mythos. Augsburg 1991.

Corinne Ulrich: Jimi Hendrix. München 2000.

www.ainfos.ca, Bericht von den Protesten in Seattle, Dezember 1999.

Dietrich zur Nedden

EIN KLAVIER,
EIN KLAVIER UND SEINE GITARRE

If you must make a noise, make it quietly!
Oliver Hardy oder Stan Laurel

Über die Hendrix'sche Nationalhymnenzertrümmerung in Woodstock ist vermutlich viel und nahezu erschöpfend geforscht und geschrieben worden, analysiert und gedeutet ist das elektroakustische Frontalangriffskunstwerk ohnehin. Darum habe ich mich nie gekümmert, so weit geht mein Interesse für Jimi Hendrix nicht, obwohl mir natürlich der Sound und das Ereignis insgesamt, das ein ganzes Kapitel in der Erzählung des Rock wurde und zu einer beispielhaften Sternstunde des Ikonoklasmus, bekannt sind, wenn auch nicht im Einzelnen erinnerlich.

Ich nehme an, Hendrix' sehr freie Bearbeitungsattacke des »Star Spangled Banner« gilt bzw. dient wahlweise auch als Protest gegen den Vietnamkrieg, als Fanal der schwarzen Bürgerrechtsbewegung, als Aufschrei gegen die Brutalität einer Weltmacht und, wer weiß, als Verhöhnung patriotischer Gefühlsduselei oder als präformiert-postmoderne Dekonstruktionsmetapher.

Das alles mag stimmen, klug definiert, durchdacht und interpretatorisch fundiert sein. Es ist jedoch nicht die ganze Geschichte, es ist nur die halbe Wahrheit. Genauer: Die US-amerikanische Nationalhymne als integratives Element in einem Prozess der Zerstörung und Vernichtung hat ein Vorbild, einen Vorläufer, allerdings nicht in der Musik-, sondern in der Filmgeschichte. Kurz: Stan Laurel und Oliver Hardy haben in ihrem frühen Tonfilm »The Music Box« (1932) die Sache längst erledigt. Auf ihre Art und Weise, versteht sich.

In dem Kurzfilm arbeiten die beiden als Transportunternehmer und sollen ein mechanisches Klavier ausliefern, mit dem die Frau eines Professors ihren Mann zum Geburtstag überraschen will. Als sie die Adresse erreichen, stellt sich ihnen als erstes Hindernis eine 131 Stufen hohe Steintreppe im hügeligen Silver Lake District von Los Angeles in den Weg. (Der Drehort und Originalschauplatz liegt an der Vendome Street in der Nähe des Sunset Boulevard und trägt heute den Namen des Films:»The Music Box Steps«.) Fünf Jahre zuvor hatten Laurel und Hardy in dem Stummfilm»Hats Off« etwas anderes diese ewig lange Treppe hochgewuchtet, einen Kühlschrank. Nun ist es, die Tonspur fordert ihren Tribut und will auch zu etwas nütze sein, ein Klavier.

Der erste Akt des Films zeigt ihre mühevollen Versuche, das Instrument die Treppe hinaufzustemmen. Dreimal rutscht die Bretterkiste wieder hinab zur Straße – die Arbeit des Sisyphos unter komischen Vorzeichen –, beim vierten Mal sind es Laurel und Hardy selbst, die das Ding vorsichtig talwärts an den Ausgangspunkt tragen, nachdem ihnen, oben angekommen, ein Passant eröffnet, es gebe eine Abkürzung, die sie mit ihrem Lieferwagen nehmen könnten.

Ich überspringe den zweiten Akt, der damit endet, dass Laurel und Hardy die Klavierkiste auf einem Umweg über den Balkon und die erste Etage endlich im Wohnzimmer platziert haben. Während sie die Verpackung entfernen, gelingt es ihnen (sozusagen in einer gegenläufigen Paralleldramaturgie), die nächsten zerstörerischen Kettenreaktionen in Gang zu setzen, deren Ergebnisse sie wiederum veranlassen, korrigierend einzugreifen, was abermals und selbstverständlich zu erneuter Gesamtchaotisierung führt.

Dann endlich springt die Mechanik des Klaviers an und spielt ein »Medley of Patriotic Songs«, der die zwei feinsinnigen Lieferanten dazu animiert, ein graziöses Tänzchen zu wagen.

Enter der cholerische Hausherr, ein gewisser Professor Theodore von Schwarzenhoffen, M. D., A. D., D. D. S., F. L. D., F. F. F. and F., mit dem sie draußen auf der Treppe schon einen Disput ausgefochten hatten. Der Mann explodiert –»I hate and detest pianos« –, will die beiden hinauswerfen, geht schließlich, um eine Axt zu holen.

Und hier, Sie ahnen es, kehrt endlich der Name von Jimi Hendrix in diesen kleinen Essay der tönenden Aufklärung zurück, Jimi

Hendrix selbst, der eines frühen Morgens mit seiner Stratocaster auf der Bühne in Woodstock steht, am anderen Ende des amerikanischen Kontinents, über drei Jahrzehnte später, während der Professor in Hollywood sich anschickt, mit der Axt furios auf das Klavier einzudreschen: Splitternde Akkord-Dissonanzen, Kaskaden schlagartiger Eruptionen, Lärmgewalten ins Extrem gesteigert – auf beiden Seiten einer Raum-Zeit-Parabel.

Plötzlich rastet die perforierte Rolle im Klavier woanders ein und es erklingt die Nationalhymne. Stan und Babe, wie ihre Kosenamen auf englisch lauten, stehen augenblicklich stramm und nach einer Sekunde hält auch der Professor inne und salutiert dem Sternenbanner. Diese Einmischung lässt er sich aber nicht lange gefallen, dieser Autorität will er sich nicht beugen, will der Hymne nicht gehorchen, und er sucht das Piano abzuschalten, schafft es und kann endlich in seinem rasenden Auslöschungsgemetzel fortfahren. Hendrix hat inzwischen die Hymne bis zur vernichtenden Unkenntlichkeit gedehnt, gestaucht, gelumbeckt. Was er durch die Verstärker schickt, hört sich an wie das Wohnzimmer von Prof. Schwarzenhoffen jetzt aussieht.

Ich erinnere mich nur noch dunkel an die Bilder aus dem Woodstockfilm, mir will es aber vorkommen, als ob der akustische Orgasmus Hendrix'scher Provenienz in einer Ruhe nach dem Sturm mündet, wie andererseits in »The Music Box« (um dieses dritte Reel nicht ins Leere laufen zu lassen, hier der Rest der Geschichte) die Ehefrau die Szene betritt und ihren Mann aufklärt, dass das Klavier ein Geschenk für ihn habe sein sollen. »Oh, Darling, ich bin verrückt nach Pianos«, heuchelt der Gatte nach dieser Richtigstellung. Dem Transportarbeiterpaar zugewandt, fragt er: »What can I do to show how sorry I am?« Nur den Lieferschein unterschreiben, meint Ollie. Klar, dass der Füllfederhalter, den er dem Professor gereicht hat, beim Aufdrehen Tinte spritzt – mitten ins Schwarzenhoffensche Gesicht. Die mehr als überstürzte Flucht durch die Wohnungstür beschließt den halbstündigen Film, der den Komikern in der Kategorie »Best Live-Action Short Subject« ihren ersten und einzigen Oscar verschaffte. Sollte diese Parallelität der Inszenierungen, diese Analogie und Paraphrase etwa Zufall sein?

Sollte es Zufall sein, dass eine Figur namens Schwarzenhoffen und Hendrix' Hautfarbe nahezu gleich lauten? Ich glaube nicht. Auch der Einwand trifft nicht, in dem Film handele es sich doch um ein Klavier, nicht um eine Gitarre, darüber hinaus würde das Klavier eine ewig lange Treppe hinaufgeschleppt und nicht auf einer Bühne gespielt. Sogar die Frage, ob Hendrix den Film von Laurel & Hardy kannte, ist unerheblich, sobald wir der Tatsache Glauben schenken, dass Ideen und Vorstellungen wie Energie frei im Raum schweben, dessen Dimensionen wir nicht ermessen, weil wir ja nur bis drei zählen können.

Nein, nein, es ist schon so: Chronologisch und kulturhistorisch vorher sowie zeichentheoretisch und -praktisch signifikanter als der trotzdem selbstverständlich geniale Rockgitarrist und Sänger Jimi Hendrix haben Stan Laurel und Oliver Hardy den Mythos und Grundgedanken des national=konservativen autoritären Charakters ideengeschichtlich persifliert, äh, den objektiv falschen Schein des staatsideologischen Symbol-Inventars des God's Own Country dekonstruktivistisch paraphrasiert in einem stellvertreterischen Akt der kollektiven Selbstreflexion. Oder so ähnlich.

Con infinito affetto.

Frank Schäfer

THEMA: HENDRIX

Ein E-Mail-Wechsel

Die Personen

Jens.Hammer@t-online.de (Jens Hammer): Musikjournalist mit Ambitionen; hat Philosophie studiert und versucht dies gelegentlich auch zu zeigen.

Hammerhai@web.de (Peter Hammer): Sein Bruder. Studienabbrecher, arbeitet seit Jahren schon an einem Roman, Heavy-Metal-Fan der ersten Stunde.

Astralskies@t-online.de (Ulrich Grothe): Ein alter Hippie; Lieblingsbücher: Castanedas »Lehren des Don Juan« und Thomas de Quinceys »Bekenntnisse eines englischen Opiumessers« (sagt er jedenfalls).

Hans.Stock@Jimi.de (Hans Stock): Präsident des Freundeskreises der Jimi-Hendrix-Hörer e. V., zugleich dessen Kassenwart und Schriftführer; Typ Sachbearbeiter oder Museumskurator; gekettet an Daten und Fakten.

Petra@killekille.de (Petra Kregel): Riot Grrrl, Lead- und einzige Gitarristin der durchaus feministischen Frauenband Pussy Eats The Dog.

***

Thema: Hendrix
Datum: 03.10.02 15:28:14 (MEZ) Mitteleuropäische Zeit
From: Jens.Hammer@t-online.de (Jens Hammer)
To: Hammerhai@web.de (Peter Hammer), Astralskies@t-online.de
(Ulrich Grothe), Hans.Stock@Jimi.de (Hans Stock), Petra@kille-
kille.de (Petra Kregel)

Hallo Mädels,
Hendrix wäre ja demnächst sechzig geworden, wie Ihr wisst, oder

vielleicht auch nicht. Und ich soll für eine »große deutsche Tageszeitung« den entsprechenden Jubelartikel schreiben. Ist ja noch etwas hin (27. November), aber ich dachte mir, ich fange lieber früh genug mit der Recherche an, denn der schwarze Mann gehört nun nicht gerade zu meinen Spezialthemen. Gut, ich habe das kanonische Werk zwar da, also »Are You Experienced«, »Axis: Bold As Love«, »Electric Ladyland«, »Band of Gypsys« und »Cry Of Love« und ein paar Live-Aufnahmen, aber ich höre das nun nicht gerade ständig, noch viel weniger kenne ich mich in der Sekundärliteratur aus ... Fällt Euch vielleicht was dazu ein? Tipps und Tricks? Useful Phrases for Discussing? Hendrix Style in 90 Minuten (mit Grifftabellen)? Mixolydische Skalen? Dorische? Oder am Ende gar Pentatonische? Mir wird auf einmal ganz anders ...

Haut rinn! Jens

P.S. Übrigens, Petra! Der Gig im »Huckeduster« war nicht von schlechten Eltern. Musste danach schnell weg, deshalb bin ich nicht mehr hinter die Bühne gekommen. Sorry!

* * *

Thema: Re: Hendrix
Datum: 03.10.02 15:35:17 (MEZ) Mitteleuropäische Zeit
From: Hammerhai@web.de (Peter Hammer)
To: Jens.Hammer@t-online.de (Jens Hammer)

Tach Bruderherz,
sag mir eins: seit wann sind die »Salzgitter Nachrichten« eine »große deutsche Tageszeitung«? Das wäre sie vielleicht geworden, wenn Hitler den Krieg ... und in der Folge Salzgitter zu der Industriemetropole avanciert wäre, die man sich hier erhoffte, weshalb man dem großdeutschen Jahrzwölft in dieser Region ja auch stärker als anderswo hinterhertrauert, aber ich verliere mich ... Zu Hendrix fällt mir im Moment bloß einer seiner Epigonen ein – ich besitze übrigens auch nur »Electric Ladyland« und irgend so einen Billig-

Sampler mit »Smash« oder »Super« oder »Greatest Hits« oder wie die heißen –: ich meine die alte Scorpions-Flachpfeife Uli Jon Roth. »Transcendental Sky Guitar« nennt er seine neue Publikation aus dem Jahre 2001, ist denn das noch zu fassen? Wohl eher Dental-Gitarre, denn dieser sattsam bekannte, süßliche, krautige Esoterik-Kitsch geht wirklich ganz schön auf den Zahnschmelz. Das ist provinzielle Kunsttümelei, die falsch Zeugnis redet im Namen von Hendrix. Übrigens hat er nach dem Erscheinen dieser Doppel-CD auch ein Konzert gegeben, ein einziges. Auf dem Fliegerhorst Hohenlohe. Mit dem Detmolder Kammerorchester. Willst Du noch mehr wissen? Ich denke nicht ...

Tschüssikowski: Peter

***

Thema: Hendrix, epigonal
Datum: 03.10.02 15:50:22 (MEZ) Mitteleuropäische Zeit
From: Hammerhai@web.de (Peter Hammer)
To: Jens.Hammer@t-online.de (Jens Hammer), Astralskies@t-on-
line.de (Ulrich Grothe), Hans.Stock@Jimi.de (Hans Stock), Petra@
killekille.de (Petra Kregel)

Hallo Jens,
hatte ich eben noch vergessen, interessiert aber vielleicht auch die anderen in Deinem Verteiler ... Hi folks! In »einer größeren deutschen Tageszeitung« las ich vor einigen Wochen diesen Artikel. Bisschen mutwillig vielleicht ... In diesem Sinne: Die Hard!

Peter

EIN MIESER TRIP

In seinem Kopf war es so schwarz wie in einem Bullenarsch. Kein Mond schien. Aber da, ein Licht! Eine helle Gloriole illuminierte das schnauzbärtige Gesicht eines Schwarzen mit Mikrofonfrisur. Sollte das ...? Sollte das am Ende wirklich ...? Kein Zweifel möglich, es war Jimi. Jimi Hendrix. Aber wie? War er vielleicht längst im Jenseits, im Elysium? Und der liebe Gott trug folglich doch, wie er es immer vermutet hatte, Hendrixens Antlitz? Schnickschnack, von den paar Trips, die er heute, wie jeden Morgen, eingeworfen hatte, denn es hätte ja durchaus ein schlechter Tag werden können, starb man nicht. Da wurden früher doch ganz andere Sächelchen weggeknüppelt. Man konnte eben einfach mehr vertragen damals. Ach ja ..., seufzte er lautlos und eine salzige Träne begab sich auf ihre letzte große Wanderschaft, as time goes by ...

Aber unter der gepflegten Afro-Krause grinste es plötzlich diabolisch, und Jimi Hendrix sprach zu ihm: »Dich kenn ich doch ... Sapperlot, Robin? Du bist doch Robin Trower, oder?«

»Jaha, und wie!« versetzte er stolz, und Trowers faltige, schon fast ein wenig ins ledrige schwappende Züge glätteten sich etwas.

»Du musst schon entschuldigen«, sagte Jimi Hendrix, »aber ich bringe meine vielen Adepten, Interpreten und Epigonen schon mal durcheinander. Lass dich anschauen, alt bist du geworden!« Aber als er Trowers leere, verloschene Augen gewahrte, wurde seine Stimme brüchig und schwankte leicht vor Trauer und Mitgefühl. »Naaa, und die müden Fingerchen wollen auch nicht mehr so richtig, oder?«

»Ja, schon«, verteidigte sich Trower pennälerhaft, »aber an Ausdauer fehlt es mir immer noch nicht, hör dir nur mal das Titelstück meiner neuen LP, äh, CD an, ›Go My Way‹, acht Minuten reichen da kaum.«

Jimi schmunzelte. Das war der Trower, den er kannte. Und sein Gegenüber errötete etwas genant, beeilte sich hinzuzufügen: »Und du weißt schon, das feeling, unser feeling, das hab ich auch immer noch volle Elle und nicht zu knapp.«

Jimi wurde ernst. »Du hast Recht, das nimmt dir keiner.«

Trower schöpfte neuen Mut: »Und den Randy Hansen stecke ich noch allemal in die Tasche, von Uli Jon Roth nicht zu reden.«

»Jaja, schon gut«, Jimi ließ sich diesmal nichts anmerken, »ist aber auch keine Kunst.«

»Auch wieder wahr, ich meinte ja nur«, musste Trower zugeben. Jetzt wurde Hendrix versöhnlich. »Ach ich wollte ja auch nur mal vorbeischauen und sehen, ob sich was verändert hat bei dir. Mann, du gehst deinen Weg. Was soll ich sagen? Bleib wie du bist, Robin!« »Ehrensache«, salutierte Trower.

Und da erlosch auch schon langsam das helle Licht und verglomm schließlich ganz. Irgendwo schrie ein Dunlop Cry Baby ...

Die Wirkung des Dope ließ langsam nach. Jetzt schon? An diese neumodischen Designerdrogen werde ich mich nie gewöhnen, dachte Trower. Vielleicht sollte ich langsam mal umsteigen auf etwas anderes. Häufen sich in letzter Zeit – diese miesen Trips.

***

Thema: Hendrix-Kanon
Datum: 03.10.02 17:10:35 (MEZ) Mitteleuropäische Zeit
From: Hans.Stock@Jimi.de (Hans Stock)
To: Jens.Hammer@t-online.de (Jens Hammer),
Hammerhai@web.de (Peter Hammer), Astralskies@t-online.de
(Ulrich Grothe), Petra@killekille.de (Petra Kregel)

Guten Tag zusammen!
Der Text zu Hendrix und Trower ist ein einziges Ärgernis, nicht mehr und nicht weniger, geschrieben von einem dieser Feuilleton-Schmöcke, die weder vom Tuten noch vom Blasen und vom Spielen einer Rockgitarre schon gar keine Ahnung haben. Nein, so geht das nicht ... Wie es geht, zeigen ein paar Publikationen zum Thema. Ich nenne hier nur mal der Einfachheit halber die deutschen Titel, es gibt natürlich viel mehr: An erster Stelle zu nennen ist das biographische Monument – in der Tat »die« Biographie – von Harry Shapiro und Caesar Glebbeek, »Electric Gypsy. Jimi Hendrix – die Biographie« (Köln 1993). – Dann die politisch engagierte, sehr inspirierte Alternative von Charles Shaar Murray, »Purple Haze. Jimi Hendrix. Die Legende der Rockmusik« (Wien 1989). – Auch Lothar Tramperts solide fachjournalistische Arbeit für den Gitarrologen muss man heranziehen, »Elektrisch! Jimi Hendrix. Der Mu-

siker hinter dem Mythos« (München 1994). – Ebenso die instruktive Dokumentation von John McDermott, Billy Cox und Eddie Kramer, »Jimi Hendrix: Sessions. Eine Chronologie der Studio Recording Sessions 1963-1970« (Zürich 1996). – Und dann gibt es noch eine notwendigerweise etwas oberflächliche, auch sprachlich selten auf der Höhe ihres Gegenstandes operierende, aber anschaulich gegliederte Biographie für den Schulunterricht aus der ganz verdienstvollen »dtv portrait«-Reihe von Corinne Ullrichs (München 2000). Also, lieber Jens, wenn Du das gelesen hast, brauchst Du uns nicht mehr ... »Hau rinn«!

Eine kleine Anmerkung möchte ich dann aber doch noch machen, eigentlich zwei. Zum einen hast du fahrlässiger- und in nicht zu tolerierender Weise die »Smash Hits« vergessen, eine Platte, die immerhin die ersten vier Singles berücksichtigt, die Hendrix' Kickstart der Herzen des Rockpublikums waren – also: »Hey Joe« / »Stone Free«; »Purple Haze« / »51st Anniversary«; »The Wind Cries Mary« / »Highway Chile« und, wenn auch kommerziell weit weniger erfolgreich, »The Burning Of The Midnight Lamp« / »The Stars That Play With Laughing Sam's Dice« –, und die ja nicht auf den ersten beiden Longplayern stehen. »Midnight Lamp« kommt zwar noch einmal auf »Electric Ladyland«, aber den anderen Stoff findet man auf keiner regulären LP. Wenn man das Werk also vollständig haben und keine Singles kaufen wollte, bräuchte man die »Smash Hits«. Kanonischer gehts ja wohl nicht! Übrigens spreche ich hier nur von den regulären UK-Veröffentlichungen von Track Records. Sein anderes Label Reprise, das den US-Markt versorgte, zog meistens etwas später nach (nur bei »Electric Ladyland« muckte man vor) und wählte eine andere, eben auf den amerikanischen Markt zugeschnittene Songzusammenstellung, die uns hier nicht weiter interessieren soll.

Viel interessanter ist nämlich eine andere Fehleinschätzung Deinerseits: »Cry Of Love« ist mitnichten den kanonischen Werken zuzuordnen. Und zwar nicht, weil die Platte postum erschienen ist, sondern weil sie unter Hendrix' Ägide so definitiv nicht erschienen wäre! Das Material war ja noch ganz unfertig, Eddie Kramer musste teilweise aus verschiedenen Takes die halbwegs gelungenen Teile zusammenstückeln, um überhaupt so etwas wie Songs zu bekommen; die Drum-Tracks von Mitchell wurden partiell völlig neu eingespielt usw. Eine kleine Anekdote von Kramer, der als Toningenieur hier nicht nur ganze Arbeit geleistet, sondern wahre Wunder bewirkt hat, das lässt sich nicht leugnen, zeigt deutlich, was ich meine: »Eines Nachts arbeitete ich in Studio A an ›Drifting‹ und bemerkte, dass ich für diesen überaus wichtigen Lead-Rhythmus-Teil nur eine per DI (direkt in den Pult gespielt) aufgenommene Gitarrenspur zur Verfügung hatte. Jimi wollte ursprünglich einen sehr reinen Gitarrensound haben und hatte diesen Teil eigentlich nur als Guide-Spur aufgenommen. Es gab keine echte Verstärkerspur, also legte ich dieses DI-Signal durch das Cue-System des Studios in den Aufnahmeraum, jagte es über einen Transformator in Jimis Marshall-Stack und nahm den Sound per Mikro ab. Bis auf das Glimmen der Röhren im Marshall-Top waren alle Lichter im Studio ausgeschaltet, und es klang so, als würde Jimi gerade über den Verstärker spielen. Die Hintertür des Studios stand offen, und mitten in der Überspielung des Sounds auf das Band erschreckte Jimis kreischende Gitarre im Studio A einen Tonassistenten. Er rannte völlig verwirrt in den Kontrollraum, sein Gesicht war kreidebleich. Er war sich sicher, Jimi wieder spielen zu hören, bis er dann mitbekam, was ich gerade machte.«

Die Geschichte soll natürlich die Authentizität seiner Arbeitsweise beglaubigen. Das klang so echt – wie Jimi! Und das ist genau der Punkt. Es klang eben nur *wie* Jimi, er war es nicht wirklich selbst. Was Kramer hier macht, ist keine bloße Restaurationsarbeit mehr, das ist Produzentenarbeit, die Hendrix zu dieser Zeit keinem mehr (der Krach mit Chas Chandler liegt schließlich schon ein Weilchen zurück) überlassen wollte, das greift sogar ins Songwriting ein, und das widerspricht meiner Ansicht völlig dem, was man sich als Nachlassverwalter leisten darf. (Und das sind ja nur die Sachen, die er zugegeben hat, wer weiß, was da sonst noch für Overdubs etc. drauf sind, und von wem die stammen? Übrigens, Alan Douglas und Michael Jeffery setzen mit den etwas späteren Nachlassalben »Loose Ends«, nomem est omen!, »Crash Landing« und »Midnight Lightning« ja sogar noch einen drauf, und zwar in nicht zu tolerierender Weise, separieren einfach Jimis Gitarrenlinien und lassen ein paar Studiohuren den schmutzigen Rest besorgen ...) Nein, im Ernst, der Herausgeber eines postum publizierten Romans kann auch nicht einfach ein Romanfragment fertigschreiben, er muss das, so weh es ihm tut, als Fragment edieren. Ja, so könnte man schimpfen ... Und trotzdem sind auf »Cry of Love« noch ein paar schöne Sachen drauf, die in den Studios verstauben zu lassen eine gottverdammte Schande gewesen wäre. Das gleiche gilt übrigens für »Rainbow Bridge« (1971), »War Heroes« (1972) und schließlich für die wirklich hübsche, noch einmal remasterte 1997er Zusammenstellung »First Rays Of The New Rising Sun«, die ja das ursprünglich von Hendrix geplante Doppelalbum zu rekonstruieren versucht. Nette Versuche, sicher gut gemeint, und auch schön, dass es sie gibt, aber eben doch apokryph!

Herzlich: Hans

***

Thema: Re: Hendrix
Datum: 03.10.02 17:29:24 (MEZ) Mitteleuropäische Zeit
From: Petra@killekille.de (Petra Kregel)
To: Jens.Hammer@t-online.de (Jens Hammer),
Hammerhai@web.de (Peter Hammer), Astralskies@t-online.de
(Ulrich Grothe), Hans.Stock@Jimi.de (Hans Stock)

Hi!
Danke für das Lob, Jens! Aber Du hast absolut nichts verpasst, backstage meine ich. Die üblichen paar Bier after. Nicht mal Schnittchen hatten die geschmiert. Und ich war ziemlich genervt, weil mein Cry-Baby kratzte, hast Du das gehört? Mitten im Konzert ging das los, da bleibt natürlich keine Zeit, mit Kontaktspray beizugehen. Dabei liebe ich mein Wah-Wah über alles. Für die letzten drei Soli konnte ich es dann gar nicht mehr einsetzen – und so klangen die dann auch ... Ich kann das echt nicht ab, wenn man jeden Plektron-Anschlag so ganz hart hört, das Wah-Wah wirkt da wie ein Weich-

zeichner, und auf einmal klingt meine Lead-Gitarre, als könnte ich wirklich spielen. Naja, und damit es für die anderen hier im virtuellen Teufelskreis nicht völlig boring wird, jetzt zum Thema ... Denn natürlich hat mich Hendrix auf das Cry Baby gebracht (und ein bisschen auch Tony Iommi, der mit seinem manuellen Handikap ja auch beim Solo ganz ganz alt aussieht ohne Pedal!). Natürlich dieser göttliche Anfang von »Voodoo Child (Slight Return)«! Aber auch die weniger exponierten Sachen von »All Along The Watchtower«, »The Burning Of The Midnight Lamp« und »I Don't Live Today« hatten was. Wollte ich auch haben. Das Wah-Wah war aber auch der einzige Effekt, wo Hendrix mit seiner Empfehlung richtig lag. Ich habe später mal den Big Muff von Electro Harmonix auf einem Flohmarkt gekauft, aber diese Distortion-Sägemühle ließ sich für Riffs gleich gar nicht verwenden, und auch die Lead-Sachen klangen damit so sehr nach Transistorradio, dass Claudia, unsere Bassistin, fragte, ob ich schwanger sei und abtreiben wolle ... Hab ich noch zu Hause, das silberne Blechkästchen, und wäre durchaus bereit, es günstig abzugeben, für einen kleinen Obolus von ... sagen wir ... 20 Euro?! So weit geht meine Hendrix-Verehrung dann eben doch nicht.

Ohnehin hat mich Hendrix als Gitarrist nicht so sehr beeinflusst. Wie auch? Er hat diesen einen ganz individuellen Personalstil, den jeder sofort als seinen erkennt und von dem man eigentlich nichts lernen kann. Man klingt immer gleich wie ein Scheiß-Plagiator und also irgendwie billig, wenn man versucht, sein Repertoire zu übernehmen: Zum Beispiel diese typischen, durch zusätzliche Hammerons und Pull-offs variierten und verzierten offenen Akkorde, die rhythmischen Figuren auf den abgedämpften Seiten – übrigens gar nicht mal vor allem bei dem Anfang von »Voodoo Child (Slight Return)«, richtig grandios integriert er das beim Erkennungs-Riff von »Gypsy Eyes« –, die exzessive Tremolage etc. etc. Einzelnes kann man wohl mal verwenden, aber sobald man zwei oder drei solcher Elemente verbindet, grinst gleich die Bassistin frech herüber: »Na, in letzter Zeit zu viel Jimi gehört, oder was?«

Und seine Show-Gimmicks, die gehen ja gar nicht mehr, es sei denn als ironische Reminiszenz oder so. Stell sich doch heute mal einer auf die Bühne und spiele die Gitarre hinterm Rücken, mit den Zähnen bzw. der Zunge! Das kannst du nur noch in der niedersächsischen Provinz machen, der ewigen Heimat der Hendrix-Coverbands. Wie ich die kenne, zünden die da auch noch am Ende des Gigs eine alte Japan-Strats an ...

Trotzdem gab es ja durchaus einige Klasse-Gitarristen, die weiterhin die Hendrix-Kralle pflegten. Aber, mal ehrlich, außer Stevie Ray Vaughan hat es doch keiner von denen geschafft, aus seinem Schatten herauszutreten. Ob Robin Trower, den hatten wir ja eben, oder Uli Jon Roth, ob (ganz übel!) Randy Hansen oder (nicht ganz so arg) Randy California und Frank Marino – man hört ihnen allen die Nabelschnur an, die sie mit kreativer Energie versorgt, und das ist doch eigentlich ziemlich schlimm, oder nicht?!

Findet jedenfalls und grüßt ganz lieb Eure Petra

***

Thema: Remember
Datum: 03.10.02 17:59:22 (MEZ) Mitteleuropäische Zeit
From: Astralskies@t-online.de (Ulrich Grothe)
To: Petra@killekille.de (Petra Kregel), Jens.Hammer@t-online.de
(Jens Hammer), Hammerhai@web.de (Peter Hammer), Hans. Stock
@Jimi.de (Hans Stock)

Hi Folks! Hi Little Miss Strange!

Was gibt es eigentlich gegen das Spielen hinterm Kopf oder mit den Zähnen zu sagen, wenn ich fragen darf. Ist nicht das schlechteste Mittel, finde ich, das Andenken an den größten Gitarristen in diesem Universum zu wahren.

Oh, remember the mocking bird, my baby bun!
Ulrich

***

Thema: Re: Hendrix
Datum: 03.10.02 18:40:13 (MEZ) Mitteleuropäische Zeit
From: Hans.Stock@Jimi.de (Hans Stock)
To: Petra@killekille.de (Petra Kregel), Jens.Hammer@t-online.de
(Jens Hammer), Hammerhai@web.de (Peter Hammer), Astralskies
@t-online.de (Ulrich Grothe)

Hallo Petra,
klingt einleuchtend, was Du da schreibst (zum Problem der Hen-
drix-Nachfolge). Zwei Kleinigkeiten muss ich anfügen zu seinen
Effekten. Den Big Muff hättest Du Dir gar nicht erst kaufen dür-
fen, Hendrix hat das Teil nämlich nie gespielt, sondern fast ausschließlich die »Tretmine«, also das Fuzz Face von der Fa. Dallas-
Arbiter, früher auch schon mal den Maestro-Fuzz. Du bist da einer
weitverbreiteten Promotion-Legende aufgesessen, die Electro Harmonix in die Welt gesetzt hat, um den Big Muff loszuwerden. Dass
er nichts taugt, will ich Dir gern glauben ...
    Und was Du auf »I Don't Live Today« gehört hast, ist kein Wah-
Wah-Pedal, das gab es da noch gar nicht; oder jedenfalls stand es
Hendrix bei der Aufnahmesession im Februar 1967 noch nicht zur
Verfügung. Diesen Wah-Wah-artigen Sound hat man nachträglich
am Mischpult mit einem per Hand auf und zu gedrehten Filter erzeugt.
    Kleinigkeiten, wie gesagt, aber der Gegenstand ist eben groß ge-
nug, dass auch solchen Dingen Gewicht zukommt!

Herzlich: Hans

***

Thema: Gitarre vorm Kopf?
Datum: 03.10.02 23:35:23 (MEZ) Mitteleuropäische Zeit
From: Astralskies@t-online.de (Ulrich Grothe)
To: Jens.Hammer@t-online.de (Jens Hammer),
Hammerhai@web.de (Peter Hammer), Hans.Stock@Jimi.de
(Hans Stock), Petra@killekille.de (Petra Kregel)

Hallo Leute,

glaubt ihr wirklich, Jimi auf die Spur zu kommen, indem ihr Fakten sammelt, ihn quantifiziert, vermesst, einen Bauplan von ihm zeichnet? Könnt ihr ja machen, aber von der Transzendenz seines Spiels, seiner Mandorla, seiner astralen Spiritualität, von all dem habt ihr nüscht, niente, nothing verstanden. So sieht's aus. Und dabei ist genau das seine eigentliche Leistung. Dieser ganze technische Firlefanz, wen interessiert das schon?! Für mich ist Jimi ein gewaltiges Kraftfeld, und ich glaube, es muss verdammt schwer gewesen sein, es neben ihm auszuhalten, die Intensität dieses Lichts muss alles andere überstrahlt, wenn nicht gar versengt haben. Noel Redding kann ein Liedlein davon singen: »She's So Fine«! Leute, wenn man sich dieses nette, naive Sixties-Beat-Nümmerchen neben den anderen überirdischen Titeln von »Axis: Bold As Love« anhört ... Vergleicht doch das mal mit »Spanish Castle Magic«, »Little Wing«, »Castles Made Of Sand«, »Bold As Love« ... Das muss auch den Zeitgenossen aufgefallen sein, dass es sich hier um zwei verschiedene Existenzweisen handelt. Das ist so verschieden wie gutes altes Acid von diesem neuen Designerscheißdreck (da hat Robin Trower ganz Recht!).

Aber wie war das alles möglich, habe ich mir schon oft überlegt. War das Voodoo-Zauber? Kam er aus der Zukunft, aus einem anderen Sonnensystem, oder waren es doch nur die Drogen, die ihn auf eine weite psychedelische Reise schickten, in die verschlungenen Labyrinthe unseres Selbst, um dort nach dem Unerhörten zu suchen? Sind das wirklich nur musikalische Introspektionen? Oder hört man da nicht doch den Pulsschlag des Universums zucken? Sind diese akustischen Epiphanien nicht doch auf das Sphärenrauschen der Planeten gestimmt?

Jimi hat es mal so gesagt: »The night I was born / I swear the moon turned a fire red / Well my poor mother cried out ›lord, the gypsy was right!‹ / And I see her fall down right dead // Well, mountain lions found me there, / And set me on an eagles wing / He took me past to the outposts of infinity, / And when he brought me back, / He gave me a venus witch's ring / And he said ›Fly on, fly on‹ / Because I'm a voodoo chile, baby, voodoo chile ...«

Das war er wohl wirklich! Diese Schwingungen, diese unglaublich positiven Energien, die da durch ihn hindurch geströmt sind ... Das muss irgendwas Kosmisches gewesen sein. Vielleicht war es ja das Orgon, das Wilhelm Reich meint? Vielleicht war es auch nur das Leben selbst, ich meine, seine Substanz. Wie auch immer, Jimi hat das wie eine biologische Batterie gespeichert und in Musik transformiert. Und das wirklich berauschende daran ist ja, dass es andersherum genauso funktioniert, dass seine Musik diese Energien an alle Menschen zurückgibt, die sie mit offenen Sinnen hören. Und sie nutzt sich nicht mal ab dabei, das heißt, die Intensität, sie bleibt ja immer gleich, noch in hundert Jahren. Wie ein perpetuum mobile ... Oder wie dieser verdammte Atommüll, der hier bei uns im Wendland unter der Erde herumstrahlt und strahlt und strahlt ...

Oh, shine on!
Euer Ulrich

***

Thema: Voodoozauber
Datum: 04.10.02 10:27:17 (MEZ) Mitteleuropäische Zeit
From: Hammerhai@web.de (Peter Hammer)
To: Astralskies@t-online.de (Ulrich Grothe), Jens.Hammer@t-online.de (Jens Hammer), Hans.Stock@Jimi.de (Hans Stock), Petra@ killekille.de (Petra Kregel)

Ähm, lieber Ulrich Grothe,
vielen Dank für Deine luziden und klar formulierten Gedanken zur Nacht und zu Jimi Hendrix. Ich hatte dergleichen auch schon oft auf der Zunge, aber traute mich nie, es auszusprechen ...
   Gute Grüße und immer genügend kosmische Energie auf dem Füller:

Dein Peter Hammer

***

Thema: Tchirpy Tchirpy cheep
Datum: 04.10.02 10:30:16 (MEZ) Mitteleuropäische Zeit
From: Hammerhai@web.de (Peter Hammer)
To: Jens.Hammer@t-online.de (Jens Hammer)

What's up Brother (wie wir Nigger sagen)!
... die verschlungenen Labyrinthe unseres Selbst ... der Pulsschlag des Universums ... das Sphärenrauschen der Planeten ... diese Schwingungen ... Alles klar!
Aber wer in Gottes Namen ist dieser Ulrich Grothe? Und was um Himmels willen sind Astral Skies? Hat der einen Pirol unterm Pony, oder woran gebricht's?

Peter

***

Thema: Re: Tchirpy Tchirpy cheep
Datum: 04.10.02 10:55:01 (MEZ) Mitteleuropäische Zeit
From: Jens.Hammer@t-online.de (Jens Hammer)
To: Hammerhai@web.de (Peter Hammer)

Ja, Peter!
Grothe war früher mal ein hervorragender Gitarrist, aber dann hat er sich einer Grünen-Initiative da oben im Norden angeschlossen und ist bei irgendeiner Stiftung untergekommen. Er spielt zwar immer noch auf Feten und Dorffesten (mit The Ulrich Grothe Express!), aber den Traum von der Profi-Muckerkarriere hat er drangeben müssen, und das nagt natürlich an ihm, kann man sich denken, und lässt sich oftmals wohl nur durch einen gehörigen Konsum leichter Drogen kompensieren.
Außerdem sieht er scheiße aus und kriegt keine Frau ab. Was soll's also? Andere geben sich deshalb die Kugel, er ergeht sich in kosmologischen Spinnereien.
Lass ihn doch! Zumal er mit seiner metaphysischen Konditionierung der Musik durchaus ein paar ernst zu nehmende philosophi-

sche Gewährsleute auf seiner Seite hat. Ich schreibe dazu gleich noch eine Mail an alle ...

Bis denne: Jens

***

Thema: Re: Tchirpy Tchirpy cheep
Datum: 04.10.02 11:02:30 (MEZ) Mitteleuropäische Zeit
From: Hammerhai@web.de (Peter Hammer)
To: Jens.Hammer@t-online.de (Jens Hammer)

Gut, lass ich ihn ... Soll doch jeder mit seinem Fassonschnitt selig werden! Aber auf DEINE geistesgeschichtliche Einordnung dieses psychedelischen Delirantentums bin ich doch sehr gespannt, Alter!

Peter

***

Thema: Hendrix, kosmologisch
Datum: 04.10.02 11:07:12 (MEZ) Mitteleuropäische Zeit
From: Jens.Hammer@t-online.de (Jens Hammer)
To: Astralskies@t-online.de (Ulrich Grothe), Hammerhai@web.de (Peter Hammer), Hans.Stock@Jimi.de (Hans Stock), Petra@kille-kille.de (Petra Kregel)

Hallo in die Runde!
Der eine oder andere hat sich möglicherweise etwas gewundert über Ulrichs Mail, die ja im Grunde bzw. zwischen den Zeilen ein musikalischer Gottesbeweis war. Und in der Tat gibt es philosophische Spekulationen darüber, Ansätze einer akustischen Kosmologie. Ich probiere mal, ob ich das noch alles zusammenkriege, ist schon eine Weile her ... Man geht davon aus, dass im Anfang alles ohne Laut war, der akustische Indifferenzpunkt also, das silentium conclusum in ewiger Unwandelbarkeit, ein nullum sonans, aber dann

breitet sich, als Emanation des Göttlichen gewissermaßen, eine Sinus-Schwingung aus. Und aus dem Schall entwickelt sich die Materie, der Kosmos und alles weitere. Eine akustische Genesis also. Und Gott sprach, es werde hörbar. Nur deshalb empfinden wir Musik auch als Tröstung. Sie erinnert uns an das schöpferische Prinzip, aus dem wir hervorgegangen sind – und zu dem wir nach dem Dahinscheiden notwendig wieder zurückkehren. Eine Art Heilsversprechen also. Das Ziel der Musik nämlich ist Vergeistigung, Entstofflichung, das Abwerfen von Materie sozusagen, aber sie ist auch unmittelbarer Ausdruck des kreatürlichen Leidens selber, entsteht also aus einem mimetischen vegetativen Impuls. Insofern vermittelt Musik das Individuierte des Schmerzes mit der kosmischen schmerzlosen Allnatur und zeigt uns somit das Göttliche im Profanen, unseren transzendenten Kern, wenn man so will.

Und man darf jetzt spekulieren, ob Hendrix so etwas geahnt hat! Hat er?

Schöne Grüße, Jens

***

Thema: Re: Hendrix, kosmologisch
Datum: 04.10.02 11:20:22 (MEZ) Mitteleuropäische Zeit
From: Astralskies@t-online.de (Ulrich Grothe)
To: Jens.Hammer@t-online.de (Jens Hammer), Hammerhai@
web.de (Peter Hammer), Hans.Stock@Jimi.de (Hans Stock), Petra
@killekille.de (Petra Kregel)

In einer eMail vom 07.02.02 17:52:46 (MEZ) Mitteleuropäische Zeit schreibt Jens.Hammer@t-online.de:
<<Und man darf jetzt spekulieren, ob Hendrix so etwas geahnt hat! Hat er?>>

Worauf Du Dich verlassen kannst! Er hat!!!! Ulrich

***

Thema: Hendrix, kosmologisch (Schluss?)
Datum: 04.10.02 11:35:01 (MEZ) Mitteleuropäische Zeit
From: Hans.Stock@Jimi.de (Hans Stock)
To: Jens.Hammer@t-online.de (Jens Hammer), Astralskies@t-on-
line.de (Ulrich Grothe), Hammerhai@web.de (Peter Hammer),
Petra@killekille.de (Petra Kregel)

Sooo ..., wo wir das jetzt ja weg haben, können wir uns dann wieder Hendrix widmen?

Ich meine, sofern das noch gewünscht wird. Denn, lieber Jens, sorry, aber was Du uns hier gerade zu skizzieren versucht hast, das sind für mich wirklich LETZTE Fragen! Ich habe nichts gegen eine gesunde Verehrung seiner Kunst, aber Kunst wird nun einmal gemacht, und gerade die von Hendrix ist doch ohne einen ganzen Haufen ganz irdischer Studiotechnik – was man damals so Studiotechnik nannte! – einfach nicht zu denken. Bevor man ins Metaphysische abdriftet, sollte man doch erst mal beschreiben, was einen da so fasziniert, und vielleicht sogar analysieren, wie das gemacht wurde, was einen da so fasziniert. Und ich meine jetzt nicht mal in erster Linie das Equipment, obwohl auch das vielleicht nicht so unmaßgeblich wäre, weil es ja, wie gesagt, manche Songs einfach mitbedingt, sondern die Songs selbst, ihre Struktur, ihren musikhistorischen Humus, das Zusammenspiel von Lyrics und Musik etc.

Herzlich: Hans

***

Thema: Re: Hendrix, kosmologisch (Schluss?)
Datum: 04.10.02 11:47:34 (MEZ) Mitteleuropäische Zeit
From: Petra@killekille.de (Petra Kregel)
To: Hans.Stock@Jimi.de (Hans Stock), Jens.Hammer@t-online.de
(Jens Hammer), Astralskies@t-online.de (Ulrich Grothe), Hammer-
hai@web.de (Peter Hammer)

Tach Leute!

Hendrix ganz irdisch, jawoll! Mich störte zum Beispiel immer seine Macho-Attitüde, und eine Zeitlang hat die mir sogar den Hörspaß vermiest. Ich kann mich noch an eine Fernseh-Doku erinnern, die alte Archivaufnahmen collagierte, in den 80ern oder frühen 90ern muss die gesendet worden sein, sicher auf dem dritten Programm. »Hey Jimi«, wird er da vor laufender Kamera von einem sensationsgeilen Musikjournalisten gefragt, »erzähl doch mal, wie du so deine Woche beginnst!« Und er spielt tatsächlich den Omnipotenten Bimbo mit der Riesenbanane für den Reporter. Mit allem drum und dran, grinst, bleckt die Zähne etc. Und dann sagt er, ich zitiere jetzt mal aus dem Gedächtnis (korrigier mich, Hans!): »Ach, weißt du, Mann, das läuft eigentlich immer so ab. Ich stehe gegen Mittag auf, koche 'nen Kaffee und gehe zur Tür. Da steht dann irgendsoein aufgeregt kicherndes Girl 'rum, manchmal auch zwei oder drei. Die warten nur darauf, dass ich sie anmache und reinhole. Na, kommt schon rein, sag' ich dann also. Wir trinken 'nen Kaffee zusammen, quatschen 'n bisschen, na ja, Mann, du weißt schon, und manchmal beiße ich eben in den Apfel ...«

Auch das ist Hendrix! Ich will ihn gar nicht denunzieren oder so ..., nur noch mal darauf hinweisen, dass wir es hier mit einem Menschen zu tun haben, der ganz und gar Kind seiner Zeit war (und manchmal eben wirklich ein KIND!) und der damit auch die üblichen Rollenklischees jener Jahre zitierte oder gänzlich für sich vereinnahmte. Nun ja, und ein bisschen dumm war er wohl auch ... Andererseits, wenn alles das sein musste, um diese Musik hinzukriegen, meinetwegen!

Liebe Grüße von Petra

* * *

Thema: Re: Hendrix, kosmologisch (Schluss?)
Datum: 04.10.02 11:55:22 (MEZ) Mitteleuropäische Zeit
From: Astralskies@t-online.de (Ulrich Grothe)
To: Hans.Stock@Jimi.de (Hans Stock), Jens.Hammer@t-online. de

*(Jens Hammer), Hammerhai@web.de (Peter Hammer), Petra@
killekille.de (Petra Kregel)*

In einer eMail vom 04.10.02 11:35:01 (MEZ) Mitteleuropäische
Zeit schreibt Hans.Stock@Jimi.de:
<<Bevor man ins Metaphysische abdriftet, sollte man doch erst-
mal beschreiben, was einen da so fasziniert, und vielleicht sogar
analysieren, wie das gemacht wurde, was einen da so fasziniert.>>
Also doch wieder vermessen, katalogisieren, berechnen ... Ohhh, I
hate this shit!!!!!!

***

Thema: Vermessen
Datum: 04.10.02 12:03:31 (MEZ) Mitteleuropäische Zeit
From: Hans.Stock@Jimi.de (Hans Stock)
*To: Jens.Hammer@t-online.de (Jens Hammer), Astralskies@t-
online.de (Ulrich Grothe), Hammerhai@web.de (Peter Hammer),
Petra@killekille.de (Petra Kregel)*

Was heißt denn hier eigentlich vermessen? Unsere Erfahrungen mit
Hendrix sind doch wohl ganz unterschiedlicher Natur. Während
der eine geblendet ist vom kosmischen Licht, das er da wahrzu-
nehmen glaubt, ist ein anderer vielleicht völlig hin und weg von
der Polyphonie seines Sounds. Mich zum Beispiel macht seine Musik nicht nur emotional an, mich reizt das durchaus auch intellek-
tuell, was er da macht, wie er zum Beispiel seine Gitarre metapho-
risiert, sie einmal wie ein Maschinengewehr klingen lässt (»Machine Gun«), dann wieder wie ein UFO (»EXP«) oder einen ganzen
Vietnam-Krieg (»Star Spangled Banner«). Mit anderen Worten,
man sollte einfach einräumen, dass andere Menschen andere Erfahrungen machen, und so tolerant sein, jedem selbst zu überlassen,
wie einer damit umgeht, das heißt wie er diese Erfahrungen letztlich beschreibt. Alles andere wäre Dogmatismus – und Jimi, open
minded wie er zweifellos war, unwürdig.
Herzlich: Hans

***

Thema: Re: Vermessen
Datum: 04.10.02 12:20:03 (MEZ) Mitteleuropäische Zeit
From: Astralskies@t-online.de (Ulrich Grothe)
To: Hans.Stock@Jimi.de (Hans Stock), Jens.Hammer@t-online.de
(Jens Hammer), Hammerhai@web.de (Peter Hammer), Petra@kil-
lekille.de (Petra Kregel)

Lieber Hans,
sei mir nicht böse wegen des Ausflippers eben. Ein paar Zentimeter (vom Hanffaden) später sieht die Welt schon wieder ganz anders aus ... Außerdem sollte das gar nicht so dogmatisch klingen,
wie es dann wohl klang. Ich verstehe halt nicht, wie man Musik
wie ein Injenör behandeln kann, aber klar, der Kosmos ist groß genug, so dass wir beide darin unrecht haben können ...

Let your love flow!
Ulrich

***

Thema: Her sister will!
Datum: 04.10.02 15:45:23 (MEZ) Mitteleuropäische Zeit
From: Hammerhai@web.de (Peter Hammer)
To: Hans.Stock@Jimi.de (Hans Stock), Jens.Hammer@t-online. de
(Jens Hammer), Astralskies@t-online.de (Ulrich Grothe), Petra@
killekille.de (Petra Kregel)

In einer eMail vom 04.10.02 12:03:31 (MEZ) Mitteleuropäische
Zeit schreibt Hans.Stock@Jimi.de:
<<wie er zum Beispiel seine Gitarre metaphorisiert, sie einmal wie
ein Maschinengewehr klingen lässt (»Machine Gun«), dann wieder
wie ein UFO (»EXP«) oder einen ganzen Vietnam-Krieg>>
Aber auch, nicht zu vergessen: wie ein scheues Rotkehlchen, das
seine klitzekleinen Flügel ausbreitet, um hinfort zu fliegen, in ein

Land der Blumen, der Liebe und des Friedens ... »Little Wing« – ya know! Hans mag Recht haben, nein, hat sicher Recht, aber dann bitte jetzt mal Butter auf die Kniffte. Wie sehen sie denn aus, eure Erfahrungen, hm? Tja, fange ich mal an, was?!

Ich kann mich nämlich noch gut an meine erste Begegnung mit Hendrix erinnern; war nicht wirklich die erste, aber die erste, die mir etwas bedeutet hat. Nix großes oder so, aber immerhin! Irgendeine spätere Live-Kompilation war gerade erschienen, »The Jimi Hendrix Concerts« – meine ich – hieß die. Ein guter Freund von mir hatte die kurz zuvor in Hannover bei Phonac in der Passarelle gekauft, mit so einem impressionistischen Öl-Porträt von Hendrix vorne drauf, das mir damals schon irgendwie passend erschien zur Tagesformabhängigkeit, zum Improvisationsreichtum dieser Musik, von der ich einiges gelesen hatte, die ich natürlich auch kannte, ein bisschen jedenfalls, aber damals als etwas Anachronistisches, ja, für mich eigentlich gänzlich Obsoletes wahrnahm. Die New Wave of British Heavy Metal toste gerade vorbei und ich ritt ganz oben auf der Schaumkrone mit ihr hinweg, und alles andere schien mir von meiner erhöhten Warte aus irgendwie nix mehr zu sein, tiefer unten zu stehen. Mein Freund kaufte das Doppelalbum also, allein das Wort lässt mich erschauern, ich machte ein paar Witze darüber – und gut.

Ein paar Wochen später jedoch gab er eine Party, es war Frühsommer, die Abende also schon hübsch lau. Er räumte eine Garage aus, schmiss ein paar Strohballen hinein, stellte einen Grill auf, stapelte Feldschlösschen-Kisten an der Mauerwand, und ab neun Uhr abends wurde zurückgesoffen! Aber gib ihm! Den ganzen Abend über gab es dies und das zu hören, The Clash, The Jam, Talking Heads, auch eine Menge Neue Deutsche Welle, die gerade ebenfalls vorbeitoste, die ich nicht ritt, aber deren lautes Rauschen man ebenfalls nicht wirklich überhören konnte, Ideal, Trio, Markus, Fräulein Menke und dieser stuff ... Erster Höhepunkt des Abends war dann aber ein anderer Klassiker: »Child In Time« von der »Made In Japan«! Natürlich versuchten alle das Kastraten- und Katastrophengeschrei Ian Gillans nachzumachen, natürlich schaffte es keiner, so hoch zu kommen, und natürlich ging auch keiner bis zum

Äußersten, aber diese Zombie-Tänzer mit den leblos hängenden Armen und dem Innerlichkeitslächeln auf dem Gesicht, als seien sie gerade der Ausschüttung des heiligen Geistes teilhaftig geworden, oder als seien sie der heilige Geist selber, aber es waren einfach zu viele, das hätte ihnen eigentlich auffallen müssen, diese glücklichen Untoten auf der Tanzfläche, das hatte fast etwas Mystisches in der einsetzenden Dämmerung. Wenn in der Hölle kein Platz mehr ist, kehren die Toten auf die Tanzfläche zurück! Irgendwann fragte ich nach einem Mädchen, das noch sehr jung war und vielleicht wegen ihrer Jugend diese Party nicht besuchen durfte, aber mein Freund sah mich an, schlug sich vor die Stirn. »Hab ich vergessen einzuladen!« Es war gelogen, er hatte sich nicht getraut, stellte sich nach einigem Bohren heraus. Sie wohnte im gleichen kleinen Dorf, zu Fuß gut zehn Minuten entfernt. Wir nahmen das Fahrrad, waren in drei Minuten da, klingelten, hatten einen muffigen Vater in der Tür, der sich darüber beschwerte, dass es schon fast elf Uhr durch sei, der dann aber wissend lächelte, als wir uns nach seiner Tochter erkundigten, und seine Frau beruhigte, die aus der guten Stube herüberrief, was denn nur los sei, so spät noch. »Birgit kommst du mal?« Sie sagte nichts, aber wir hörten Schritte näherkommen, und sie schien fast erschrocken, als sie uns sah, schon leicht feldschlösschenbefeuert, mit strahlenden Augen, mit pochenden Drüsen, mit raschem Atem, denn wir hatten uns beeilt. Sie trug Leggings, die man damals noch tragen durfte, sie sowieso, und ein helles Herrenhemd, an den Ärmeln aufgekrempelt, noch dazu so weit aufgeknöpft, dass man nicht nur erahnte, was man ohnehin schon wusste. Birgit war nicht einfach wohlgestalt, gut gebaut bzw. proportioniert oder wie all diese Hilfsattribute heißen, so was wie Birgit gab es eigentlich gar nicht in echt, sowas existierte nur in der Mitte einer Männerzeitschrift, sowas hängten sich unsere älteren Brüder in den Spind.

Mann Gottes, dachte ich, jetzt sei ein Kerl und sag was, aber ich brachte nur ein karges »Er hat vergessen, dich einzuladen« heraus und zeigte dabei auf meinen Freund, dem gerade die Kacke kalt wurde! Er nickte, und sie lächelte. Aber überhaupt nicht überheblich. Für sie war ihre Göttinnenexistenz offenbar das normalste der

Welt, warum sollte sie sich darauf was einbilden? »Wo*zu* einladen?«
fragte sie und lächelte immer noch so nett, dass ich glaubte, man
müsse meine Drüsen eigentlich hören können, so laut schlugen sie
den Rhythmus der Sümpfe. Und mein Nachbar bekam endlich den
Mund wieder zu, um ihn gleich darauf wieder zum Reden zu öffnen. Er erklärte das Malheur, aber ich hörte gar nicht hin, sah nur
diese grünen Augen, die sich offenbar zwischen ihm und mir nicht
entscheiden konnten, hin und her oszillierten, hin und her, hin und
her, hin und her ... Irgendwann war er fertig, und ich sagte, ohne
genau zu wissen, was er von sich gegeben hatte, aber jenen Ton an-
schlagend, als fasste ich seine Rede noch einmal zusammen: »Wie
sieht's aus, kommst du?« Sie lächelte nun fast schüchtern, meinte
ausweichend, dass es ja schon spät sei, dass sie erst ihre Eltern fragen müsse und dass sie ja eigentlich keinen dort kenne. »Du kennst
uns!« sagte ich eindringlich, bittend, und mein Freund machte ein
Gesicht, als müsse er ohne seinen Lieblingsnachtisch (»Dany plus
Sahne«) ins Bett gehen! Nun, mehr als ein »Mal sehen!« konnten
wir ihr heute nicht abringen, und auch später nicht, aber das gehört
kaum hierher ...

Natürlich würde sie nicht mehr kommen. *Wir* wussten das, und
die anderen Partygäste wussten das, als wir gleich nach unserer
Rückkehr mit einem Schweizermesser ein eckiges U in die beiden
für diesen Zweck extra kaltgestellten Bierdosen schnitten, um sie
zu »schießen«, wie wir das nannten! Sie lagen waagerecht in unserer Hand, wir bogen das leicht konkave Blechquadrat hinein, drück-
ten den offenen Mund auf die falsche Öffnung, ließen die Ver-
schlüsse knacken und warfen im selben Moment den Kopf in den
Nacken, ließen nur noch laufen und laufen. In einer Sekunde war
die Büchse leer und wurde am Kopf vorbei, über die Schulter geworfen, vielmehr fallengelassen, gelangweilt, angeekelt beinahe ...
Und dann tranken wir normal weiter, bis es kalt wurde, abgesehen
von uns beiden und drei, vier weiteren Gästen, dem harten Kern,
alle nach Hause gefahren waren, wir den Grill näher heranzogen
und die Jacken an – und mein Freund »The Jimi Hendrix Concerts«
auflegte! Ich wollte erst einen Spruch machen, ließ ihn dann aber
... Und spätestens bei der langsamen, coolen, wenn ich micht recht

entsinne, fast stehenbleibenden Version von »Red House« bekam dieser Abend auf einmal einen Sinn: »There's a red house over yonder, / That's where my baby stays / Lord, there's a red house over yonder / Lord, there's where my baby stays / I ain't been home to see my baby / In ninetynine and one half days«!! Aber hallo! Und auf einmal hatte jeder in der Runde mal Recht, sowieso hatten alle heute Recht. Wir saßen da, hielten mit der Linken am Kragen, knapp unterm Kehlkopf, unsere Jacken zu, weil es immer kühler wurde, tranken unser immer wieder letztes Bier, redeten uns dumm und dusselig, und, wie gesagt, jeder hatte Recht. Das anarchistische Ideal eines gänzlich herrschaftsfreien Raums. Hier fand es statt. Keiner war besser, klüger, schöner als der andere, keiner hatte mehr zu sagen, und es herrschte die absolute Toleranz. Noch die bedenklichste Einschätzung – Ronald Reagan sei in Wirklichkeit der Antichrist! – wurde ernsthaft erwogen und durchdacht. Ja, man könne was dafür sagen, müsse aber auch bedenken, dass ... Und wenn einer trotz der zaghaft vorgebrachten Einwände nicht abrücken wollte von seiner fixen Idee, dann nickten alle mit ernst zugespitzter Schnute: Ja, wenn man es sich recht überlege, da sei durchaus etwas dran ... Und schon wurden Fäuste geballt in Richtung Westen, in Richtung des Landes, aus dem der Hintergrundmusiker stammte, der uns in diese urkommunistische Stimmung versetzte (wer jetzt »urkomisch« gelesen hat, hat wirklich gar nichts verstanden!). Nach der ersten Seite folgte die zweite. Nach der ersten Platte folgte die zweite. Und als die abgespielt war, da wäre selbst ich nicht mehr auf den Gedanken gekommen, irgendetwas dagegen zu sagen, dass mein Freund einfach wieder von vorn begann. Es war ja klar und es war gut so. Ich weiß nicht mehr, was im Einzelnen wir da hörten, an diesem Abend, in dem der schwarze Gitarrist einen Raum schuf, in dem die Idylle mitten in der nicht sehr vielversprechenden Realität der frühen Achtziger stattfinden konnte. Ob »Bleeding Heart«, »Voodoo Chile«, »Fire«? Nur »Red House« war hundertprozentig dabei, das steht mal fest. »Lord, I might as well go back over yonder, / Way back yonder cross the hill / Cos if my baby don't love me no more ... / I know her sister will«!!! Und in der Tat! Birgit nicht. Aber eine ihrer vielen hübschen Schwestern

auf diesem wunderbaren Planeten, in dem manchmal, wenn man
genug getankt hatte, gute Menschen beisammen saßen, und einer
die richtige Musik auflegte, der Kommunismus doch siegte, und
stets siegen würde – – – ja, eine ihrer vielen hübschen Schwestern
wollte.

Grüße: Peter

***

Thema: Birgit?
Datum: 04.10.02 16:10:21 (MEZ) Mitteleuropäische Zeit
From: Jens.Hammer@t-online.de (Jens Hammer)
To: Hammerhai@web.de (Peter Hammer)

Hi Piet!
Alter Schwerenöter, Du wolltest was von Birgit? Davon hast Du
mir nie etwas erzählt! Warst Du damals eigentlich sauer, als Frank
mit der abgeschoben ist auf meiner Party? Oder ist »sauer« das
falsche Wort? Ich weiß noch, wie die beiden zusammengekommen
sind. Wir nachts bei Stefan mit ein paar Leuten im Pool, und Frank,
sturzbesoffen, findet keine Badehose mehr, kommt so aus dem Hei-
zungsraum und trägt dieses wahrhaft ehrfurchtgebietende Baguette
vor sich her. Ich glaube, das hat Birgit überzeugt, das war der Moment, welcher den Ausschlag gab. Jedenfalls haben wir uns das später immer so erzählt ...
    Weiß Steffi eigentlich davon? Auweia ... Was bist Du bereit zu
zahlen ...?!

Der Pate

***

Thema: Re: Her sister will!
Datum: 04.10.02 16:11:02 (MEZ) Mitteleuropäische Zeit
From: Hans.Stock@Jimi.de (Hans Stock),

*To: Hammerhai@web.de (Peter Hammer), Astralskies@t-online. de
(Ulrich Grothe), Petra@killekille.de (Petra Kregel), Jens.Hammer@
t-online.de (Jens Hammer)*

Hallo Leute, vor allem aber: lieber Peter!
Solche Reminiszenzen bringen zwar die Hendrix-Forschung nicht
weiter, aber ich kann nicht verhehlen, dass auch ich dergleichen
ganz gern lese. Und ich kann die Atmosphäre, die Du da beschreibst,
insofern ganz gut nachspüren, als ich »The Jimi Hendrix Concerts«
(natürlich) kenne. Gerade da sind ja sehr lässige, freizügige und
spielfreudige Jam-Sessions drauf. Genau die richtige Tonspur für
eine solche liberalistische Stimmung also. Übrigens sind das Mit-
schnitte der Auftritte vom 10., 11. und 12. Oktober 1968 im Winterland, San Francisco, und im Grunde richtungsweisend. Denn
dieses Konzept, den Jam zugrundezulegen, und zwar nicht nur bei
Live-Auftritten, sondern auch beim Songwriting, gibt er dann bis
zu seinem Tod nicht mehr wieder auf. Die Spontaneität des Erle-
bens wird von jetzt an zum bestimmenden ästhetischen Prinzip erhoben, es geht immer um die Suche nach der absoluten Individua-
lität des Augenblicks, den besonderen Moment, den ihr ja auch gefunden habt. Probiert's bei der nächsten Garagenparty doch mal
mit »Live At Winterland«, das sollte auch klappen!

Herzlich, Hans

***

Thema: Göttinnen
Datum: 04.10.02 16:25:25 (MEZ) Mitteleuropäische Zeit
From: Hammerhai@web.de (Peter Hammer)
To: Jens.Hammer@t-online.de (Jens Hammer)

Hallo Don,
oder soll ich doch besser sagen: Depp? Mann, Birgit ist doch eine
Metapher, ein Platzhalter für die eine, die Göttin, an die man nicht
herankam ... Und es ist vollkommen okay so, dass man an sie nicht

rankam, denn sonst wäre sie ja doch nur, ganz profan, eine Freundin geworden, die sich einmal im Monat zänkisch gibt, vielleicht eine Rechtschreibschwäche hat oder gerne Rosamunde Pilcher liest. Und irgendwann erzählt sie Dir, dass sie CDU wählt, und dann? (Übrigens, wo wir gerade von Göttingen äääh Göttinnen reden, kann es sein, dass die diesem Mail-Zirkel angeschlossene Petra Kregel am Ende Deine ... ooooh, ich wage gar nicht fortzufahren.) Und noch etwas: Bekommt man in Deinem Studium nicht beigebogen, dass man zu unterscheiden hat zwischen dem Erzähler und dem Autor? Hm? Dass es da Kohärenzen gibt, na logen, aber so eine simple Identifikation? Jens, Mensch, Mann, enttäusch mich nicht ...

Und wehe – ich sage wehe! – Du erzählst Steffi auch nur ein Sterbenswörtchen davon! Dannmachichdichkaputt. Ist das klar!? IST DAS KLAR!?!?!?

Hammer on! Peter

***

Thema: Birgit, die zweite
Datum: 04.10.02 16:39:26 (MEZ) Mitteleuropäische Zeit
From: Jens.Hammer@t-online.de (Jens Hammer)
To: Hammerhai@web.de (Peter Hammer), Hans.Stock@Jimi.de
(Hans Stock), Astralskies@t-online.de (Ulrich Grothe), Petra@kil-
lekille.de (Petra Kregel)

Peter!
Eine Metapher, aha ... Erzähler und Autor sind also zwei verschiedene paar Schuhe, soso ... Ich lasse es mal besser dabei bewenden, aber Alter, das Baguette hättest Du sehen sollen, da konnte die gar nicht nein sagen!!!!??! Und mit Petra, tja, da hast du wohl Recht, die kann zwar auch ganz gut diese High-Speed-Post-Punk-Gitarre, aber wenn die auf der Bühne abgeht ... in diesem engen Ledertop, bauchfrei, und ihre Tribals auf dem rechten Oberarm erst, dem Schlagarm, und wenn ich Schlagarm sage, meine ich das auch ...

Whoooosh, ich glaube, ich habe mich verliebt ... Aber jetzt mal wieder zur Sache, sitze gerade an einer »Watchtower«-Umkreisung. Schicke ich Dir und den anderen gleich.

Jens

***

Thema: All Along The Watchtower. Eine Interpretation
Datum: 04.10.02 16:44:31 (MEZ) Mitteleuropäische Zeit
From: Jens.Hammer@t-online.de (Jens Hammer)
To: Hammerhai@web.de (Peter Hammer), Hans.Stock@Jimi.de
(Hans Stock), Astralskies@t-online.de (Ulrich Grothe), Petra@kil-
lekille.de (Petra Kregel)

Liebe Leute,
vielleicht irre ich mich ja, aber vielleicht ist der größte Hendrix-Song gar kein Hendrix-Song, sondern von Bob Dylan. Und vielleicht ist das auch gar keine neue Erkenntnis. Mit Sicherheit wird man mich nicht exkomunizieren, als Apostaten aus dem Tempel treiben oder als schwärmerischen Dunkelmann beschimpfen, wenn ich hier proklamiere, dass es sich bei seinem ganz und gänzlich vollendeten Dylan-Cover »All Along The Watchtower« eben um kein simples Imitat handelt, sondern um eine Rekreation, eine Wiedergeburt auf höherer, dem Nirwana schon gar nicht mehr so ferner Bewusstseinsstufe. Das kleine nölige Liedchen entpuppt sich ja erst nach der Berührung mit Hendrix' zehn schwarzen Zauberstäben zu einem richtigen Songschmetterling – und sogar Dylan hat das sofort eingesehen und seine obligatorische Begleitung The Band auf dieses sublimierte Arrangement eingeschworen (zu hören ist das etwa auf dem Live-Doppelalbum »Before The Flood«). Komischerweise klang der Song bei ihnen plötzlich nur mehr wie ein Hendrix-Plagiat. Gar nicht übel, aber eben ein Plagiat! Aber wie konnte es überhaupt dazu kommen? Nun, als Dylans »John Wesley Harding« erschien, weilte Hendrix mit seiner Experience in den Londoner Olympic Studios und hatte soeben die Aufnahmen fürs dritte Album »Electric Ladyland« begonnen. Offenbar war er gleich af-

153

fiziert. Am Sonntag, den 21. Januar 1968, also nur ein paar Tage nach der ersten Veröffentlichung von »All Along The Watchtower«, geht die Band ins Studio, um *ihre* Version aufzunehmen. Traffic-Gitarrist Dave Mason, ein Freund der Band und durchaus Stammgast im Studio, war auch dabei an diesem Tag. Dafür Noel Redding nicht. Der ließ sich einmal mehr von Hendrix' Egomanie und seinem unbedingten Perfektionismus enragieren, verließ wütend die Session und schüttete lieber ein paar Pints darauf im nächstbesten Pub. Also musste Mason neben der 12-saitigen Akustikgitarre auch gleich noch den Bass einspielen, tat dies aber wohl nicht gut genug, denn Hendrix löschte diese Spur später wieder und machte es doch lieber selbst. Der Basic-Track wurde fertiggestellt an diesem Sonntag, am folgenden Freitag (26. Januar) dann schon der endgültige Mix vorbereitet. Das sind die hard facts, so man sie heute noch rekonstruieren kann ... Aber es ist fast schon lächerlich, solche Details aufzuzählen (Ulrich wird mir da zustimmen!), angesichts des akustischen Mysteriums dieser späten Januartage des Jahres 1968, das alle Erdenschwere einfach so hinter sich lässt. Beginnend mit dem bekannten akustischen Riff, das hier aber in einer gewaltigen Hall-Kulisse aufmarschiert wie zum Showdown um 12 Uhr mittags, nach jedem Takt unterbrochen von verstörend weiträumigem, schier überlebensgroßem Klapperschlangenrasseln, oder sind das vielleicht die Sporenräder an den Stiefeln der sich duellierenden Gunslinger? Und wo in jedem Western, der was auf sich hält, die Mundharmonika eine kleine Weise bläst, schaltet Hendrix nun auf den wärmeren vorderen Single Coil seiner Strat und lässt einen elegischen Wind durch die Geisterstadt wehen. Und schon diese erste sanfte Brise macht mich auf so angenehme Weise frösteln, wie es sonst nur noch der Frühsommer kann. Dann aber, mitten in der John-Wayne-Szenerie, hebt er an zu singen, und es will gar nicht recht passen, denn er singt vom Mittelalter ... Oder einer fernen Zukunft – die Post-Apokalypse am Ende? –, die ins dunkle Zeitalter regrediert ist ... Oder einer emblematisch verschlüsselten Gegenwart, der mit dem Historien-Setting die immer noch quasifeudalistischen Herrschaftsstrukturen unter die Nase gerieben werden sollen?

There must be some kind of way outa here, said the joker to
the thief,
There's too much confusion, I can't get no relief.
Businessmen, they drink my wine, plowmen dig my earth,
None of them along the line, nobody of it is worth.

Sind die Geschäftsleute die ausbeuterischen Könige der Jetztzeit,
'68? Man hat das schon bei Dylan nicht recht verstanden. Hier ist
es fast gleichgültig, denn kurze licks'n'fills als harmonische Ver-
längerung der Worte haben eine Ahnung davon hinterlassen, dass
die Gitarre eigentlich viel mehr zu sagen hat und mit ihrem La-
mento auch noch längst nicht am Ende ist. Hendrix braucht sie nur
kurz anzustupsen mit einem »Yeah«, da steigert sie sich auch schon
hinein – in noch ein Klagelied. Denn dass sie irgend etwas betrauert, hört man ihr wohl an. Danach wieder Worte, nur Worte, nach
Bedeutung heischend, aber nicht wirklich zu deuten:

No reason to get excited, the thief, he kindly spoke,
There are many here among us who feel that life is but a joke.
But you and I, we've been trough that, and this is not our fate,
so let us not talk falsely now, the hour is getting late.

Dann endlich kommt der Song im Song. Ein Solo, das eine Welt
für sich evoziert. Das fängt an, wie in den kurzen Lead-Breaks zuvor, mit schönfärberischen, beinahe kalligraphischen Single-Note-
Figuren, aber drängender, flinker, wie ein Turmspringer, der Anlauf nimmt, um danach, in den folgenden 8 Takten, abzutauchen
in eine ruhige, behäbige, submarine Welt; algige Slide-Adagios
schweben sanft durch dieses liquide Soundbiotop, bis, für weitere
8 Takte, opake Wah-Wah-Schwaden wie dichte Fischschwärme
vorbeiziehen ... Dann ist die Luft alle, und der einsame Taucher
muss sich beeilen nach oben zu kommen; mit schnellen, fast hek-
tischen Schwimmzügen nähert er sich dem Sonnenlicht, durchstößt
explosionsartig die Oberfläche, saugt frische Atemluft in seine Lun-
gen, dann krault er los, zügig, rhythmisch, prustend, Wasser zer-
stiebend. ... Nach diesem unterseeischen Traum kann nur die be-

drohlich skandierte Titelzeile den Song wieder in die mittelalterliche Realität zurückholen, eine düstere, feindliche, ungerechte Realität:

> *All along the watchtower, princes kept the view*
> *While all the women came and went, barefoot servants, too.*
> *Outside in the cold distance a wildcat did growl,*
> *Two riders were approaching, the wind began to howl.*

Nun ja, ein bisschen Hoffnung ist schon. Vielleicht künden die beiden Reiter ja vom Anbruch einer neuen Zeit ... Oder vielleicht erzählen sie auch von diesem aufregend, fast unerträglich schönen Sehnsuchtsland, das keinen und doch so viele Namen hat und von dem wir dank Jimi Hendrix nun ebenfalls ein wenig wissen. Ein wenig nur, aber immerhin. Die anschließenden schrillen, schnellen Bendings im Leadgitarren-Abspann brauchen dann schon keine Erklärung mehr. Es ist der hektisch, ja panisch suchende und sich seiner Erfolglosigkeit mehr und mehr bewusst werdende Mensch, der hier schreit, weil er einmal das Paradies gesehen hat und es jetzt nicht mehr wiederfindet. Es ist die reine kreatürliche Klage.

Es kann ja auch gar nicht anders sein.

Jens

***

Thema: Du Penner ...
Datum: 04.10.02 16:45:15 (MEZ) Mitteleuropäische Zeit
From: Hammerhai@web.de (Peter Hammer)
To: Jens.Hammer@t-online.de (Jens Hammer)

... hast die vorletzte Mail für mich an alle geschickt!!!!!! Sieh zu, wie Du da wieder rauskommst!

Peter

***

Thema: Stand By Your Man!!
Datum: 04.10.02 16:49:26 (MEZ) Mitteleuropäische Zeit
From: Petra@killekille.de (Petra Kregel)
To: Jens.Hammer@t-online.de (Jens Hammer), Hammerhai@ web.
de (Peter Hammer), Hans.Stock@Jimi.de (Hans Stock), Astralskies
@t-online.de (Ulrich Grothe),

Lieber Jens,
da Du in Liebesangelegenheiten ja anscheinend sehr auf Offenheit
stehst (macht Dich das irgendwie an, oder was?), tu ich Dir mal den
kleinen Gefallen und schreie es ebenfalls raus in die Welt (mit der
virtuellen Flüstertüte): Ja, Du bist mein Mann! Wer meine »High-
Speed-Post-Punk-Gitarre« (was auch immer das sein soll) zu schät-
zen weiß, so dermaßen sexy mein Outfit und meine Bühnenshow
beschreibt, wie könnte ich den nicht zurücklieben? Wenn Du jetzt
auch noch mein Schachspiel magst ..., ach was, es geht auch so:
Willst Du der Vater meiner Kinder werden? All die Jahre hab ich
Dich gesucht, und dabei warst Du längst da, ganz nah, und ich sah
meinen Kerl vor lauter Schluffis nicht ... Es hat ja fast etwas Tragi-
sches, aber Gott sei dank, jetzt ist ja doch noch alles gut geworden.
Bitte melde dich bald! Ich muss Dich sehen, Du ... Du ... Du ... alter Bandit!!

Deine sich nach Dir verzehrende
Petra

P.S. Die Pille habe ich abgesetzt!!!

***

Thema: Fauxpas
Datum: 04.10.02 16:55:12 (MEZ) Mitteleuropäische Zeit
From: Jens.Hammer@t-online.de (Jens Hammer)
To: Hammerhai@web.de (Peter Hammer), Hans.Stock@Jimi.de
(Hans Stock), Astralskies@t-online.de (Ulrich Grothe), Petra@kil-
lekille.de (Petra Kregel)

Liebe Runde,
Ihr habt wohl schon gemerkt, dass meine letzte Mail nicht für den großen Verteiler bestimmt war, sondern ausschließlich an Peter gerichtet. Ich mussssssssssssss dummerweise das falsche Antwortbutton angeklickt haben. Es tut mir leid, bitte vergesst das ganz schnell und endgültig! Shit!

Schöne Grüße von Jens

***

Thema: Re: Fauxpas
Datum: 04.10.02 16:58:33 (MEZ) Mitteleuropäische Zeit
From: Astralskies@t-online.de (Ulrich Grothe)
To: Jens.Hammer@t-online.de (Jens Hammer), Petra@killekille. de (Petra Kregel), Hammerhai@web.de (Peter Hammer), Hans.Stock @Jimi.de (Hans Stock)

Hey Hammer, Du bist echt ein Hammer!
Steck Dir erst mal 'n schöne Kifflunte an und atme tief durch, damit das Zittern nachlässt und die Triebdrossel langsam zu flöten aufhört. Hähä. Alter, Du bist 'ne Marke! Und immer an Hendrix denken (»May This Be Love«): »So let them laugh, laugh at me / So just as long as I have you / To see me through / I have nothing to lose ...« Hähähä. Aber zur lieben Petra möchte ich auch noch etwas sagen! Überleg Dir das ganz genau mit dem »Banditen«, der ist Schriftsteller und will also nur an Deine Kohle!
Euer Uli

P.S. Von mir bevorzugte Vornamen: James, Noel, Mitch, Ulrich (für einen Jungen); Izabella, Dolly, Kathy, Monika (für ein Mädchen).

***

Thema: Re: Fauxpas
Datum: 04.10.02 17:00:14 (MEZ) Mitteleuropäische Zeit

From: Hammerhai@web.de (Peter Hammer)
To: Jens.Hammer@t-online.de (Jens Hammer)

Ogottogottogott, jetzt lacht sogar schon der wendländische Cheech über Dich, so weit hast Du es kommen lassen! Du blamierst die ganze Innung, Mensch. Ich ändere meinen Nachnamen in Sichel, soviel ist sichel, äh, sicher!
   Alle Herzen stehen still, wenn Dein großes Maul es will ...
Peter

***

Thema: Re: Fauxpas
Datum: 04.10.02 17:00:57 (MEZ) Mitteleuropäische Zeit
From: Petra@killekille.de (Petra Kregel)
To: Jens.Hammer@t-online.de (Jens Hammer), Hammerhai@ web. de (Peter Hammer), Hans.Stock@Jimi.de (Hans Stock), Astralskies @t-online.de (Ulrich Grothe)

Lieber Schatz,
ich soll das vergessen? Jetzt wo sich mein ganzes Ich nach einer Verschmelzung mit Dir sehnt, mit jeder Faser verzehrt, soll ich es plötzlich alles wieder vergessen? Das kann ich nicht. Das will ich nicht. Erst heiß machen, und dann kneifen, so haben wir nicht gewettet. Und dass Du nur an meine Kohle willst (welche überhaupt?), mag ich nicht glauben ... Nein, so gut kann keiner schauspielern, Du klangst so verdammt echt ... Bitte melde Dich! In the name of love!

Petra

***

Thema: Asche auf mein Haupt
Datum: 04.10.02 19:15:57 (MEZ) Mitteleuropäische Zeit
From: Jens.Hammer@t-online.de (Jens Hammer)
To: Petra@killekille.de (Petra Kregel)

Hi Petra,

es tut mir wirklich sehr leid, ich wollte Dich nicht bloßstellen oder dumm anmachen mit diesem albern-infantilen Mailgewäsch, es war ein Versehen, ehrlich, die Mail nicht für Dich bestimmt ... Ich verstehe Deinen Sarkasmus, und mir ist das alles unendlich peinlich. Aber da es nun mal raus ist, muss ich's wohl auch zugeben: Liebe Petra, ja, ich gestehe, ich fühle mich sehr zu Dir hinge... ähhh, ich bin affiziert von ..., nee, auch nicht ... ich mag Dich irgendwie, scheiße, was soll's, ich hab mich volle Kanne reinverliebt in Dich!

Das alles erinnert mich irgendwie an diese Flugzeuge mit dem riesigen Transparent dahinter, auf dem sich der Liebende seiner Geliebten offenbart, könnte also fast was Romantisches haben, wenn es nicht so wie Bier-Gerede unter Männern dahergekommen wäre. Im Grunde tut mir auch nur das leid. Ich hätte es Dir längst sagen/zeigen sollen, aber es bot sich bisher irgendwie nie die richtige Gelegenheit, oder? Jetzt kannst Du mich wieder auslachen!

Dein Jens

***

Thema: Asche zu Asche
Datum: 04.10.02 19:57:57 (MEZ) Mitteleuropäische Zeit
From: Petra@killekille.de (Petra Kregel)
To: Jens.Hammer@t-online.de (Jens Hammer)

Lieber Jens,

also mich erinnert das eher an die kleinen Zettelchen, die in der Schule durch die Bank gingen. »Liebe Punkt Punkt Punkt! Willst Du mit mir gehen?« »Ja. – Nein. – Nur wenn Du mindestens zehn Kilo abnimmst und nie wieder Palomino-Jeans trägst.« In Deinem Fall hätte ich noch ein viertes Kästchen hinzugemalt: »Nur wenn Du Dich bereit erklärst, auch leichte Roadie-Aufgaben für mich zu übernehmen! Unentgeltlich versteht sich.« Marco hat es nämlich nicht mehr ausgehalten neben vier ziemlich sexistischen Weibern ... Vor allem Viola (dr) ist ihm backstage ein paar Mal an die Wä-

sche gegangen. Also was meinst Du? Bist Du bereit Deine ganze
Freizeit für nix und wieder nix der Band zu opfern, ohne Murren,
ohne Klagen, Dich uns völlig hinzugeben, unsere Launen mit einem Lächeln zu erdulden und uns nach jedem Konzert auf Händen zu tragen? Bist Du dazu bereit? Dann schlag ein!

Wir könnten uns natürlich auch einfach nur so mal zum Abend-
essen treffen ...

Liebe Grüße, Petra

IV.

Wirkung

Matthias Penzel

FUZZ PHASE

Von Nach- und Nebenwirkungen, wider Um- und Entwertungen

Für meine Freundin ist die Sache klar: Wäre er noch heute hier, dann würde er durch die Provinz tingeln. Falls als Headliner, dann auf Package-Tourneen mit Zahn- und Haarlosen vor und hinter der Bühne. Die alternden Hippies, so meine Freundin, würden nur und immer wieder eins verlangen: »Purple Haze«. Lauter Leute wie ich also.

Ich: wie viele. Paar Jahre Gitarre, dann Drums, nun eine Tastatur, an den Rändern angekokelt. Konnte mit der Musik zunächst gar nix anfangen. In einer »Superposter-Story« las ich über einen, der exotisch und sexy aussah wie ein Revoluzzer / alles an ihm geheimnisvoll und superlativ / verboten wie Dope. Seine Gitarre, hieß es da, ließ der »Hexer« erotisch und irre aufheulen. Wild und naiv wie er war, schossen und jagten sie ihn durch den Flipperautomaten der Pop-Verwertungsmaschine. Bis zum Ende. Tilt. 1970 in London. Hier war ESP zu EXP geworden, Schwarz zu Gold, seine *extrasensory perception* zur Jimi Hendrix Experience.

Der Gesang von »Hey Joe« klang in meinen kleinen Ohren, als würde der Plattenspieler im verkehrten Tempo laufen. : / – Ah, dann aber Berkeley: eine andere Dimension. So wie Monterey: nachvollziehbar für jeden. Rock & Rebellion, Sex & Drugs als voll funktionstüchtiges Esperanto für jedermann, auch jedes Kind.

Dann wieder ernüchternd: »The Greatest Original Sessions« (4-LP-Box, 24 Mark 80) mit Lonnie Youngblood. Egal, 1978 konnte man mit Hendrix anecken, alle Welt wusste, dass er lange tot und bald vergessen sein würde. Hendrix war out. Es gab zwar T-Shirts und Badges von Styx, Knack und Newton-John, doch meinen Hendrix-Button musste ich mir selbst basteln.

Will I Live Tomorrow?

1983 ... Hurray, I awake from yesterday ... wusste ich mehr. Er war mehr als eine Zirkusnummer, mehr als ein komplettes Zirkusprogramm. Noch etwas wurde deutlich, umso länger die Entjungferung meiner Ohren zurücklag: Je mehr die Jahre weiterticken, desto widersprüchlicher wird alles – die Rezeption seiner Sounds, Urteile über das Werk, Technik und Handwerk. Deutungen werden zu Doppeldeutungen. Effekte und Hascherei verwischen, was wirklich war. Der Wild Man of Rock war Ex-Geliebten zufolge ein Mild Man, anderswo der böse schwarze Bube, später Granddaddy der HipHop-Panthers und -Brothers, Landvermesser des Heavy Metal, Soul-Funk ... Sein Stellenwert wurde – mit Grammy und Aufnahme in die Rock & Roll Hall of Fame – offiziell anerkannt, als er mehr als zwanzig Jahre unter der Erde lag.

Komischer Verzerrer, die Zeit. Hier eine Fuzz-Box, dahinter ein Wah Wah, etwas Feedback ... // Habe nun die Instruktionen erhalten: Vor das Wah-Wah-Pedal habe ich den Oktavdoppler Octavia geschaltet, nur das Fuzz Face (Dallas Arbiter) will noch nicht so recht echt; schätze, weil die Signale der Maus und der Tastatur (cordless) zu viele Interferenzen kreieren. Wah Wah wow, es zischt und blubbert. Über den Schirm flackern lauter Sachen, komische kosmische Sachen.

Okay, stopp, *rewind*, neue Version.

<<REW<< (Slight Return)

Wenn schon Belly-button-Betrachtungen, dann besser der Moment, als ich ihn in Seattle sah. Auf dem Bürgersteig von Pine Street kniete er, in Bronze gegossen. Die Pose okay, das Gesicht wie der Grammy: zwanzig Jahre zu spät. Anders in Manhattan, auf der Suche nach einem Rendezvous-Restaurant, wo ich die Stieftochter eines Isley Brothers treffen sollte (okay: wollte, und nicht zum Rendezvous, und der Brother ... hing eben eine Zeit lang im Wohnzimmer ihrer Mutter rum ...), da las ich auf der fensterlosen Wand eines Eckhauses: Café Wha?

Herz im Overdrive-Modus.

Die Wände des Clubs MUSSTE ich betatschen. Etwas kontrollierter war ich ein paar Jahre vorher, bei Monika Dannemann zuhause. Gar nicht unter Kontrolle – so eine Bekannte – habe sich Kathy Etchingham: Die sei so hoffnungslos in den Sechzigern hängen geblieben, dass auf ihren Partys jeder Gast faltig wird, wenn sie ihre Erinnerungen vom Stapel lässt. Im Widerspruch dazu: Die Schlacht, die sie sich – 1996 (!) – mit Dannemann vor Gericht lieferte, auf dünnem Eis und mit tödlichem Ende. Verrückt: war ich, fand man, als ich auf meine Cord-Jacke Jimi stickte, mit Ponal Badges bastelte, in der Stadt, aus der später Six Was Nine kamen, wo – auch ein Dutzend Jahre später – Jule Neigel, einst im Proberaum neben mir, für Rockpalast »Castles Made Of Sand« einübte. // Haben eigentlich auch Geschichtsschreiber diese Anfälle, wo sie sich denken: Das habe ich zwar oft erzählt, aber so ganz stimmte das schon beim ersten Mal nicht. Nur weil man etwas über Jahre hinweg häufig erzählt, mit Feuer und Drama, irgendwas muss man ja tun, um sich Gehör zu verschaffen, nur deshalb wird es ja nicht. wahr.

Anekdoten und Luftschlösser, auf Sand gebaute Argumente für und wider Todesszenarien und Songs. Üble Nachrede und Prozessrevisionen. Und immer wieder, wenn man sich voller Erwartungen ins Kino oder vor den Plattenspieler setzt: Ernüchterung. Endloses Staunen über die Zurückgebliebenen, über die Spuren, die Jimi Hendrix hinterließ. Ende der Siebziger so out, dass es kaum zu Schwarzweiß-Postern in »Bravo« reichte. 1990 dann gigantische Farb-Poster, auf Plakatwänden in jeder deutschen Großstadt: links Beethoven, rechts Hendrix, darüber »Von Genie bis Wahnsinn«. Die Telekom wollte Kabelanschlüsse verkaufen, die zuständige Agentur BBDO Klischees. Bleibendere Spuren: das Tattoo auf dem Oberarm von Red Hot Chili Peppers' Flea, der in Seattle errichtete Monumentalkomet EMP von Microsoft-Milliardär Paul Allen (ja, das XP in Windows XP steht für Experience).

Zum Staunen kommt das Spuckewegbleiben bei den Sounds. Besonders wenn es einen unvorbereitet erwischt: Das selbstverständliche Kombinieren von Lead- und Rhythm-Guitar in dem Klangteppich von »Little Wing«. Die Zeitlosigkeit des Debüts. Ice-T beim

Interpretieren von »Hey Joe«. Oder wenn »Machine Gun« eine Novembernacht erleuchtet, wenn in »Easy Rider« – Jack Nicholson monologisierte gerade über Agenten anderer Galaxien, die sich unter die Erdenbewohner mischen – »If Six Was Nine« ertönt, ein stahlharter Sargnagel gegen Grundprinzipienreitereien auch der Hippie-Doktrinäre ...

Okay // Ende des Jonglierens mit Credentials und Visitenkarten. Inzwischen stehe ich auf dem Tisch hier, das Keyboard hinter meinem Kopf, wie vom Hexer gesteuert gehen mir die Finger von der Hand. Bloß nicht vergessen, danach noch ein paar Overdubs hinzuzufügen. Wenn es unverständlich wird, das Feedback außer Kontrolle gerät ... – dann stimmt's.

Die Stratosphären, die Hendrix' Stratocaster aufriss, wären nicht in der Mehrzweckhalle Sindelfingen verendet. Wäre er noch heute unter uns, dann als ein Picasso der Klänge. Künstlerisch und bei den Frauen aktiv bis ins hohe Alter. Hyperaktiv.

Gloomy Monday

Zahlen, Rohmaterial für eine rationale Argumentation. Tote Pop-Stars gehen immer gut, klar. Bei eBay heute im Angebot, alle signiert: »Nevermind« für $449, Lennons letzte LP für $598, das Cover von »Electric Ladyland«: $2.500 / das Vierfache einer von Michael Jackson signierten Gitarre. Hendrix' Werkzeuge werden für $295.000 versteigert. Notizen, Texte und Kleidung bringen tausende Dollars ein – wem eigentlich? / »anonymen Vorbesitzern«. Mit Einnahmen von mehr als $10 Mio. jährlich lässt der Hendrix Estate Kaliber wie Warhol, Monroe und Dean weit hinter sich.

Oder dann doch lieber Dealcoholized Red Table Wine – Collector's Edition für $49,95 bei Authentic Hendrix, LLC? Oder – für $ 10,00 im Shop des Electric Ladyland Studios – Purple Haze Psychedelic Hot Sauce (Trip On This / Shake it up, pour it on, and experience the fire of Purple Haze!).

Zahlen und Zirkus-Nummern. Immerhin werden die stilistischen Hochseilakte inzwischen mehr beachtet als die Akrobatik der überlangen Finger, das Spiel mit dem Feuer – tippe ich mit meiner ZzunvF ...

Unverändert die Misere in den Plattenläden: Die Wahrscheinlichkeit, dass man eine gute Hendrix-CD findet, ist so gering wie zu Vinylzeiten. Zwar werden von über 300 Tonträgern jährlich an die vier Millionen Exemplare verkauft, doch das meiste davon ist Schrott. Aufgenommen und veröffentlicht hat der hyperaktive Perfektionist ein paar Singles, drei Studioalben und »Band Of Gypsys«, das Forderungen von PPX Enterprises stillstellen sollte. PPX, für die er noch 1967 aufnahm, zum Beispiel »Gloomy Monday«, knebelten »Jimmy Hendrix« mit einem einseitigen Vertrag, für den sie ihm 1965 »the sum of one (1.00) dollar« überreichten.

Die Verzerrung seines Werks, Entfremdung des Werts fand schon zu Lebzeiten statt. Sie ging weiter – viel weiter als viel zu weit – mit Alben, auf denen zwar Hendrix drauf steht, bei deren Aufnahmen er aber nicht mal als Besucher im Studio war (wie bei meinen »Greatest Original Sessions«, an denen Hendrix nie mitwirkte, wie Youngblood mehrfach beteuerte).

Der zurückgelassene *Body of work* ist Monster und Hydra zugleich, fast ohne Boden. Verwurstet wurden Studio-, TV- und Live-Aufnahmen ...

... von 1964 bis 1966 mit Rosa Lee Brooks, Isley Brothers, Buddy & Stacey, The Upsetters, Little Richard, Curtis Knight & The Squires, Jayne Mansfield, Ray Sharpe und King Curtis & The Kingpins.

... an die zweihundert Konzerte, die zwischen dem Live-Einstand der Experience am 18. 10. 66 im Olympia/Paris begannen und mit »Voodoo Child (Slight Return)« beim Love And Peace Festival auf Fehmarn am 6. 9. 70 endeten.

... Sessions und Nudeleien mit Traffic, Jim Morrison, Johnny Winter und anderen, die sich zwischen Joints und Festivals trafen.

... Jazz-Jams und Sessions, die ab 1968 stattfanden, vor allem in New York (weil Record Plant eins der ersten 12-Spur-Tonbandgerät hatte). Diesen Teil des Nachlasses verwässerte vor allem Alan Douglas, der die Experimente (um die 600 Stunden) bis Mitte der Neunziger ent- statt auswertete. Darunter Lichtblicke, vor allem aber viel, viel Schatten auf »Crash Landing«, »Midnight Lightning«, »Loose Ends«, »Nine To The Universe«. So wie sich der originale Geldgeber, dann -nehmer Mike Jeffery nach Hendrix' Tod zum Executive Producer (von »Cry Of Love«, »Isle Of Wight« und »War Heroes«) beförderte, Rechtsanwalt Leo Branton (auf »Kiss The Sky«) zum Co-Producer, so machte sich der Archivar Douglas zum Co-Composer. Mit seinem Producer-Latein am Ende, wurde ihm das Handwerk gelegt, als die Hendrix-Familie 1995 die Kontrolle über den Nachlass einklagte. Bis zu »Voodoo Soup« kochte Douglas sein dubioses Süppchen – zeitweise mit Unterstützung und Overdubs beispielsweise des Drummers von The Knack (!).

Scuse me while I KICK this guy ...

Johnny Allen Hendrix hätte sich schon das Trommeln mit Löffeln und Gabeln verboten, hätte er geahnt, wie viele Hyänen an ihm fett werden sollten. Letzter Zahlenwust: Bei 876 Songs auf 82 wahllos gegriffenen Tonträgern kommt man auf 255 Titel (inkl. Doubletten) – im Schnitt ist also jeder Song, jede Fingerübung und Jam-Session, jeder Furz und jedes bei Soundchecks aufgezeichnete Pfeifen in mehr als drei Variationen zu haben. Filtert man die Aufnahmen mit den Isley Brothers et al raus, so kommt man auf 175 Hendrix-Songs. Er veröffentlichte nur 52, spielte live 68 Songs. Die Leute, die an den restlichen 800 Titeln reich werden, hätten Tutenchamuns Maske eingeschmolzen und in Häppchen an Waffenschieber vertickt, in Form rasselnder Kettchen unters Zuhältervolk gebracht ... Meine Tastatur kracht gegen den 5ß32jksdt4.w4uiüs / @*~+42353544.

& sxaNM ldxgjiop
dfä öper   ????h?84.ò..ô...ø————————

————-

I Don't Live Today

No sun comin' through my windows. 1966 war ein gutes Jahr, eine Phase der Transitionen, Übergänge, Atlantiküberquerungen. Seit George Orwell seine Version von totalitären Regimen und Mindcontrol auf Papier gebracht hatte, waren achtzehn Jahre vergangen, ebenso viele wie bis 1984 verstreichen würden. Bei Pop ging es um 7"-Singles, schnelllebiges Zeug zum Mitpfeifen und Vergessen. Doch die Zeiten änderten sich, die Beatles zogen »Revolver«, zerschossen Karriererekorsetts des alten Musters. Nach den Stones kamen Pink Floyd und andere via Art-College zum Rock.

Alles ging, und es ging ab. In London.

Okay, nicht jeder erkannte die Zeichen der Zeit. Fast zwei Wochen, bevor Chas Chandler im Café Wha? darüber staunte, dass da jemand seinen neuen Lieblingssong coverte – The Leaves' »Hey Joe« –, hatte Keith Richards' Freundin Linda Keith einen anderen Schalter und Walter zu Jimmy James gelotst: Andrew Oldham beäugte ihn am 23. 6. 66 – doch der Stones-Manager hielt wenig von dem, was er sah und hörte. Er produzierte lieber das, was kalkulierbar schien, was er für hitverdächtig hielt: George Bean, Blues By Five, Bo and Peep, Duncan Browne, Chris Farlowe und Twice As Much. Für sein Plattenlabel Immediate engagierte er kurz darauf P.P. Arnold und Amen Corner ...

Vierundzwanzig Jahre lang in seiner Heimat unbeachtet, war Hendrix in London '66 zur richtigen Zeit am richtigen Ort. Der Set war perfekt, in jeder Hinsicht. John Schlesinger hatte den Backdrop zu Swinging London bereits – mit »Darling« – auf Film gebannt. Tastete er noch vorsichtig nach den Klüften zwischen Liebe/Sex/Erotik, so ging Ken Russell freizügig und experimentierfreudiger in extravaganten Orgien voller Sex und Sound auf Konfrontationskurs.

In London-Babylondon ging es ab, und alles ging.

Nach Roman Polanski kamen Michelangelo Antonioni und sein Kameramann Carlo Di Palma und drehten mit dem scharfen Blick der Fremden »Blow up«, einen Mix aus Fashion, Pop und Sex. Lennon sagte, die Beatles seien »vermutlich bekannter als Jesus«. John Mayalls Bluesbreakers brachen mit Slowhand Clapton, engagieren Peter Green. Das Übertalent sollte später auf einem Acid-Trip so wüst hängenbleiben, dass jahrzehntelang niemand recht wusste, in welchem Obdachlosenheim er zu finden wäre. Cream werden als Supergroup lanciert (und zerfallen schon 1968). Alles ist in Bewegung, Acid und LSD in allen Ecken. Mit Ausnahme von Altamont spielt Hendrix seinen Psychedelic Blues auf allen Mega-Events der folgenden Jahre; trifft so auf The Who, Otis Redding, Janis Joplin, Sly & The Family Stone, Led Zeppelin, Miles Davis und andere. Auch 1966: »Raumschiff Enterprise« hebt ab. Jane Fonda, Anita Pallenberg und Marcel Marceau sausen in »Barbarella« ins Jahr 40.000. Die Hypothek auf die Zukunft ist inzwischen verspielt, verpulvert wurden die Vorschüsse, die Träume verraucht. Doch Ende der Sechziger gab es noch ein Morgen, gab es noch Illusionen, Peace & Love. Sex & Drugs waren nicht lebensgefährlich (/in vorsichtigen Dosen genießbar), Rock & Roll nicht immer im Würgegriff der Buchhalter (/schrumpfender Konzerne). Heute, achtzehn Jahre nach dem Orwell-Jahr, sind Zeitreisen keine träumenswerte Vorstellung mehr. Völlig selbstverständlich hinterlässt der gläserne Mensch mit Handy und Internet mehr Spuren, als Menschen sichten können. Rosarot ist nach der Postmoderne nicht mehr die Zukunft, sondern das Logo der Telekom – Genie und Wahnsinn: Von erschwinglicher Telekommunikation, immer und überall erreichbar, profitieren Kleinkriminelle genauso wie Entscheider im Nadelstreifen. Die Digitalisierung macht manchen super-mega-giga-reich, Milliarden aber zu Analphabeten, denen immer neue Windows ewig verschlossen bleiben. News-Speak ist Alltag, Waffen für Frieden. Alle betteln und bezahlen für die Manipulation ihrer Gedanken, ihrer Gefühle und Bedürfnisse.

Im Job des »1984«-Protagonisten, dem Umschreiben von Facts, übten sich schon zu Hendrix' Lebzeiten einige. Auf dem Waschzettel des Debüts wurde er um fünf Jahre jünger gemacht. Chas Chandler erfand die Daughters of the American Revolution, um die JHE von der Monkees-Tour zu befreien, Co-Manager Jeffery inszenierte Entführungen, vermutlich auch andere Geschmacklosigkeiten – seine Kontakte zu Geheimdiensten und organisiertem Verbrechen mussten ja zu mehr gut sein als dem Eröffnen von Briefkastenfirmen auf den Bahamas, Konten in Panama und bei Banken, gegen die mittlerweile wegen Geldwäscherei ermittelt wurde. Der Army schloss sich Hendrix keineswegs freiwillig an, sondern weil er wiederholt straffällig geworden war (nichts Ernstes, wie ein im Juni 1969 angelegtes FBI-Dossier offenbart: Autofahren ohne Lappen).

»Belly Button Window« implodiert, mein Keyboard dreht eine Pirouette.

Weg mit der Nostalgie an eine Zeit, als es noch ein Morgen gab – Entf/Delete. Technophil wie er war, hätte ihn auch heute vieles begeistert, unendliches Overdubbing ohne Klangverlust, kabelloser Anschluss an Sound- und Datenbanken, Handy-Downloads von Versaly Games Inc. – *hey Joe, where're you going with that BLEEP in your hand*? Was aber, wenn der Binärcode trotz Superhighway zu immer mehr Nullen führt, zu einer Digital-Fahrt wird?

Rainy Day, Dream Away

Ein guter Freund – Neon-Hippie und erklärter Gegner von Nippel-Pop – weiß, was zu tun ist. In seiner Garage hat er eine Zeitmaschine. Wir geben obskure Aufnahmen wie »Sending My Love To Linda/Live And Let Live« ein, auch die Fotos von Linda McCartney, die Notizen von »Cherokee Mist«, aber auch Band of Gypsys' »Marsch« aus Tschaikowskis »Nussknacker« sowie das Anreißen von dessen »1812 Overture« (Vets Memorial Auditorium/Columbus am 3. 3. 68).

Vor allem scannen und füttern wir die scheinbar folgenlosen Details: Experience' ersten Drummer Aynsley Dunbar, die vielen Treffen mit Brian Jones, die lange geplante, für den 18. 9. anvisierte Session mit Miles Davis und Ginger Baker. Am selben Tag auf dem Programm: ein Meeting, das den Rechtsstreit mit PPX endgültig beenden sollte. Der Termin mit Davis wäre gecancelt worden; so wie am 17. 9. das Treffen mit einem anderen Act des Isle Of Wight-Festivals, Sly Stone ... Oder kam es dazu? Nur eben ohne Instrumente? *Something strange is going on ...*

Noch komischer: Falls ein Meeting mit PPX anstand, warum tauchte dann Mike Jeffery für Wochen weg? Hatte *Mike The Invisible Man(ager)* wirklich in seinen Nightclubs und Discos in Palma so viel zu tun, dass er die Business-Meetings nicht besuchen wollte – obwohl sich sein Promenadenhengst von ihm trennen wollte? Musste noch schnell vieles vom rechten Weg gebracht werden?

Für den 25. 9. in New York angesetzt, weiter weg von Jefferys Mission der Hit-Singles: Treffen mit Gil Evans, dessen siebenköpfiges Orchester mit Jimi in der Carnegie Hall ein Konzert aufnehmen sollte. Von Arbeiten mit Evans und Miles war mehr zu erwarten als beispielsweise Morrisons Pimmelgewedel, mehr als von den Dutzenden Pfeifen, die mit ihrer Präsenz und ihren Purpfeifen den Control-Room jedes New Yorker Studios verpesteten. Evans und Miles waren Arrangeure, deren Input zweifelsohne neue Horizonte aufgezeigt hätte.

Kurs-Korrektur mit meinem Wah-Wah hier, zu viele Höhen, mehr Tiefen, Untiefen müssen her ... Vielleicht eine Neuauflage des »Baroque And Roll«? Wann, verdammtnochmal, wann hätte er gelernt, nein zu sagen? Über Drogenkonsum als Strategie der Regierenden sprach er bereits – ob ihn Zappa darauf brachte oder die wie Fliegen absterbenden Bewohner von Wolke 13 ist ja egal, sein Rausch verebbte. Wer meint, damit wäre auch seine Kreativität auf Entzug gegangen, muss plausibel erklären, wie es zu »Are You Experienced?« kam.

Was war noch im September im Kalender? Ah ja, noch jemand in New York, der sich darauf freute, mit Jimi im Electric Ladyland zu jammen. Kaufte hierfür – sich oder Jimi? – eine Linkshänder-Strat: Eric Clapton. Das Gerede von kreativer Sackgasse, bekräftigt durch die Unzahlen dämlicher Veröffentlichungen, kann nur der ernst nehmen, der nicht den Zusammenhang zwischen Anfang und Ende kennt. Ganz klar ernst zu nehmen sind Hendrix' Aussprüche, nach denen er musikalisch einen neuen Bogen spannen wollte – wenn auch gegen den Willen vieler (Jefferys im besonderen). »Electric Ladyland« wie »Band Of Gypsys« zeugen von dem Streben nach neuen Ufern, jenseits von Overdubbing, Feedback und Psychedelia.

Und dann die Idee zu einem Drehbuch, »Moon Dust«. Der Spekulator errechnet: Die Sexploitation vom »Power Sound King« wäre eher peinlich geworden. Hinz und Kunz, Jagger und Lennon versuchten sich auf der Leinwand, warum also er nicht. Doch der dafür geplante Cosmic-Comic-Sound hätte vielleicht neue Territorien, jedoch kaum wirklich Spannendes geboten.

Suddenly November Morning

Comics und Kindheit waren auch die Inspiration hinter der vermeintlich verschollenen »Black Gold Suite«. Da das autobiographische Fantasy-Epos kurz nach Hendrix' Tod aus dessen Apartment in Manhattan gestohlen wurde, werde »Black Gold« nie erscheinen, so Alan Douglas. Alle möglichen Leute, denen Manager Mike Jeffery etwas schuldete, bedienten sich in der Wohnung – wusste Douglas. Die aus zehn Sätzen bestehende Suite war, so der Nachlass-Producer, »unglaublich«.

Von »Astro Man« nahm Hendrix mehr als Demos auf und sagte, bei »Black Gold« ginge es »vor allem um Cartoonsachen. Mit diesem komischen Kauz, dem lauter seltsame Sachen zustoßen. Alles witzig, ich kann jetzt nicht erklären, warum. Eben über die Musik, so wie man sich ausdrückt, wenn man den Blues hat, nur eben in kleinen Episoden ... *music cartoons*.«

Er engineerte und produzierte Skizzen der Suite davon in seiner Wohnung: »Vierzig Minuten unglaublicher Musik. Sie war perfekt. Danach habe ich verzweifelt gesucht. Die, die das geklaut hatten, planten wohl, damit Geld von Jeffery zu erpressen. So kam es dazu, dass ein paar Kids in New Jersey was bekamen, genauso welche aus dem Office, und Jeffery brachte dann eine Menge Sachen zu seinem Landsitz in Woodstock. Von da wurden sie wieder gestohlen. ›Black Gold‹ war Jimis letztes Projekt. Die Wirklichkeit endete wie die Suite: ›Black Gold verschmilzt, er verschmilzt – und verschwindet von der Bühne‹.«

So der Stand der Dinge bis vor zehn Jahren: Alan Douglas, offiziell noch Nachlass-Verwurster, heizte an, hielt die Neugier an dem verschollenen Meisterwerk am Köcheln. Ganz klar: Sollten die Tapes existieren, so würde kein Mensch hingehen und sie mit Gales oder Kravitz überspielen. Wieder einmal machten die Ereignisse einen U-Turn, reichten Wirkung und Nachwirkung weit, unangenehm weit.

Mitch Mitchell, so Tony Brown von den Jimi Hendrix Archives/ England, wusste zwar, dass Jimi daran gearbeitet hatte, nichts aber von Douglas' und Jefferys Suche danach. In Maui/Hawaii habe ihm der Gitarrist sechs mit Gummibändern zusammengehaltene Cassetten gegeben und gebeten, darauf aufzupassen. Der Drummer dachte sich nichts dabei, und zweiundzwanzig Jahre später kommt ihm der Gedanke, dass das ja eigentlich seltsam gewesen sei. So der Bär, den sich Tony Brown hat aufbinden lassen. Plausibler die Erklärung von MCA Records' Andy McKaie: »Bei den Leuten um Hendrix gab es scheinbar zwei Lager, diejenigen, die sich mit Douglas verstanden, und die, bei denen das nicht der Fall war. Die haben ihm Sachen vorenthalten, auch Informationen über Sachen, die sie wussten oder hatten. Als die Familie die Rechte an seinem Nachlass erhielt, hat das viele Türen geöffnet. Chas Chandler verfügte über eine ganze Menge Bänder, die er Alan Douglas nie gegeben hatte.«

Auf den Cassetten von Mitch befindet sich die komplette Suite, nur auf Akustikgitarre gespielt, wie in einem Apartment aufgenommen; und mit nahtlosem Übergang von einem Song zum nächsten (wie das Gewand Jesu, sagt der Legenden-Detektor, eine Firewall der Zeitmaschine ...). »Black Gold« bleibt geheimnisvoll und voller Widersprüche. Vom Opener »Suddenly November Morning«, über »Send My Love To Joan Of Arc« (selbe Akkordfolge wie »Send My Love To Linda«) über drei auf »First Rays Of The New Rising Sun« enthaltene Titel (»Drifting«, »Stepping Stone« und »Astro Man Pt. 1«) deutet vieles auf die – schon für den skizzierten Film »Moon Dust« – geplante Hochzeit von Comic-Helden mit Cosmic-Elementen, thematisch wie akustisch. Außerdem: Vorausgesetzt, »First Rays Of The New Rising Sun« (27 Jahre nach seinem Tod veröffentlicht) entspricht wirklich dem, was als viertes Studioalbum geplant war, wie sehr lag ihm dann wirklich an »Black Gold«, wie sehr kann heute Al Hendrix daran liegen?

Stormy Monday

Die erste Seite von »Black Gold« schließt mit einem Liebeslied – »Little Red Velvet Room« –, in dem Jimi eine Frau explizit nach Tami fragt. Die Reverenz scheint an Diane Carpenter gerichtet, deren im Mai 1966 gezeugte Tochter Tamika Laurice James Carpenter der Mutter zufolge ein Kind Hendrix' ist – wie aus einem Schreiben seines Anwalts Henry Steingarten hervorgeht.

Also eine Familienangehörige, die auch etwas will – oder wollen könnte? Alles verwirbelt sich, der Flanger setzt an / verbraten wird »Blues At Midnight«, Gedudel mit B.B. King im Generation Club/New York, aber auch achteinhalb Minuten »Stormy Monday« mit Paul Butterfield im Cafe A Go Go/New York. Was während der Zeit der Schwarzweiß-Poster in »Bravo«, der selbstgebastelten Buttons k(aum)einer ahnte: Für direkte Nachfahren geht es um Millionen, hunderte Millionen Dollars. Darauf pochten die Anwälte von James Henrik Daniel Sundquist. Die Forderungen des legitimen Hendrix-Sohns (laut schwedischer Justiz) kamen Mitte der Neunziger, also nachdem Al Hendrix – 1974 mit weniger als $2 Mio. abgespeist – erfuhr, dass der Back-Katalog nach der Einschätzung von MCA an die $ 75 Mio. wert sei. Papa Al klagte, erhielt die Kontrolle über Jimis Erben, und der Schwede, der sich Jimi Hendrix Jr. nennt, kam und wollte auch ein paar Krümel, ging aber mit leeren Händen aus. Armes Kerlchen, besetzt nun in Musik-Videos Nebenrollen. Er sagt, er sei als Kind zu seiner Oma geflüchtet, da seine Mutter in einem Schrein von Elternhaus alles tat, um ihn an den Vater zu erinnern.

Gezeugt hat der wilde Milde den kleinen James Henrik wenige Wochen, bevor er in Köln auf Monika Dannemann traf. Noch eine Frau, die den Rest ihres Lebens in einem Schrein verbrachte.

Zwei Mütter von Hendrix-Kindern, doch wichtig waren ihm drei andere Frauen: Monika Dannemann, »Foxy Lady« Kathy Etchingham und »Dolly Dagger« Devon Wilson. Wilson, New Yorker Junkie und Supergroupie, hatte er über Monkees' Peter Tork kennen gelernt, vermutlich in den frühen Morgenstunden des 18. 9. noch getroffen. Sie starb unter mysteriösen Umständen, so Redding: fiel aus einem Fenster, keiner weiß, wie und warum. Schon 1971. So wie King Curtis, mit dem Hendrix »Help Me« aufnahm. Den Yakety-Saxophonisten erstach ein Puerto-Ricaner, der nur deshalb gefasst wurde, weil er mit seinen Wunden ins selbe Krankenhaus eingeliefert wurde wie sein Opfer.

Dannemann und Etchingham trafen sich immer wieder – wie die Hendrix-Erben – vor Gericht. Ihnen ging es nicht um Geld, sondern um die Wahrheit, um üble Nachrede – und Aufklärung. Mehr als zwanzig Jahre nach seinem Tod bemühte sich Etchingham wiederholt darum, dass Scotland Yard überprüfte, wie mitschuldig Dannemann an Hendrix' Tod war. In einem Zivilgerichtsverfahren trafen sie sich wieder, diesmal bekam Etchingham, was sie wollte: Dannemann wurde es – erneut – untersagt, zu verbreiten, Etchingham »würde für Geld lügen und betrügen«. Bei Zeitzeugen und Zeitungen erntete die »Foxy Lady« Sympathien, weil sie sich präsentierte wie jemand, der zu den Sixties die nötige Distanz hat – im krassen Gegensatz zu Dannemann, einem verblühenden Hippie-Girl.

Weniger als 48 Stunden nach dem Urteil lag Dannemann tot in der Garage ihres Hauses, dessen Zimmerwände fast getäfelt waren mit ihren Gemälden (im Mittelpunkt stets der Mann, mit dem sie nur Wochen ihres Lebens verbrachte, mal im Garten von Eden, dann umgeben von Schopenhauer und Beethoven, alle im Stil von Electric Sun-Plattenhüllen) ... Die so rühmlich distanzierte, moderne Etchingham mobilisiert ein paar Monate später Unterschriften und sonst was, um an ihrer ehemaligen Wohnung in der Brook Street eine Blue Plaque anbringen zu lassen, die darauf verweist, dass hier einst James »Jimi« Hendrix hauste (keine fünfzig Tage). Zur Enthüllung der Gedenktafel erscheint sie in einem langen Samtmantel, weinrot, mit Gold verziert. Ihr gutes Recht, keine Frage.

Und doch irre. / Aber nicht halb so ausgeklinkt wie jener Verfasser diverser CD-Sleevenotes (»Blues« u.a.), der allen Ernstes ein »Neuestes Testament« veröffentlicht, in dem er darlegt, 1942 Jahre n. Chr. habe ein neues Zeitalter begonnen. Ein Seher ward uns geboren im Nordwesten der USA, als zeitgleich die Engländer den Enigma-Code der Nazis knackten und damit das Dritte Reich besiegten ... – – womit wir heute im Jahre 60 n. Hen. wären. *~ ¶ ¿ Dann vielleicht doch lieber mit Anita Pallenberg im Jahr 40.000 ... mit Jane Fonda nicht nur vielleicht.

Geradezu vernünftig scheint dagegen der Versuch der Redakteure von »Guitar World«, mit Hendrix in einer Seance Kontakt auf-

zunehmen – im Dienst der Wahrheit, um rauszufinden, was er denn
nun heute so machen würde ...

Black Gold

Wir tappen weiter im Dunkel. Bei der Seance hielt er sich bedeckt,
gab sich happy – wie eigentlich alle Toten. Betrachtet man Vater
Al, so hätte meine Freundin vielleicht sogar Recht, was seinen (da-
hingerafften Afro-)Look betrifft. Nur: Warum würden alle nach
»Voodoo Chile« verlangen? Warum nicht nach »Foxy Lady« oder
meinem Lieblings-Hendrix-Song vom vorletzten Sommer, »All
Along The Watchtower«? Oder dem vom folgenden Winter, »Them
Changes«? Oder – immer wieder relevant – »Machine Gun« in einem Medley mit dem »Star Spangled Banner« ... ???? Wo er doch
die Hymne live wiederholt mit »Wild Thing« kombinierte, öfters
noch als Kopfsprung in »Purple Haze« – warum also nicht als Zwi-
schenteil zu »Machine Gun«? Am 2. 5. 1970 folgte auf »Machine
Gun« immerhin »Star Spangled Banner«. Aber,,, die Daten zerkau-
ende Software hier /// geht ??? in Overdrive ...

Was, wenn? Die Antwort ist nur im Plural denkbar: Er hätte sich
an manchem Dinosaurier-Opus verhoben, wäre irgendwann von
der Bühne abgetreten, da sie ihn verzehrte. Vor allem aber hätte er
– proportional mit Fehlschüssen – viele Lichtblicke aufgenommen,
solange er es darauf angelegt hätte, in neue Galaxien vorzustoßen.
Vieles wäre anders geworden, viele hätten anders geklungen. Besonders Led Zeppelin hätten anders geklungen, weil sie in den Sieb-
zigern nicht ganz so allein auf dem Feld der Tonangeber gewesen
wären. Hendrix wäre zu Höhen und Galaxien aufgebrochen, hätte Genres ausgeleuchtet, die uns nun vorenthalten wurden.

Christoph Dieckmann

DAS WIRKLICH KULTURVOLLE GEGENWARTSSCHAFFEN PROGRESSIVER KRÄFTE IM KAPITALISMUS

Hendrix-Fan in der DDR

Zum ersten Mal hörte ich Jimi Hendrix kurz vor meinem 15. Geburtstag, am 13. Januar 1971. Es war Mittwoch, der geheiligte Tag des Schlagerderbys vom Deutschlandfunk. Dessen Moderator Karl-Ludwig Wolf betrieb einen Gemischtwarenladen: Deep Purple neben Heintje, Roy Black neben Led Zeppelin – wöchentlich 20 Titel, davon 13 in der eigentlichen Hitparade und sieben Neuvorstellungen, die in der kommenden Woche, gerüstet mit dem Votum des Hörers, gegen die Etablierten anstürmen durften. Am nämlichen Tage schickte Wolf, so verzeichnet meine Mitschrift-Kladde audio-orthographisch, »Budu Chayl« von Jimmi Hendrix ins Rennen. Obwohl ich meiner Schlagerphase schon entkommen war, erinnere ich mich deutlich, wie mir der Gitarren-Terrorist missfiel. Diese Musik klang wie die Axt im Walde.

Für den 20. Januar vermeldet die Kladde Hendrix' sofortiges Ausscheiden, auf Rang 14, gefolgt von meinem Favoriten, »Eight Man« (alias »Ape Man«) von den Kinks. Auf Platz 16 verendete Heino, »In einer Bar in Mexiko«. Wochensiegerin wurde eine girrende Frohnatur namens Pompilia mit dem Werk »Monsieur Chevalier«. Der elementare Text pries einen jungen Mann aus der Hauptstadt Frankreichs, dessen angenehmes Wesen ihm die Gunst einer Anzahl von Mädchen beschert:

Monsieur Chevalier
fährt mit seinem kleinen Wagen
Monsieur Chevalier
auf den Champs Élysées.

Das Schlagerderby war in der DDR ein Politikum. Bekanntlich fungierte der Deutschlandfunk als *Sprachrohr des Imperialismus*. Eines Vormittags flog unsere Klassentür auf. Direktor Rüdiger stapfte herein und unterbrach den Erdkundeunterricht. Schwer atmend tat er kund, Unfassliches sei vorgefallen. Schüler seiner Schule hätten Kontakt zum Imperialismus aufgenommen. Wir erfuhren, den *wachsamen Organen* unserer Republik sei ein spektakulärer Erfolg gelungen: die Verhaftung eines Briefes an den Deutschlandfunk. Acht Unterzeichner aus dieser Klasse hätten dem *Westmusiktitel* »Lola« von den Kinks ihre Stimme übermittelt – jene Stimme, die sie, wie Genosse Rüdiger schneidend formulierte, dem Sozialismus bislang vorenthielten. Reue sei vonnöten, in Worten und Taten; ansonsten drohten *unabsehbare Folgen*.

Ich saß und schwitzte, hatte ich doch gleichfalls ans Schlagerderby geschrieben, klarnamentlich unterzeichnet und zehn getürkte Signaturen für Cliff Richards »Goodbye Sam« hinzugefügt. Dieser Brief entging unseren Organen. Die Kinks-Fans mussten den Schulgarten aufräumen; außerdem schworen sie beim Fahnenappell allen Westmedien ab. Dies übernahm Bernd Grimm, der *Rädelsführer*, wobei sein Stottern die Reue unglücklich konterkarierte. Grimmi verkündete, dank vieler wertvoller Gespräche sei ihm bewußt geworden, dass der Klassenfeind durch Musik junge Menschen von den großen Fragen unserer Zeit abzulenken versuche. Besonderen Eindruck machte sein Schlusssatz: »Und wenn mir der Klassenfeind zurückschreibt, dann bring ich den Brief gleich ins Direktorat.«

Der Klassenfeind schrieb nicht zurück. Grimmi hörte weiter, was er immer hörte. Ulbricht stürzte. Sein Nachfolger Honecker dekretierte, dass man die Westmedien *ein- und wieder ausschalten* könne. Auch komme es nicht darauf an, was junge Menschen auf dem Kopf trügen, sondern was darinnen sei. Genossen Rüdiger muss das zutiefst bekümmert haben. Wie oft hatte er versprochen, Langhaarige erhielten an seiner Schule kein Abgangszeugnis. Bei der Schlussfeier der 10. Klasse, die haarige Horde vor Augen, floh er in den Satz: »Erwerben Sie künftig zu Karl Marx' Haarlänge auch sein Wissen.«

Verglichen mit Ulbricht, gab Honecker sich anfangs halbliberal. Seine Jugendpolitik sollte domestizieren, was nicht zu verhindern war. Rockmusik, nun geduldet, verlor an subversiver Kraft. Aber gewaltig drückte den Fan ein Existenzproblem: Es gab keine West-platten in der DDR. Zwar transportierten reisemündige Großmüt-ter klingende Konterbande, zwar riskierten transelbische Patenon-kel der Frontgeneration Tonträgerschmuggel im Weihnachtspaket, doch zu 95 Prozent lebte der DDR-Rockfreak von Westradio-Mit-schnitten, also vom Band. Anfang der siebziger Jahre waren Spu-len-Tonbandgeräte Mangelware. Selbst Kassetten waren knapp und überdies sehr teuer: 60 Minuten ORWO-Fabrikat kosteten 20 Mark; mein monatlicher Lehrlingslohn, abzüglich der Internats-kosten, betrug 39,50 Mark. Ein Kamerad verkaufte mir eine be-spielte Kassette. Darauf befand sich Unerhörtes: Jimi Hendrix' Woodstock-Auftritt, jener Ausschnitt, den das legendäre Dreifach-album publizierte (in der Tschechoslowakei war es erschienen). Nicht, dass ich gleich lieben konnte, was ich hörte. Zwar war ich – wer damals nicht? – Gitarrenfan (Johnny Winter, Leslie West & Mountain, Allman Brothers Band), aber diese Orgie der Entgren-zung von Rockmusik zerrte mich in eine unbekannte Weite. Das waren keine Songs, das war Stahlgewitter.

Viel später sah ich den Film: Hendrix in der Morgensonne, vor sich die Walstatt von Max Yasgurs Farm, den Müll der *Woodstock Nation* und die letzten müden Kämpen des Festivals, das nun vor-bei war, auf dass seine Sage beginne. Bevor ich diese melancholi-schen Bilder kannte, träumte ich mir eigene: allmächtige Panora-men aus Raum und Musik, endlose Fahrten durch mythisches Land – eine Gegenwelt zur sesshaften DDR-Provinz, wie ich sie täglich erfuhr an der Filmvorführer-Schule im dörflichsten Sachsen, ein-geschnürt von Liebeskummer, Lernpflichten, Ideologie, den Re-striktionen des Internats und sonstigen Beweisen des elterlichen Spruchs, dass Lehrjahre keine Herrenjahre sind. Rockmusik war mein Medium der Emanzipation von Alltag und Staat. Hendrix hören, das lud auf, das wappnete mit Trotz und Überschwang, das weitete die Welt. Wegen Unbotmäßigkeit flog ich aus der Lehre, eine Woche vor der Prüfung. Statt zum Facharbeiter beförderte

man mich zum Kohleschipper der Kreisfilmstelle Sangerhausen.
Meine Depression währte zwei Tage. Dann konnte ich beim NDR-
»Fünf-Uhr-Club« zwei herrliche Hendrix-Nummern mitschneiden:
»Them Changes« und »Power To Love« aus dem Band-of-Gypsys-
Livealbum. Von da an ging's aufwärts.

Anfang 1974 kursierte in der DDR ein phantastisches Gerücht:
Bei Amiga würde eine Hendrix-LP erscheinen. Ich besorgte mir den
Frühjahrskatalog. Jimi Hendrix war nicht gelistet, aber ein gewisser Jimmy Smith – gewiß als Tarncode der ersehnten Hendrix-Platte, die, falls überhaupt, gewiss nur eine Winz-Auflage erleben würde. Ich bestellte das mirakulöse Teil in der Sangerhäuser *Disco Service Verkaufseinrichtung*, vulgo: Plattenladen; er warb auf unserem
Kino-Saalmusiktonband mit dem bezwingenden Slogan: »Eine
Amiga-Schallplatte verschenken heißt Freude spenden«. Wochen
später bekam ich eine Abhol-Karte. Ich stürmte in die Göpenstraße
und erhielt – Jimmy Smith, den mir bis dato unbekannten Swing-
Organisten. Jimi Hendrix? »Ja, da hatten wir ganz wenige, die sind
längst weg.«

Ich verfasste eine *Eingabe*. Kraft dieser Literaturgattung, einer
Variation des mittelalterlichen Petitionsrechts, konnte der DDR-
Bürger sich bei seinem Staat über diverse Unzulänglichkeiten des
sozialistischen Alltags beschweren. Die Palette reichte von Woh-
nungssorgen bis zum Abenteuer-Universum Gastronomie. Einga-
ben schufen mitunter Abhilfe; jedenfalls mussten sie vom Beklag-
ten beantwortet werden. Insbesondere vor Wahlen liebte der Bürger die Eingabe als Erpressungsinstrument. Ich schrieb an den Staat-
lichen Schallplattenhandel. Engagiert schilderte ich mein konstruktives Wesen. Ich sei ein aufgeschlossener junger Bürger unserer Republik mit Interesse am wirklich kulturvollen Gegenwartsschaffen
progressiver Kräfte im Kapitalismus, wie der antiimperialistische
Künstler Hendrix sie so beispielgebend symbolisiere. Das habe ja
nun auch der VEB Deutsche Schallplatten der DDR mit seiner Ver-
öffentlichungspolitik honoriert. Um so bedauerlicher sei es, dass
gerade ich keine Hendrix-LP abbekommen hätte. – Tage später wieder Post vom Plattenladen. Ich möge vorbeikommen. Ich tat's und
erhielt von unterm Ladentisch eine flache Tüte, die mit 16,10 Mark

zu bezahlen war. Die Verkäuferin schaute konspirativ um sich. »Ham Sie ein Schwein«, raunte sie, unhörbar fürs übliche Kundenvolk. »Der Chef hat Ihnen eine *vom Bezirk* mitgebracht.« Jubel! Heim, im Galopp. Platte raus, Kopfhörer auf. »The Wind Cries Mary«, »Bleeding Heart«, »All Along The Watchtower« ... »Red House Blues«, bis heute mein Jimi-Heuler Nr. 1. Solcher Hunger, so viel Glück.

»Jimi Hendrix wurde in Washington im USA-Staat Seattle geboren«, schrieb H.P. Hofmann auf der Plattenhülle. »Wann? Das ist umstritten. Die einen sagen 1946 oder 47, die anderen behaupten, es wäre der 27. 11. 1945 gewesen. Diese Ungenauigkeiten sind symptomatisch, denn Jimi Hendrix kommt aus den Slums der Ärmsten und Unterdrückten. Als Farbiger lernte er die Auswirkungen und Gemeinheiten der Rassendiskriminierung. Hunger, Elend und soziale Unsicherheit waren ihm nicht fremd. Sie prägten sich tief in seine Seele ein. In der Musik suchte Jimi Hendrix das zu gestalten, was das Leben ihm und seinesgleichen vorenthielt: Liebe, Glück, Geborgenheit, Freiheit.« Und so fort. Abgesehen davon, dass Hendrix bereits 1942 geboren wurde, zimmerte ihm der kulturpolitisch taktierende Covertext eine antikapitalistische Widerstandskarriere, bis in den Tod. »Am 18. September 1970 starb er, (...) Opfer eines erbarmungslosen Show-Business.«

Insbesondere Hendrix' Woodstock-Auftritt ließ sich DDR-korrekt deuten. Wie Jimi die US-Hymne zerfetzte, wie er die B52-Bomber imitierte, das machte ihn zur Kampf-Ikone gegen den Vietnamkrieg. Später differenzierte sich das Bild. Jimi Hendrix war ideologisch ein unsicherer Kantonist, ein *people pleaser*, der je nach Publikum und Laune Bluesmann, Mystiker, Dandy, Tanzbär oder Radikalinski spielen konnte. Es wäre grotesk, ihn über das hippie-typische Maß an Autonomie und Verweigerung als politischen Kopf zu frisieren. Er war ein Gitarren-Revolutionär, der mit Noel Redding und Mitch Mitchell dem klassischen Rocktrio zu unübertroffener Kraft und Dichte verhalf.

Hier meine Hendrix-Top 5: 1. »Red House Blues« (auch in allen möglichen Live-Versionen), 2. »Hey Joe«, 3. »Voodoo Chile« (die Viertelstunden-Fassung von »Electric Ladyland«), 4. »Message Of

Love« (vom postumen Album »Cry Of Love«), 5. »Star Spangled Banner«/»Purple Haze«/»Villanova Junction« (die erwähnte Live-Sequenz aus dem ersten Woodstock-Album). Nachrücke-Kandidaten wären zwei Außenseiter: »Highway Chile« (von Hendrix' Erstling »Are You Experienced«) und »Johnny B. Goode« (ein Galopper aus der verschollenen Live-Platte »Hendrix In The West«, der sich in der 4CD-Box findet). – Und »Machine Gun« (mit der Band of Gypsys)? Und die wundervolle Akustik-Meditation »Hear My Train A Comin'«? Schreiben wir »All Along The Watchtower« hinzu und komplettieren die Top 10.

Als Emanzipationshelfer wurde mir Jimi bald entbehrlich. Ich hörte Musik nicht länger gegen die Verhältnisse, sondern für mich selbst. Die Bewunderung für Posen schwand. Theatralische Gitarren-Vernichtungen à la Hendrix und Townshend empfand ich nun, wie John Hiatt 1993 gesungen hat:

It breaks my heart to see those stars
smashing a perfectly good guitar
I wonder who they think they are
smashing a perfectly good guitar.

Andere Musiken landeten an, neue Gitarrenhelden – Lowell George von Little Feat, Roots-Rocker wie Ry Cooder und Sonny Landreth, Folkies wie John Renbourn, Martin Carthy, Bert Jansch, Norman Blake, der Dobro-Artist Jerry Douglas, die Jazzer Bill Frisell, John Abercrombie und – für eine Weile mein Akustik-Guru – Ralph Towner. 1983 spielte Towner mit dem Weltmusik-Quartett Oregon bei den Jazztagen in Debrecen/Ungarn. Ich fuhr hin und rückte ihm aufs Hotelzimmer. Mein Idol war sehr nett und ertrug meine Englisch-Versuche mit Nachsicht. Allerdings entbehrte unser Gespräch mangels Vokabular eine gewisse Tiefe. Im wesentlichen wechselten wir Musikernamen. Jimi Hendrix, sagte ich. Towners Miene glitt ins Schmerzliche. »Noise, noise, noise«, klagte er. »Hendrix was a body building guitar player.«

Ich höre Hendrix heute als Gourmet, mit schierem Genuß, ohne die geringste ästhetische Irritation. Er kann mich weder überra-

schen noch befremden – wie auch? Er ist ja lange tot. Man lauscht
ihm nach wie den anderen großen Gefallenen der Rockgeschichte.
Eine Redensart spricht den Frühvollendeten ewige Jugend zu. Es
heißt, sie bewahrten das Alter ihrer Todesstunde, und wen die Götter lieben ... Das ist Unsinn. Die Zeit der toten Helden altert weiter in uns Überlebenden. Irgendwann werden die Gräber nicht mehr
gepflegt. Ich entsinne mich einer Sat 1-Sendung vom Anfang der
neunziger Jahre, eine Schrei-Show mit sogenannten Diskutanten,
die jeweils hinter einer Schranke standen und sich gemäß dem
Wunsch des Moderators Ulrich Meyer ihre Unterschiedlichkeit ins
Gesicht brüllten. Es ging um Neonazis und Rechtsrock. »Rockpalast«-Impresario Peter Rüchel zitierte erregt die große emanzipa-
torische Tradition des Rock. Den Rechtsrocker jenseits der Schranke siezte er, worauf ihn der kahle Knabe ermutigte, Du zu sagen.
Rüchel siezte weiter: Das Du gewähre er erst ab einer bestimmten
Kulturstufe. Er sei erzogen von Musik, die Menschlichkeit und Toleranz befördern, etwa Jimi Hendrix. – Der Kahle äugte hohl. Dieser allerberühmteste Name war ihm unbekannt.

Niemand muss rätseln, was Hendrix, Janis Joplin, Jim Morrison,
Duane Allman im Falle ihres Weiterlebens noch geschaffen oder
angerichtet hätten. Die Welt ist voll überlebender Altrocker. Ein
paar von ihnen sah ich 1994 bei Woodstock II in Saugerties/New
York. Das Motto verhieß: »Three more days of peace and music«.
Regen, Schlamm, Chaos – alles entsprach dem Original. Peter Ga-
briel trat an die Rampe und rief den 350.000 zu: »This is your
Woodstock!« Und die Kinder jubelten, dass nun auch sie ihr Ge-
nerationserlebnis hätten wie ihre Eltern ein Vierteljahrhundert zuvor. Aber es war ein Remake – kühl kalkuliert, geschickt gemischt
aus Klassikern und neuen Namen, die im Schlepptau der Alten pro-
minent werden sollten. Die Alten schlugen sich respektabel. Santana war Santana, Joe Cocker gurgelte bewährt und brachte den
Urschrei aus. Crosby, Stills & Nash spielten ein warmes schwin-
gendes Konzert, und Rick Danko von The Band lüpfte das Hemd,
damit jeder sehe, was ihm mit den Jahren zugewachsen war: ein
Schmerbauch. Aus Janis Joplin war Sheryl Crow geworden, aus Ri-
chie Havens Youssou N'dour. Leslie West blieb Leslie West, doch

er spielte nicht für die Kinder in Saugerties, sondern vor ein paar tausend Altgläubigen, die auf Yasgurs Farm gepilgert waren.

Und Jimi Hendrix? Seine Fackel trugen die Allman Brothers – ein Nachleuchten, nicht die Flamme der Revolution. Die mächtige Band jagte ihre schwere alte Bluesrock-Kutsche über Land, waldeinwärts, nach Hause. Die Twin-Drums schaukelten, Dickey Betts' und Warren Haynes' Gitarren heulten in eins, jagten sich davon, stiegen, stürzten, fingen einander und jauchzten, dass man schreien musste und schrie. »One Way Out«: Solange es solche Bands gibt, ist Rock'n'Roll Musik und nicht nur die Schlampe für den Quickfick brünstiger Egomanen, die vergessen, dass man Steine fressen muss für Glück und dass keiner Liebe findet, der ihr nichts entgegenträgt.

1999, zum 30-Jährigen von Woodstock, gab es zwei Revivals. Das eine führte auf die Griffith Air Force Base von Rome/New York. 200.000 campierten auf Beton und hinter Stacheldraht. Sie lauschten den Rest-Doors und Furzrock-Bands wie Limp Bizkit und Kid Rock. Sie zündeten Wohnwagen an, plünderten Container und zerlegten Boxentürme. Die Red Hot Chili Peppers beschlossen das Begängnis der Liebe mit Jimi Hendrix' »Fire«, und Sänger Anthony Kiedis sprach: »Heilige Scheiße, das sieht ja aus wie bei ›Apocalypse Now‹.«

Das andere Woodstock III stieg in Hohen Neuendorf bei Berlin, an der Havelbaude. Scharen alter Blueskämpfer kamen aus den Randberliner Wäldern, mit Parka, Fransenjeans und Jesuslatschen. Arschlang wallten die ergrauten Matten, es rauschten Kiefern und Bier, als die J.H. Experience die Bühne enterte, auf dem Plakat angepriesen mit »Jimmy Hendrix pur, Deutschland«. Ein Highspeed-Hendrix tobte durch des Meisters Werk und drosch dem Fanvolk Jimis Axt ins Gesicht. Das Publikum honorierte den rasenden Kopisten mit Veteranenjubel. Alsdann folgten Inquis McInthum & Kozmic Blue (»The best of Janis Joplin, Scotland«). Das Publikum: siehe oben. Tief in der Nacht dann Canned Heat. Der leibhaftige Fito de la Parra hieb seine Stöcke in die Trommelfelle und rief: »Do you feel like Woodstock?« – »Yeaaahh!!« schrie das Volk mit vollen Backen (es mampfte Nackensteak). Dann meterte die Band

»Let's Work Together«, »Goin' Up The Country« und was das alt-blaue Herz sonst noch erfreut. Als »On The Road Again« begann, wollte der junge Heat-Gitarrist das behutsame Intro aufmotzen. Vater Fito drohte ihm mit dem Stock: »Don't touch it!«
Früh um vier war ich wieder in Pankow. Mir blieben zwei Stunden Schlaf, dann flog ich in den Urlaub, nach Lissabon. Ein gläsernes Blau überfing die Stadt. Ich lief bergab, in Richtung Wasser, vorbei an der Säule des Marquês de Pombal, zum Rossio, durch die Rua Aurea, zur Praca do Comércio, die in den Tejo gleitet. Ich staunte über die Kontraste dieses Tags, der an der Havel begonnen hatte. Der Tejo war hier so breit, als rechne er sich schon zum Meer. Die Fähre ging, hinüber nach Cacilhas. Ich schaute zurück. Aus dem Wasser hob sich die weiße Stadt. Im Abendlicht lag die Alfama und deckte ihren Hügel.

Stunden später saß ich dort in einem Hof, umstellt von kleinen Häusern. Brettertische waren gedeckt. Lampions gaben warmes Licht. Ich freute mich des lauen Nachtwinds und der beschlagenen Weinkaraffe. Musik war, Nachbarschaftsfado, vorgetragen von alten Leuten mit verbrauchten Gesichtern, in denen aber eine Freude stand. Keiner sang mehr als zwei Lieder, dann übernahm der nächste. Ich sah die knotigen Finger des Gitarristen, wie er gemächlich die Saiten seiner Portuguesa drückte und dachte an den Hendrix-Irrwisch von der Havelbaude. Ich trank und lauschte dem Greis und sehnte mich keineswegs nach den Taten der Jugend.

Friedhelm Rathjen

MEINE JAHRE MIT JIMI

Mein Leben währt wahrlich schon lang genug, um ein Leben mit Jimi Hendrix gewesen zu sein, aber das ist es nicht gewesen. Ich war nie ein Hendrix-Fan. Nie hab ich mir eine Platte von ihm gekauft, nie einen Kauf auch nur erwogen; er war mir immer fern. Mehr ist dazu nicht zu sagen. Mein Leben ist ein Leben ohne Jimi.

P.S.: Und doch: Jimi Hendrix hat es womöglich geschafft, sich untergründig einzuschleichen in mein Leben, hier & da, stets halbverborgen, maskiert, in homöopathischen Dosen. Und so dosiert hat er mich dann doch verfolgt, mit der Konsequenz des Todesboten. Aber der Reihe nach.

Im September 1970 muss es gewesen sein, dass ich am nachmittäglichen Kaffeetisch der Küche des elterlichen Bauernhofs die »Rotenburger Kreiszeitung« aufschlug und darin einen (meiner Erinnerung nach keineswegs kleinen) Artikel sah, mit Bild sogar, der vom Tode des Jimi Hendrix kündete. Nicht, dass ich gewusst hätte, wer das war: ich ging auf meinen zwölften Geburtstag zu, hörte, wenn's hoch kam, Michael Holms »Auf der Straße nach Mendocino« und einen glücklich vergessenen Ricky Shayne (oder gab's den erst später?) und lebte in einer rockmusikfreien Welt. Um so erstaunlicher freilich, dass der Tod von »so einem« in der ehrbaren Heimatzeitung vermeldet wurde. Bekanntlich war Hendrix nicht der einzige aus jenem Metier, der damals skandalös früh zu Tode kam, aber ich kann mich nicht erinnern, etwas von Janis Joplin oder Jim Morrison gelesen zu haben, von Brian Jones mal ganz zu schweigen. Auch sonst weiß ich nichts mehr, was damals in besagter Zeitung gestanden hätte, mit Ausnahme einer klitzekleinen Meldung der Sportseite, die ich noch jahrelang aufbewahrte und auf der der Druckfehlerteufel einen Sieger in der »Nordirischen Kombination« vermeldete. Aber eben: Jimi Hendrix. Seine Todesmeldung war meine erste Ahnung von der Rockmusik. Zwischen 1970 und 1974 muss es gewesen sein, während meiner Zeit auf der zu recht so genannten Realschule, dass ich mir eine abweichende Sprachregelung angewöhnte. Wohl eher gegen Ende jener Zeit. Bei mir in der Klasse war jemand, der auf den schönen norddeutschen Namen Hinrichs hörte, und ich konnte mich nicht enthalten, diesen Mitschüler habituell »Peter Hendrix« zu nennen; jener Gitarrero, mit dem ich mich weiterhin nicht im mindesten beschäftigte, war ergo für mich »Jimi Hinrichs«.

In den ersten Monaten des Jahres 1974 muss es gewesen sein, dass ich mit der gesammelten Klasse zu Gast im Hause unserer scheidenden Klassenlehrerin war: Frau Wille. Ich weiß nicht mehr genau, was wir da trieben, wahrscheinlich war's eine Art Abschiedstreffen (die gute Dame zog weg, ins urbane Hannover), vielleicht war auch irgendein Geburtstag im Spiel. Nur eines weiß ich definitiv von jenem Treffen: in der Wohnung besagter Lehrerin stand ein Stapel Langspielplatten herum, und darunter war mindestens eine Scheibe von Jimi Hendrix, mit irgendwie angemufft designtem Cover. Ob wir die gehört haben, weiß ich nicht; welche es war, weiß ich auch nicht. Ich weiß nur, dass sie mich so wenig anzog, dass sie mich vielmehr schon fast wieder abstieß. Platten in den Sammlungen der eigenen Lehrer haben das selbstredend so an sich, dass sie grundsätzlich eher unattraktiv für Schüler sind, ein Umstand, der auch dadurch nicht aus der Welt geräumt wurde, dass jene Dame für damalige Verhältnisse vermutlich eine ausgesprochene Junglehrerin war, mit revolutionären Gedanken im Kopf und einem bärtigen Mann. Nein, ich fand einfach, Jimi Hendrix wär irgendwas aus der Vergangenheit, ein Relikt von irgendwas, womit ich nichts zu tun hatte. Was nun eben nicht mehr daran lag, dass ich nichts mit Rockmusik hätte anfangen können; als unsere Klasse im hannoverschen Landesmuseum zufällig den berühmt-berüchtigten Bata Illic traf, gehörte ich keineswegs zu den Autogrammjägern, sondern hätte mir stattdessen Slade-Sänger Noddy Holder oder noch lieber gleich George Harrison gewünscht. Aber eine Hendrix-Platte? Museal. Wohl nicht lange nach jenem Treffen muss es gewesen sein, dass ich Jimi Hendrix im Schulfunk hörte. Schulfunk, jaja, sowas gab's damals noch, und überhaupt war das Radio ein Ding, wie es das heute nicht mehr gibt. Rockmusik kam nur ausgesprochen spärlich vor, aber wenn sie vorkam, dann wurde sie sehr ernsthaft und aufrichtig behandelt. Dieser erfreulichen Tatsache wurde auch dadurch kein Abbruch getan, dass eine ältliche Sprecherin die Herrschaften von Uriah Heep mal als »Örri-ha Hepp« ansagte und dergleichen mehr. Aber man mühte sich halt. Und in irgendeiner pädagogisch durchdachten Sendereihe, in der es darum ging, das Wesen der Bluesmusik theoretisch & praktisch zu erläutern, wurde eines Tages Hendrixens »Red House« durchgesprochen. »Ah yeah! / There's a red house over yonder, / That's where my baby stays / Lord, there's a red house over yonder / Lord, there's where my baby stays / I ain't been home to see my baby / In ninety nine and one half days.« Nein, den Text hab ich nicht seit damals im Kopf, sondern gerade aus dem Internet geklaubt, aber viel hätte nicht gefehlt, und ich wär zumindest die Refrainzeilen damals wirklich nicht wieder losgeworden. Rauf und runter, x- und aber-x-mal wurde das bescheidene Blueschen gedudelt und analysiert, was ich auch gar nicht uninteressant fand, aber der ideale Ansatz, sich für Herrn Hendrix zu begeistern, war der pädagogische Radiofuror eben doch nicht.

Ebenfalls zu jener Zeit muss es gewesen sein, dass mein Freund Klaus sich eine Hendrix-LP an die Wand nagelte, zur Zierde. Er hatte den Fehler begangen, eine dieser unzähligen Billigplatten zu erwerben, mit denen das Hendrix-Œuvre damals aufgeschwemmt wurde: mit unsäglichen Live-Mitschnitten und Ausgrabungen aus Lehrlings- und Gesellenzeit nach dem Motto »In The Beginning« oder »Early Hendrix« oder so ähnlich, gerne auch »At His Best« oder so übertitelt. Die Platte, die Klaus sich da gekauft hatte, hab ich nie gehört: als ich sie das erste Mal zu Gesichte kriegte, hing sie schon an der Wand, hübsch zerschmolzen durch den Einsatz von Feuer & Wärme, und Klaus beharrte darauf, das sei die einzige tolerierbare Nutzanwendung dieser Platte gewesen, als so schlimm habe sie sich beim Hören herausgestellt. Wohl spielte er gelegentlich mit dem Gedanken, sich die Platte noch ein zweites Mal zu kaufen, um mir und anderen Freunden zu beweisen, wie fürchterlich das Ding sei, allein es blieb beim Gedankenspiel. Noch immer ungefähr zur selben Zeit, im legendären Jahr 1974, vielleicht freilich auch schon 1973, muss es gewesen sein, dass ich mit meinem nicht weniger legendären Tonbandgerät im Radio tatsächlich ein Jimi-Hendrix-Stück mitschnitt. Die Aufnahme hab ich noch und kann sie auf Verlangen vorweisen, gegen erhebliche Gegenleistungen, versteht sich. Es handelt sich um ein Hendrix-Stück, das mir ausnahmsweise ungemein gefiel, was freilich ursächlich damit zusammengehangen haben mag, dass es ein eher untypisches Hendrix-Stück ist. Es heißt »Captain Coconut« und ist ein Instrumentaltitel, der Hendrixens originale Gitarre (in ungewohnt gefühliger Fragmenttechnik und psychedelischem Klanggewand) enthält, umgarnt freilich vom Können irgendwelcher Instrumentalisten, die Hendrix nie in seinem schon beschlossenen Leben gekannt haben dürfte. Zu jener Zeit war den Herstellern von Hendrix-Platten nämlich aufgegangen, dass man mit dem immer beschleunigteren Auf-den-Markt-Werfen von Live-und-Murks-Platten das Publikum nur vergraulte und sich auf Dauer das eigene finanzielle Wasser abgrub. Also besann man sich und sattelte um auf eine edlere Art von Leichenfledderei: nicht fertiggewordene Hendrix-Einspielungen aus seiner gloriosen Zeit wurden klangtechnisch aufgemotzt und von irgendwelchen Studiomusikern raffiniert ergänzt und in mehreren Lieferungen dem sich langsam wieder neigenden Publico vorgesetzt. Eine dieser LPs hieß sinnigerweise »Crash Landing« und enthielt jenen Kokosnußkapitän, der mir noch auf Jahrzehnte meine einzige Hendrixfrucht bleiben sollte.

Im Jahr 1975 spätestens war's, dass ich mich langsam von den Beatles und Cat Stevens und selbst den Love Sculpture abzulösen begann und statt Pop- und Rockmusik des Mainstream lieber krudes und krauses Zeugs hörte, das frühe Electric Light Orchestra etwa, ein bisschen Blues (vornehmlich in der eleganten Variante der Allman Brothers) und notfalls dann zwischendurch die Ur-Genesis, und als wahrscheinlich wichtigster und folgenreichster Kauf meiner kompletten Plattenkarriere ergab es sich dann, dass ich mir eine Scheibe mit mittelalterlich-fremdländisch klingender keltischer Harfenmusik zulegte: »Renaissance Of The Celtic Harp« von

Alan Stivell. Über zwanzig Begleitmusiker werden auf der Plattenhülle hergezählt, aber derlei schreckte mich selbstredend nie ab, ich las jede hinterletzte Zeile und stieß folglich auch auf den Chorsänger Jacques Hendrix. Ei, war das eine Entdeckung! Bei den Druiden hatte es derlei also auch schon gegeben, zumindest namentlich. Nur war die Musik halt ganzganz anders, als man sich das beim Familiennamen Hendrix so vorstellen mochte.

In der Folgezeit geschah's, dass ich mich auch lesend mit der Musik zu beschäftigen begann, zunächst natürlich das Rock-Lexikon von Siegfried Schmidt-Joos und Barry Graves verschlang, mich dann aber sogar zum Jazz weiterhangelte. In irgendeiner der vielen Auflagen des »Jazzbuchs« von Joachim-Ernst Berendt fand ich eine breite Eloge auf Jimi Hendrix, dabei aber auch den Hinweis, Hendrix habe vor seinem Aufbruch aus Amerika zur Freundin von Keith Richards gesagt: »Wenn du mich mit nach England nimmst, wirst du dann auch dafür sorgen, dass ich Eric Clapton treffe?« Irgendwie verband sich das, schlimm zu sagen, mit der bei Nik Cohn aufgeschnappten Behauptung, Clapton spiele besser als Hendrix, tue nur nicht so auffällig und affektiert, und ich blieb auf meiner bescheidenen Liebe zu Clapton hocken – die sich freilich vor allem darin ausdrückte, dass mir Clapton als Begleitmusiker für den noch besseren Duane Allman gefiel. Die »Layla«-Doppel-LP der Clapton-Allman-Combo Derek & the Dominoes legte ich mir zu und goutierte selbstredend auch die darauf zu findende Coverversion der Hendrix-Komposition »Little Wing«. Später, viel später ging mir dann auch noch die Sting-Version dieses Stückes zu, aber die fällt naturgemäß ab. »Little Wing« als längliches Intro zu »Layla«, beides mit Duane Allmans Slide-Gitarre als Höhepunkt: das war, was es war, nämlich süperb.

Im September 1976 war's soweit, dass ich mich endlich eigenmündig radiophon betätigen durfte: als Preisträger der Woche durfte ich des legendären Dethard Fissen Studiogast in dessen »Treffpunkt für junge Leute« des NDR sein und die zu sendende Musik auswählen. Naturgemäß wählte ich keinen Hendrix aus, sondern Jon Lord und Alan Stivell und die Allman Brothers und Focus und George Harrisons flippige indische Exotik. Fissen versuchte, mich

dennoch auf den Leim zu locken, denn in dem Stapel neu herein-
gekommener LPs, den er mir wies und aus dem ich mir eine Platte eigener Wahl herausziehen durfte, war nach meiner Erinnerung
wohl auch eine Hendrix-Scheibe. Ich wählte stattdessen »Slippin'
Away« von Chris Hillman.

Im September 1977 ist es gewesen, dass am Vorabend des zweiten großen Scheeßeler Rockfestivals im Kino meiner zuständigen
Kreisstadt der Woodstock-Film lief. Natürlich zog ich mir den Strei-
fen rein; natürlich ließ mich der Hendrix-Auftritt nicht ganz kalt:
mit Zähnen & Zunge, oha! Und ich musste zugeben, dass seine
Version des Stückes, das er da zerfraß und zerschleckte, die beste
mir bekannte war, wobei man freilich bedenken muss, dass ich ansonsten nur die Versionen von »Star Spangled Banner« kannte, die
bei den Siegerehrungen schnellster, höchster, weitester Olympio-
niken erklangen. Im übrigen endete am Tage nach dem Woodstock-
Film das Scheeßeler Festival ruhmlos-schmachvoll dann in Feuer
& Flammen, und ich musste zum Bund.

Irgendwann im schlimmen Jahr 1978 muss es gewesen sein, dass
man auf meiner Dienststelle in der Kaserne munkelte, bei einem
Ober- oder Unter- oder jedenfalls Feldwebel der Kompanie stehe
daheim Rory Gallagher auf dem Stubenregal, in privatimen Fotos.
Die Frau dieses Webels, so hieß es, sei früher die Freundin des Su-
pergitarreros gewesen. Ach, du ahnst es nicht! Nicht, dass ich damals für Rory Gallagher hätte schwärmen mögen – für mich gehörte er (fälschlich, sehr fälschlich!) in eine Schublade mit solchen Typen wie Alvin Lee, dem Eddie Mercks der Elektrogitarre, und auch
die irische Abkunft des Herrn half ihm in meinem Ansehen nicht
wirklich auf; aber dass jemand das Schnuckelchen von Rory Gallagher gewesen sein konnte und sich nun mit einem Bundeswehr-
fritzen abgab ... Nein, das war zu schlimm, als dass ich vorstehen-
den Satz jemals hätte beenden können. – Was einem dabei freilich
auffallen kann: Es scheint häufig der Fall gewesen zu sein, dass sich
begnadete Bluesrock-Gitarreros eine deutsche Freundin zulegten.
Wurde nicht auch der tote Hendrix seinerzeit von einer blond-
mähnigen Deutschen hinterbleibend betrauert? Auf jeden Fall wünsche ich mir zumindest insgeheim, jene Soldatengattin habe an je-

nem Tag, als Rory verschied, dann doch irgendwelchen Dingen nachgehangen, die sich nicht im Bewachen von Natodraht erschöpften.

(Die musikalisch gesehen noch schlimmeren 80er Jahre überspringen wir mal lieber, ich überstand sie durch die Flucht in Folk und New Age und allerlei Undefinierbares.)

Irgendwann im November 1990 muss es gewesen sein, dass sich eine Redakteurin von Radio Bremen bei mir meldete und einen Essay zum bevorstehenden fünfzigsten Todestag des irischen Großschriftstellers James Joyce von mir geschrieben haben wollte. Nichts leichter als das. Ich drechselte etwas zum Thema »Umgang mit Joyce«, wozu auch ein Stück von Kate Bush gehörte, die sich durch Joycesche Textproduktion hatte inspirieren lassen: »The Sensual World«. Ich hatte das Bush-Stück schon auf Cassette, aber zur Vorbereitung der Sendung brauchte ich den gedruckten Text, darum schlich ich mich unverfänglich in einen nahegelegenen Plattenladen, erwarb die besagte Bush-LP und bat, sie mir zu versiegeln, da ich sie verschenken wolle. Man versiegelte wie erbeten, ich kopierte die Stelle mit dem unversiegelten Text und schleppte die Platte in den Laden zurück, und das einzige Problem bestand nun noch darin, für die erhaltene Gutschrift eine andere Platte auszuwählen. Was wählte ich da? Nein, natürlich keinen Hendrix – aber es geht schon in die Richtung, sozusagen. Ich leistete mir meine erste Scheibe von U2, nämlich das Doppelalbum »Rattle and Hum«. Gewiss, es gilt als Ausweis schlechten Geschmacks, sich zu U2 zu bekennen, doch mit derlei hab ich keine Schwierigkeiten, bin im Gegenteil in der Lage, jeden Gutgeschmäckler bei dieser Gelegenheit noch zusätzlich zu schocken. Scheibe 1, Seite 2 von »Rattle und Hum« beginnt nämlich mit der U2-Version von »All Along the Watchtower«, und ich erkläre seit eh und je und auch weiterhin jedem, der's hören will, dass für mich dieses die beste existente Version des Dylan-Songs ist – besser als die von Neil Young und sogar ein bisschen besser als die von Jimi Hendrix. Jawohl! – Aber bitte weiter in der Musik, Scheibe 2, Seite 2 von »Rattle and Hum«: das zweite dort zu hörende U2-Stück »Bullet The Blue Sky« beginnt textlich mit der Zeile »In the howling wind comes a stinging rain«, doch musikalisch vorgeschaltet sind, sozusagen zur Illustration des »howling wind«, genau 43 Sekunden aus der Woodstock-Aufnahme von »The Star Spangled Banner«, gespielt natürlich von jenem unverwechselbaren Herrn Jimi. Hier hatte ich nun also mein erstes Stück originaler Hendrix-Tonkunst im Hause, und das auf einer U2-Platte. Oha!

Im Januar 1991 dann war's soweit, dass mein Joyce-Essay mit dem Kate-Bush-Einsprengsel gesendet wurde. Und der böse Hendrix-Fluch wirkte fort, jetzt heftiger denn je, aufgerührt gewiss durch den U2-Fauxpas. Der Bremer »Weser-Kurier« kündigte in seiner Radioprogrammspalte meinen Essay an als Sendung »Zum 50. Todestag des irischen Schriftstellers Friedhelm Rathjen«! Das ist wie bei der Mafia, wenn einer sagt: »Du bist ein toter Mann!« Zur Untermauerung stand direkt über »meiner« Gedenksendung die Ankündigung für eine Richard-Strauss-Sinfonie mit der Bezeichnung »opus posthumum«; und direkt unter meiner Sendung ließ sich unschwer erkennen, welcher Fluch mir da nachhing, denn da gab's eine Sendung mit einer Sopranistin namens Barbara Hendricks!

Im Mai selbigen Jahres ergab es sich, dass ich trotz widriger Umstände (der widrigste war, dass mir niemand die Reise zahlte) gen Amerika flog, um im idyllischen Oregon einer literaturwissenschaftlichen Tagung zum Werk Arno Schmidts beizuwohnen. Wohnen musste ich vorher, weil die Flüge zum späten Zeitpunkt meiner Buchung nicht mehr frei verfügbar waren, ein paar Tage im nahen Seattle, was bekanntlich der Heimatort von Jimi Hendrix ist. Nun denn, das Hendrix-Museum existierte damals noch nicht, mithin frönte ich meiner Bildungssucht lediglich im Boeing-Flugmuseum; aber mein Gastgeber in Seattle war ausgerechnet ein Gitarrist, nämlich der damals ortsansässige Arno-Schmidt-Forscher Thomas Ringmayr. In einer späteren Fachpublikation zum Thema »Arno Schmidt und die Rockmusik« ließ ich mich deswegen dazu hinreißen, den »in Seattle wohnhaften Gitarristen und Hendrix-Nachfolger Thomas Ringmayr« zu erwähnen, was mir vom Betroffenen eine böse öffentliche Replik unter dem Titel »Jimi, Arno und ich« eintrug. Ringmayr ist nämlich der Jazz-Schule zuzurechnen und be-

wundert nach eigenem Bekenntnis »durchweg Verwender der akustischen Vollkörper-Jazzgitarren mit unentstelltem, wenn auch
elektrisch verstärktem Naturton.« Dass das mit Jimi Hendrix nicht
zu vereinen ist, ist selbst mir klar; folglich darf ich mich wohl nicht
beschweren, dass Ringmayr in seiner Replik Hendrix und mich in
einem (freilich langen) Atemzug anpöbelt. (Nachzulesen ist die
ganze unerquickliche Kontroverse im »Jahrbuch der Gesellschaft
der Arno-Schmidt-Leser 1993«.)

Irgendwann in diesen Jahren muss es gewesen sein, dass ich zur
Feier der Rückkehr meiner musikalischen Interessen zu den eigentlichen Gefilden der Rockmusik damit anfing, Belege zu sammeln
für alle Arten von Querverbindungen zwischen Literatur und Rockmusik: also Songtexte, die auf literarische Vorlagen zurückgehen
oder Dichter beim Namen nennen, literarische Texte, in denen
rockmusikalische Dinge verhandelt werden, und ähnliches mehr.
Nun denn, schauen wir also mal, was sich zum Thema Jimi Hendrix daraus ergibt – viel ist es nicht, wie ich vorab beichten muss.
In Andreas Neumeisters schönem Erstlingsroman »Äpfel vom Baum
im Kies« lesen wir über einen jungen Herrn: »Hat er die Beatles
verachtet, höchstens Creedence Clearwater und so. Hat er Jimi
Hendrix noch live gesehen und hat seitdem davon erzählt, bei diesem Konzert ist ein Roadie ständig damit beschäftigt gewesen, dass
er die heißgespielten Endstufen auswechselt.« Salman Rushdie hat
einmal – allerdings nicht in einem seiner Romane, sondern in einer journalistischen Arbeit – über den Einfluss des Vietnam-Kriegs
bemerkt, »dass nicht nur Soldaten, nicht nur General Waste-Mo-
re-Land in Vietnam eingedrungen waren, sondern auch Jimi Hendrix, Sam the Sham und Frank Zappa«, und sein Interviewpartner
Michael Herr setzte hinzu: »Die meisten Frontkämpfer, schwarze
wie weiße, kamen aus der Arbeiterklasse. Für sie war der Krieg die
Fortsetzung ihres Lebens auf der Straße. Der Rock'n'Roll besaß damals eine Allgemeingültigkeit, die er seit 1970 nie wieder erreicht
hat. Irgendwie hat der Krieg den Rock'n'Roll nicht überlebt.« Nun
denn: ab September 1970 hatte der Krieg zumindest Jimi Hendrix
überlebt. Und dann gibt's, als dritte und schon letzte Frucht aus
meiner Zitatesammlung, noch eine Stelle in Achim Szymanskis

»Bravo bravo«, wo wir Folgendes nachlesen können: »*Janis Joplin*, die Stimme aus der Flasche, ist tot. *Jimi Hendrix*, ein Neger, der die besten Aussichten hatte, zum *Stevie Wonder* des Hard Rocks zu werden, wird nie wieder Gitarre spielen. Nie wieder zieht *Jim Morrison* auf offener Bühne an seinem Dödel. / Kurz ist die Zeit, die Ihr zum Singen habt; kaum zu der Mund, schon ist man tot. Aus dem erlöschenden Feuer *Lou Reeds* und *Joe Cockers* sproß ein Jüngling, siehe, und es war *Tom Waits*.« Tom Waits, nun ja: gehört der noch zum Thema Hendrix? Und Szymanski, nun ja: gehört der noch zum Thema Literatur?

Irgendwann gegen Mitte der 90er Jahre muss es gewesen sein, dass ich meinen Freund Clemens Eich in Hamburg besuchte und er mir punktuell aus seinem Elternhaus erzählte. Na, Elternhaus ist gut: Immerhin war er der Sohn von Günter Eich und Ilse Aichinger, kein Wunder also, dass Clemens schließlich selbst zum Schriftsteller wurde. Aber Schriftstellerei ist etwas für reifere Jahre; als Sechzehnjähriger, so vertraute Clemens mir an, sei er von zuhause abgehauen und auf die Isle of Wight getrampt zum wahrhaft legendären Festival. 1970 muss das gewesen sein. Isle of Wight? Ach ja, Clemens hat ihn spielen sehen, den guten Jimi, über den alle was wissen wollen und über den ich nichts weiß. Und auch von Clemens ist nichts mehr zu erfahren. In einem seiner Gedichte lese ich was von Erinnerungen »an Brian Jones«; in einem zweiten bedichtet er Ten Years After (Alvin Lee, oh je!), in einem dritten kommt was »cross the Mersey«, und da sind wir dann bei Gerry & the Pacemakers tief in den Anfängen der glorreichen 60er Jahre. Kein Hendrix, nirgends.

So also muss es alles gewesen sein, und so ist es noch gewesen, als mich während der Frankfurter Buchmesse des Jahres 2001 der dreiste Frank Schäfer von der Seite anquatschte und mir auf erpresserische Weise etwas über Jimi Hendrix abverlangte. Nein, meine Jahre mit Jimi waren Jahre ohne Jimi.

Was aus allem geworden ist? Fragen Sie lieber nicht! Der Verbleib von Bata Illic wie von Noddy Holder ist mir komplett unbekannt; George Harrison erlag seinem Krebs. Der Schulfunk ist am Infantilismus des Radiophonen verendet, die Vinylplatte an Digitalisierung der Tonträgerwirtschaft. Cat Stevens ist fundamental schrecklicher Islamist geworden, Love-Sculpture-Gitarrist Dave Edmunds spielt nur noch Hillbilly-Zeugs, Lockenkopf Alan Stivell hat eine Glatze. Duane Allman fiel vom Motorrad und brach sich das Genick oder sonstwas Lebenswichtiges; Eric Clapton hat sich in den Hitparaden vergraben. Dethard Fissen hatte einen leichten Unfall auf der Autobahn, übrigens in meinem Landkreis, und lief vor Schreck vor den nächst heranpreschenden Wagen, tödlich. Rory Gallagher, Ire und Bluesheld noch im Tode, krepierte an einer zuschandengetrunkenen Leber. Creedence Clearwater gehen ohne die Fogertys auf Tour, da könnten eigentlich auch die Beatles wieder touren, mit Ringo plus Studiomusikern. Frank Zappa ist toter als Saigon in dem Moment, als der letzte US-Hubschrauber von der Botschaft abhob. Clemens Eich stürzte in Wien von einer Treppe, lethal. Und Jimi Hendrix? Er lebt noch, jede Wette, und wird mir weiter nachstellen mit seinem schleichenden Gift, mit seinem heimlichen Fluch! Nein, eine Hendrix-CD werde ich mir nicht kaufen! Ja, die U2-Version von »All Along the Watchtower« bleibt für mich die beste! Nein, die Hendrix-Fassung von »House Of The Rising Sun« will ich nicht hören! Rory & Duane forever!

Andreas Klotz

TRAUER IM PLATTENLADEN
AM SAMSTAG

Wer würde sich da nicht ein bisschen komisch, ja fast mumienmäßig vorkommen? Wer nicht? frage ich. Wenn man sich im Plattenkaufhaus seiner Wahl in die Schlange vor dem Informationstresen einreiht und die Vorgänger nach der »neuen von Baby Ford and the Ifach Collective«, nach »hier ... äh ... Katrin Achinger featuring Boba Fett & Eißfeld« oder nach »dieser absoluten Hammerscheibe von ... and you will know us by the Trail of Dead« fragen, man selber aber nur wissen will, wo man das Jimi-Hendrix-Fach findet. »Unter ›Pop/Rock von A bis Z‹ jedenfalls nicht!«

Ich fühle mich durch das Gelächter um mich herum ein wenig gedrängt, noch die Erklärung anzuhängen, ein Freund habe sich die »Electric Ladyland« zum Geburtstag gewünscht, weil er sie auch nirgends finden könne ... Nun ja, wenn ich ihnen erzählt hätte, dass meine Tante zweiten Grades an der elektrifizierten Zither ähnlich Revolutionäres geleistet hatte wie Hendrix für seine paar Saiten – und sogar immer noch gelegentlich zu leisten im Stande war –, dann hätte die Reaktion nicht anders ausfallen können. Das Schweigen war so total, dass ich die Grimassen hören zu können glaubte, die der Mob hinter meinem Rücken schnitt.

Aber wo das Höllenfeuer schweflig lodert, naht auch die Feuerwehr schon. Und zwar in Gestalt eines veritablen Mönchs. Ein Mann in schwarzer Kleidung mit langen schwarzen Haaren und einer kreisrunden Tonsur mitten auf dem Kopf, die so rund war, wie es nur die Natur hinbekommt und nicht der beste Klosterbarbier der Welt, ein Mann also, der mir sogleich Vertrauen einflößte, schnellte nun hinter dem Tresen hervor, nickte höflich und bedeutete mir: »Ich geh dann mal voran, Chef!«

Ich folgte ihm quer durch den Laden, und nach einer Weile standen wir vor einer vernachlässigt aussehenden Ecke mit dem Schild »Oldies von A bis Z«. Aber er ließ es dabei immer noch nicht bewenden, sondern führte mich direkt zum Buchstaben H, direkt zur gut sortierten Ablage »Hendrix, Jimi«. Hier also haben sie dich vergraben!

Der schwarze Mann stand neben mir, zeigte darauf, und wir sahen uns an. Und er musste nichts sagen, sein trauriges, resignierendes Lächeln tat mir weh in der Brust. Ich lächelte zurück, und jetzt wird es ihm weh getan haben. Und wir hätten vermutlich noch eine Weile da gestanden, kopfschüttelnd, beleidigt, im Clinch mit dieser schlechtesten aller Welten, aber da rief man schon wieder nach ihm.

»Ey Hotte, habta die eine von Bubba Sparxxx noch da?«

Axel Klingenberg

ES GIBT EIN LEBEN NACH DEM TOD

Gast 1: Ey, scheiße, Jim Hendrix is' heut' gestorben.
Gast 2: Ich dachte, der wär schon länger tot.
Gast 1: Mann, sein Todestag! 30 Jahre.
Gast 3: Willst du mich verarschen, der wurde doch nur 28 ...
Gast 4: Nee, echt? Dann bin ich schon älter. Ich bin schon über dreißig ...
Gast 2: Wie alt wurde denn Jim Morrison?
Gast 1: Keine dreißig. Und Janis Joplin?
Gast 3: *ehrfürchtig* Eine Generation!
Gast 4: *mit begeistertem Unterton* Die wussten damals noch nicht, wie se mit Drogen umgehen müssen! Die haben einfach alles geschluckt ...
Gast 1: Schlaftabletten. Es waren Schlaftabletten, kein Rauschgift.
Gast 2: An seiner Kotze isser erstickt.
Gast 3: Wie Bon Scott!
Gast 4: Aber der war besoffen.
Gast 3: Und Alex Harvey!
Gast 4: Wer?
Gast 3: Alex Harvey. Der war besoffen UND ist an seiner Kotze erstickt.
Gast 4: War der berühmt?
Gast 3: *empört* Klar war der berühmt!
Gast 1: Nach seinem Tod.
Gast 3: Aber berühmt. Und ein genialer Sänger.
Gast 5: Und der von den Stones ...
Gast 2: Brian Jones.
Gast 1: Na, dann muss er wenigstens nich mehr in sonner Scheißband spielen. *abfällig* Rolling Stones ...
Gast 3: Wie bei AC/DC.
Alle schauen ihn fragend an.
Gast 3: Na Bon Scott. AC/DC sind doch heute auch scheiße.

Gast 2: Quatsch. Außerdem wären sie mit ihm noch *viel* besser.

Gast 3: Oder schlechter.

Gast 1: James Dean!

Gast 4 : *ironisch* Die Besten sterben jung!

Gast 5: Wer will schon zu den Besten gehören?

Gast 4: *noch ironischer* Wen die Götter lieben, den holen sie früh zu sich!

Gast 5: Wer will schon von Göttern ge...

Gast 1: Marvin Gaye.

Gast 5: *leicht verächtlich und mit Fistelstimme* Marvin Schwul. Schwuchtelfunk ...

Gast 1: Der war geil, du Idiot.

Gast 5: Hauptsache ...

Gast 3: ... nicht auf dich. Blabla.

Gast 4: Der wurde von seinem Vater erschossen. *strafender Seitenblick zu 5* Auch so ein reaktionärer Arsch.

Gast 6: Und der Typ von dieser Punkband aus'm Osten ... Otze ... der hat seinen Vater umgebracht. Zerlegt mit einer Axt.

Gast 7: Feeling B!

Gast 6: Nee, Feeling B waren das nicht, Saukerle oder Schleimkeim waren das, glaub ich ...

Gast 7: Nein, das mein ich nicht. Aljoscha von Feeling B ist auch tot. Kohlenmonoxidvergiftung in seinem Bauwagen. Und Saukerle und Schleimkeim sind dieselben. Im Westen hießen se Saukerle und im Osten Schleim...

Gast 6: Die Stasi, das war bestimmt die Stasi, das mit dem von Feeling B.

Gast 5: Von was redet ihr überhaupt? Wer oder was ist Feeling B?

Gast 7: Diese DDR-Fernsehdokumentation über ostdeutsche Punkbands, kennste die nich? Sandow, Feeling B und ... und ...

Gast 4: Rammstein!

Gast 7: Nee, das war im zweiten Teil, im ersten gab's die noch gar nicht ...

Gast 3: Rammstein ist doch kein Punk!

Gast 4: Aber von denen ist doch auch einer tot ... War da nich mal ein Flugzeugabsturz?

Gast 7: *unbeirrt* Genial der Film ... Feeling B am Strand von Use-
dom oder wo das war. Und der Typ von Sandow: »Von
mir aus kann alles zusammenbrechen. Erst der Osten, dann
der Westen ...«

Gast 6: *beschwörender Tonfall* Kennst du die Stille nach der Zerstörung ...

Gast 1: Sid Vicious!

Alle nicken eifrig und reden durcheinander.

Gast 7: ... und Nancy!

Gast 6: ... was innocent.

Gast 4: ... war er nich!

Gast 6: *lakonisch* Überdosis.

Gast 5: Goldener Schuss!

Gast 2: *leicht spöttisch* Immer diese Drogen!

Gast 3: *vermittelnd* Charles Bukowski.

Gast 5: Der hat aber nix mit Drogen ...

Gast 1: Der hat nur gesoffen!

Gast 4: Und war kein Musiker ...

Gast 6: Und alt!

Gast 3: Aber berühmt.

Gast 1: Und gut!

Gast 3: Der Mann mit der Ledertasche.

Gast 4: *verbessernd* Post-Office.

Gast 3: Fast eine Jugend oder das Schlimmste ...

Gast 4: *verbessernd* Ham on rye ...

Gast 3: Fuckmachine!

Gast 2: Leben und Sterben in Uncle ...

Gast 1: Gedichte, die einer schrieb ...

Gast 3: *feierlich* Lasst uns das Glas erheben ...

Alle: Prost!

Alle heben die Gläser und trinken.

Gast 2: Jack Kerouac gab's auch noch ...

Gast 1: Und Neal Cassady!

Alle: *durcheinander* Buddy Holly! Lynyrd Skynyrd! Kurt Cobain!
Hemingway! Che Guevara! Bob Marley!

Gast 2: Judge Dread. Der ist auf der Bühne zusammengebrochen
– Herzanfall! *Das* nenn ich einen Rockstartod!
Gast 3: Cliff Burton!
Gast 4: Bassist, Metallica, Pulling Teeth, großartig.
Gast 2: Aber würde sich noch jemand für den interessieren, wenn
der nich damals in Schweden oder Norwegen bei der Tour
umgekommen wäre? Glaub ich nich.
Gast 1: Als ob heute niemand mehr Metallica hören würde ...
Gast 3: Aber wahrscheinlich wär er auch so'n Arsch wie der Rest
von denen!
Alle nicken traurig und trinken schweigend.
Wirt: Last order!

Michael Sailer

(SLIGHT RETURN)

Eine Veranda im tiefen Afrika, Abendstimmung: Ein müder Löwe furzt in den Sand (vielleicht war die letzte Gazelle doch eine Gazelle zuviel?), zwei Elefanten machen Rüsselwetthängen (es zählt der Abstand zum Boden), eiffelturmähnlich schlummern Giraffen in den Baumkronen, der Horizont glimmt diesig purpurn, der Wind ruft leise Mary. Auf der Veranda sitzen zwei ältliche Männer in Schaukelstühlen; beide sehen aus wie Jerry Garcia selig, der eine allerdings ein bisschen heller, der andere dunkler.

»Geiler Abend, Mann.«

»Wär noch geiler, wenn's der erste wäre. Ist aber mindestens der zehntausendste.«

»Weißt du noch, Jimi, wie wir uns das erste Mal getroffen haben?«

»Klar, Jimmyboy, das war bei dieser irren Session im Scene Club am 7. März 1968, mit Johnny Winter, Buddy Miles. Ich weiß allerdings nicht mehr viel davon, war ja fast so prall wie du.«

»Prall? Und da weißt du sogar noch das Datum? Mann! Ich kann mich bloß noch erinnern, dass du ›Woke Up This Morning And Found Yourself Dead‹ gespielt hast.«

»Ja, prima Kalauer. Und guter Gag, sowieso. Aber an den Song kann ich mich nicht erinnern. Und das Datum weiß ich bloß noch, weil du mich schon tausend Mal danach gefragt hast und weil ich außer meinen alten Terminkalendern leider nichts zu lesen mitgenommen hab', damals.«

»Siehste, so was schreib' ich mir selber. Irgendein Volltrottel hat das damals übrigens aufgenommen und mitgeschnitten, hab ich gehört. Ist inzwischen auf CD erschienen. Mindestens dreimal.«

»Die sind doch wahnsinnig. Ich besitze noch nicht mal so'n CD-Ding, denn dann käme ich bestimmt irgendwann in Versuchung, mir meine eigenen Platten anzuschaffen. Das sind inzwischen Tausende! Vollkommen unmöglich, dass ich da überall dabei war.«

»Das ist wahrscheinlich so 'ne Art Michelangelo-Sache.«

»Fang nicht wieder mit deinen deutschen Philosophen an, Jimmyboy.«

»Wie bist du eigentlich hier gelandet, Jimi?«

»Soll das heißen, du hast gar nicht gewusst, dass wir den gleichen
Anwalt hatten, Jimmyboy?«

»Oh. Ach so.«

»Aber es war schon ein ganz schöner Schlauch, erst die Geschichte mit der Perücke, dann der Ärger mit dem Pass, der Circus mit
Monika, und als ich dann endlich im Flugzeug saß, waren alle Zeitungen voll mit dem Geheule. Ich seh Eric Burdon noch vor mir,
der arme Kerl hat das jahrelang nicht überwunden. Immer wieder
hat er einem Reporter vorgejammert: Jimi ist ermordet worden!
Von einem Krankenpfleger!«

»Wahrscheinlich hat er für jedes Interview zehn Dollar bekommen.«

»Aber ehrlich, es war höchste Zeit. Glaubst du, irgendein Depp
auf diesem Planeten hätte ›Cry Of Love‹ gekauft, wenn der Typ auf
dem Cover noch gelebt hätte? Chas wollte unbedingt was mit diesen Rüpeln aus Wolverhampton machen. Und in der Zeit vorher
hatten mich sowieso alle abgeschrieben, wegen Buddy und der Band
of Gypsys. Und danach wollten sie plötzlich jeden Furz, den ich irgendwann mal bei Little Richard in der Studiotoilette gelassen hab,
auf zehn Platten pressen. Auch wenn's nicht mal mein Furz war.«

»Kenn ich. Ich sage nur: ›An American Prayer‹. Da war ich bei
der Aufnahme toter als heute, ha ha ha! Und das Zeug, das Man-
zarek und Densmore und dieser andere Kerl dazugedudelt haben,
au weia!«

»Na ja, immerhin ist's mir erspart geblieben, dass irgendwer da-
nach ohne mich weitergemacht und neue Platten produziert hat.
›Other Strings‹ von der Mitch Mitchell Experience oder so was,
Gott im Himmel!«

»Lach nur. Dafür steht heute auf jeder nutzlosen Platte von Noel
Redding oder Fat Matress und wie das ganze Zeug heißt, immer
ganz groß drauf: ›File under Hendrix‹! Ha! Ha!«

»Ach, ganz ehrlich: mir egal. Aber sag' mal, was hast du danach eigentlich gemacht, Jimmyboy?«

»Ach, erst mal gar nichts, wie die ganze Zeit davor auch, aber diesmal ohne Kameras. War froh, dass ich die alte Keule los war, hab'n bisschen weniger getrunken, also erst mal gar nichts mehr, ehrlich gesagt. War 'ne ziemlich harte Sache, aber die ersten vier Wochen hab ich mich sowieso nicht aus der Bude getraut, weil ich Angst hatte, mein Bild ist in allen Zeitungen. Dann bin ich zurück in die Staaten Und dann war ich ein Jahr lang auf Tournee.«

»Auf Tournee?«

»Ja, mit der Alice Cooper Show – als Henker!«

Es ist dunkel geworden. Für ein paar Minuten herrscht vollkommene Ruhe. Dann nähert sich ein dünner, langhaariger Mann mit Rucksack dem schummerigen Lichtkreis der Veranda, wird langsamer, bleibt schließlich wie gelähmt stehen und starrt.

»Was gibt's denn da zu glotzen, Mann? Verpiss dich!« ruft der hellere der beiden ältlichen Herren. Der Mann bleibt stehen.

»Also, wenn ich an so was glauben würde, dann würde ich glauben ...«, stammelt er, »... dann würde ich meinen wollen, dass Sie doch tatsächlich Jim Morrison sind! Sind Sie's? Sind Sie's?«

»Ja, und ich bin Jimi Hendrix, Bruder!« ruft der dunklere der beiden ältlichen Herren. Der Mann überlegt kurz, tippt sich dann an die Stirn und zieht seines Weges.

»Der Trick zieht immer. Wie steht's eigentlich?«

»Achtunddreißig zu sechzehn für dich, Jimmyboy. Aber wir sollten nicht übermütig werden.«

»Ach was, bis jetzt hat uns die Wahrheit noch keiner geglaubt. Außer diesem Kauz, der seit einiger Zeit jeden Abend in Miles' Bar am Tresen hängt und uns giftig ansieht. Was is'n das eigentlich für einer?« »Richey? Keine Ahnung. Miles meint, er ist'n manischer Kaplan oder so was. Achte einfach nicht drauf.«

»Ach, du kennst seinen Vornamen? Zu mir hat er bloß gesagt: Für Sie Mister Edwards, Sir.«

»Mach dir nichts draus. Vielleicht mag er keine Gedichte.«

Stille. Die Mitternachtslampe brennt.

Thomas C. Breuer

HAPPY HOUR

Es ist in dieser Gegend eigentlich gar nicht nötig, auf den Friedhof zu gehen, größere zusammenhängende Waldgebiete finden sich überall. Die Rhododendronblüte hat mich im Frühling hierher gelockt. Ich war es leid, ein paar blühender Rosenbäume wegen immer den langen Weg durch die ganze Stadt zum Arboretum auf mich zu nehmen. Gottseidank gab mir jemand den Tipp. Der Highlands Greenwood Cemetery in Renton liegt nur ein paar Blocks von meinem Häuschen entfernt und wartet mit einem ansprechenden Angebot auf: Rhododendren satt. Jetzt haben wir September, da tut sich in Sachen Blüte natürlich nichts, ich komme aber nach wie vor hierher. Fast jeden Tag. Wegen der Hamlock-Tannen, der roten Zedern und diesem ganzen japanischen Geästel, das wie mutierter Bonsai anmutet. Nicht zu vergessen das Rudel dieser Bäume mit den leuchtend roten Stämmen, die sich fortwährend selbst pellen, wodurch sie immer frisch aussehen. Hier nennt man sie schlicht »Madronas«, mein deutscher Reiseführer beschreibt sie indes poetisch als »Menzies Erdbeerbäume«. Der Friedhof erstreckt sich einen Hügel hinunter und hat sich mit einem dicken Ring von Sitka-Fichten von der Umgebung abgeschottet. Nur nach Nordwesten hin ist die Sicht frei auf Lake Washington und Mercer Island, und von da durchpusten gelegentlich die »Chinooks« meine Hirnwindungen. Den Sommer über flatterten hier Bluejays herum und, ich schwör's, kleine smaragdgrüne Kolibris, das charmanteste Ventilationssystem der Welt. So weit oben im Norden hätte ich die Burschen gar nicht vermutet. Manchmal erspäht man sogar Weißkopfadler, mitten im Stadtgebiet!

»Ich geh immer zum Friedhof, weil es da am wenigsten auffällt, wenn man weint!« Der Satz stammt nicht von mir, aber endlich passt er mal. Keine Ahnung, warum ich gerne weine derzeit, schließlich habe ich mir mein Schicksal selbst ausgesucht. Ich bin, meine luxuriöseste Depression bislang, in meiner Lieblingsstadt, weit weg von daheim, um all diese Geschichten aufzuschreiben. Alltag und Kunst, das bringe ich nicht auf einen Nenner. Den letzten Roman habe ich vernichten müssen, weil mich der Alltag aus dem Tritt gebracht hat. Nicht mal mit dramatischer Geste wie Danny Deck, den Helden von Larry McMurtrys »Some Can Whistle«, der seinen missglückten Roman schreiend bei Roma, Texas im Rio Grande versenkt. Durch Heidelberg fließt nur der Neckar. »Wollen Sie diesen Text wirklich löschen?« Ja. Jajaja! Was soll ich aber anderes tun als schreiben in einem Alter, in dem die Vorruhestandsregelung noch nicht greift? Also habe ich mich vorsichtshalber vom Acker gemacht. Ich wohne nicht direkt downtown, aber bis zu den Vorstädten habe ich mich schon vorgekämpft. Es hätte irgendeine sein können, Tukwila, Kent, Bryn Mawr, zufällig ist es Renton geworden, am Südzipfel von Lake Washington. »Housesitting« nennt der Amerikaner das, was ich hier treibe. Gut, Renton ist nicht so elegant wie diese Edward-Hopper-Gemälde auf Queen Anne oder in Magnolia, dafür aber enorm preiswert bei der verkehrsgünstigen Lage. Verkehrsgünstig heißt in dem Fall unmittelbare Nähe zur Einflugschneise des Flughafens, worunter mein euphorisches Verhältnis zur zivilen Luftfahrt etwas gelitten hat. Dazu gesellen sich das Boeing Field für Testflüge und der Renton Municipal Airport gleich nebenan. Die Nähe zum Flughafen ist trotzdem von Vorteil. Wie Gastarbeiter in Deutschland zum Bahnhof zieht es mich immer wieder dahin. Vielleicht, um bewegende Momente und eindeutige Gefühle zu beobachten, wie man sie sonst nur noch bei Ikea erleben darf. Und um dem Sehnsuchtsaffen Zucker zu geben. Mir vermittelt Sehnsucht die entscheidenden Kicks. Es muss nicht mal nach Deutschland sein, Sehnsucht nach der Sehnsucht reicht schon. Als Antriebsmotor. Sowieso muss ein Künstler unentwegt die Kulissen wechseln, sich neuen Einflüssen aussetzen und anderen Herausforderungen stellen, von Zeit zu Zeit aus seiner Haut heraushieven, um wieder anfälliger, verletzbarer zu werden. Der Künstler muss offen und unverkrustet durchs Leben schreiten, jawohl.

Ein paar Tage habe ich den Friedhof vernachlässigt. In Seattle war das »Bumbershoot«-Festival, wo du für nur fünf Dollar am Tag Randy Newman, Uncle Bonsai, John Hiatt und Karla Bonoff sehen kannst, wenn du genug Geduld aufbringst, jedesmal anderthalb Stunden Schlange zu stehen. Nach dem mehrtägigen Getöse kommt mir die Grabesstille gerade recht, obwohl ich kein Friedhofsfetischist bin wie diese Leute, über die mein Freund Danny zu witzeln pflegt: »See that cemetery over there? People are dying to get in there!« Der Gottesacker liegt einfach optimal. Außerdem ist es für einen Kilometerfresser wie mich beruhigend zu wissen, dass es Orte gibt, an denen Wanderschaften zu Ende gehen. Und mit Toten muss man nicht groß reden. Ich habe es so eingerichtet, dass ich regelmäßig die Happy Hour auf dem Friedhof von Renton verbringe. Die Blaue Stunde. Ein wunderbarer Augenblick, des Tages Wirren, Anregungen und Gedanken noch einmal Revue passieren zu lassen, um ihnen dann ihren Platz in der Geschichte zuzuweisen. Verpfeift euch! Ach, und da ist noch etwas: der Kaffee hier ist der beste in ganz Renton.

Na gut: Happy Hours sind nicht immer wunderbar. Eigentlich nie. Trübsinnige Gedanken laufen zu großer Form auf, nie ist die Weinerlichkeit erhabener als jetzt, und die Oliven im Martini erinnern einen daran, dass man täglich einen kleinen Happen Tod verabreicht bekommt, denn wie dieser Tag neigt sich auch das Leben seinem Ende entgegen und so weiter ... Manchmal hat einen auch eine hinterhältigere Variante der Sehnsucht am Wickel. In diesem Fall heißt sie Sylvia. Gut, hätte ich gleich erwähnen sollen, dass mich eigentlich eine Zweierkiste nach Amerika gescheucht hat, an den am weitesten von Heidelberg und damit Sylvia entfernten Punkt auf dem Kontinent, von Alaska mal abgesehen. Noch weiter weg wäre schon wieder näher. Sylvia war die Ausnahme von meinem Credo, sich als Künstler nie mit einer Lehrerin einzulassen. Ich hätte besser auf mich gehört. Okay, ich habe versucht, mit ein paar edleren Gedanken durchzukommen, der Künstler im ständigen Ringen um Autonomie, das Erforschen fremder Welten und so weiter. Eine Sylvia macht sich da nicht besonders. Ich will die Geschichte nicht groß ausbreiten, schließlich will ich die Dame vergessen. Die Sache hat nur einen Haken: mein Liebeskummer muss sich im Handgepäck versteckt haben. Kummer braucht nicht mal auf eine andere Stromspannung umgestellt zu werden. Bei jeder Reise ist das Ich ein blinder Passagier. Mit diesen elenden Flugbegleitern bin ich in Seattle gelandet. Beziehungsweise in Renton, was macht das schon? In einer Wohnung, in der man bis zu den Knöcheln im Teppichboden versinkt und deren unterschiedliche Stoffmuster tiefe Bestürzung auslösen können.

Als mir der Kaffeestand, eigentlich eine chromblitzende italienische Kaffeemaschine auf einem Wägelchen, zum erstenmal aufgefallen ist, an einem regnerischen Aprilnachmittag, habe ich mich natürlich gewundert. Mittlerweile bin ich abgebrühter, denn ich weiß, dass es hier erstens meistens regnerisch ist, und zweitens die Leute deswegen einen geradezu manischen Drang nach Heißgetränken entwickelt haben. Nach Kaffee. Italienisch geröstetem Kaffee. Mit Milch. Ohne Milch. Espresso. Café Americano – da wird der Espresso in ein Glas heißes Wasser gekippt. Cappuccino. Oder der von mir bevorzugte Café Latte, eigentlich eine Art ausgeuferter Cappuccino mit noch mehr geschäumter Milch. Und etwa weitere sechsundvierzigtausend Variationen. Diese Karren gewährleisten die Erstversorgung der Bevölkerung und beugen gefährlichen Koffeinentzugserscheinungen vor. In Gerichten, Krankenhäusern, Autozulassungsstellen, Kaffeekarren satt, und, man glaubt es kaum, Imbissketten wie McDonald's haben sich der Hysterie angeschlossen und offerieren Espresso. Warum also nicht auf dem Greenwood Cemetery? Hätte mir natürlich denken können, dass noch andere Gründe für einen Kaffeestand auf einem Gottesacker sprechen, denn so etwas wie Pietät kennt selbst der Amerikaner. Dieser hier dient als Beobachtungsposten. Ein Wachturm. Wenn ich nachgedacht hätte, wäre ich vielleicht darauf gekommen, dass so ein Standort nicht bloß mit Kaffee seinen Mann ernähren kann.

Es nieselt leicht. Gott bevorzugt hierzulande den Flakon. Das ist gut, da keimen neue Ideen besser. Obendrein sollte man gelegentlichen Depressionen die richtige Pflege angedeihen lassen, sonst können sie sich nicht richtig entfalten und man hat nichts davon. Regen gehört im Nordwesten dazu. Bevor sie über die lästigen Cascades müssen, toben sich die Wolken aus. Meinem Wunsch nach einer Maladie, die mir auf dringendes ärztliches Anraten hin einen ständigen Wohnsitz in den Tropen bescheren würde, trägt der

Nordwesten keinesfalls Rechnung. Eine Haut aus Goretex wäre fein. Wenn du das Wetter nicht magst, sagt man hier, zieh weg! Dabei ist Seattle kein depressives Pflaster. Im Nordwesten ist es ordentlich grün, auch in den Seelen und Köpfen. Man lebt gesund, vom Kaffee mal ab. Leute beschäftigen sich mit Kajaks, Frisbees, Angeln, Reiten und haben keine Zeit für dumme Gedanken. Die Stimmung ist eher gelassen. Vielleicht, weil die Leute nicht woanders sein wollen. Der Pazifik hat im letzten Jahrhundert entlang der Küste den Drang nach Westen gestoppt. Man war endlich da und musste nicht länger den Träumen von einem noch besseren Leben nachhängen. Alles ist geordnet und cool, die Leute haben keinen Dachschaden vom ständigen Sonnenschein. Seattle ist nicht so aufgedonnert wie San Francisco, das damit beschäftigt ist, seinen Mythos zu leben. Seattle ist skandinavisch untertourig, unspektakulär. Merkwürdig nur, dass so eine seelenzerfressende und überanstrengte Musikrichtung wie der Grunge aus Seattle kommt. Nirvana zum Beispiel. Moment, Nirvana? Die kommen aus Aberdeen, das ist ein heruntergekommenes Kaff in der Nähe der Küste. Seit die Holzindustrie den Bach runterging, ist es als Selbstmordparadies fast so erfolgreich wie die Rote Armee. Und Eddie Vedder von Pearl Jam kommt aus Kalifornien.

Der Mann, der den Kaffee zubereitet, lebt ein gemütliches Leben hinter seinem Schnurrbart. Er hat ständig gute Laune. Ein markantes, scharf geschnittenes Lächeln Marke Gregory Peck, Cary Grant, James Stewart, falls es sich bei diesen Herren wirklich um drei verschiedene Personen gehandelt haben sollte. Allerdings ist er nicht unbedingt von stattlichem Wuchs, die Beine gerade mal so lang, um mühelos einen Dackel zureiten zu können. Sein Haar ist dichter als eine Mütze aus Biberfell. Er steht in seinem wasserabweisenden Pullover von L.L. Bean unter einem Sonnenschirm. Vielmehr Regenschirm. Sein Name ist Ed. Unermüdlich werkelt er hinter seiner Maschine, lässt Dampf ab, brüht Flüssigkeiten auf, klappert mit den Apparaturen, Lukas dem Lokomotivführer nicht unähnlich. Auf Wunsch schüttet er Haselnuss- oder Himbeersirup aus nostalgisch verzierten Tolaniflaschen in den Kaffee, was ich für verabscheuungswürdig halte. Mir liegt am unverfälschten Geschmack,

zumal Ed frisches Quellwasser aus durchsichtigen, großen Plastik-
fässern verwendet, das aus den Cascades kommt, wie er behauptet. Na, hoffentlich, ich stehe nicht sonderlich auf Chlor und habe
daher zum amerikanischem Leitungswasser keine ungetrübte Beziehung. Während der Zubereitung bramarbasiert Ed vor sich hin,
erzählt von den Spielen der Sonics oder vom Wandel der Zeit, vom
»Prez« oder den frechen Eichhörnchen auf dem Gelände. Ab und
zu kommt ein freundlicher Polizist vorbei, dem ein breiter Leder-
gürtel mit Handschellen, Schlagstock, Pistolenhalfter, Taschen-
lampe, Funkgerät und – Kaffeebecher auf den Hüften sitzt. Auf dem
steht in ungelenken Lacklettern Stacey. Stacey also lässt sich von
Ed den Becher mit »drip coffee« füllen, denn er steht nicht auf Spe-
renzchen, und dann fangen die beiden an, die Welt neu zu ordnen.
Zeit, mich zu meinem Lieblingsplatz zu verkrümeln. Friedhöfe im
Westen muss man sich anders vorstellen als in Deutschland, nicht
mit ordentlich gesäumten Gräbern und kleinen Ansiedlungen aus
Mausoleen und gigantischen Hinkelsteinen. Ohne Steine kostet ein
Grab weniger, weil man drüber hinwegmähen kann. Der Green-
wood-Friedhof ist eher wie ein Golfplatz, in den man gelegentlich
mittelschwere Felsbrocken waagerecht ins Grün gedrückt hat. Es
hat übrigens eine Zeit gedauert, bis ich mich getraut habe, den Rasen zu betreten. Aber das ist Amerika, Mann! Ich habe es einfach
den Besuchern nachgemacht. Meine Ecke ist ein kleines Holzbänk-
chen neben einem Winzling von Granitblock, auf dessen Inschrift
ich bis gestern nie einen Blick geworfen hatte. Die Lehne des Bänk-
chens ist mit indianischen Schnitzereien verziert, Cayuse, Klickitat,
Tillamook, was weiß ich. Von hier hat man einen ergreifenden Blick
auf einen Zipfel des Lake Washington. Der Platz hat mich aber von
Baumes wegen angezogen, die deutsche Sprache verunglimpft ihn
schnöde als Schuppentanne, was in meinen Ohren nach einem Fall
für den Dermatologen klingt. Diesmal ist das Englische poetischer:
»Monkey Puzzle Tree«. Das stimmt mich milde, selbst wenn mir
nicht klar ist, was damit eigentlich zum Ausdruck gebracht werden
soll. Auf den spindeldürren, waagerechten, dunkelgrünen Ästen,
gespickt mit mordlustig aussehenden Stacheln, wird kaum ein Af-
fe Quartier beziehen wollen. Noch etwas zieht mich derzeit an die-

sen lauschigen Ort: Auf dem Rasen vor dem Granit steht seit gestern eine braune Papiertüte. Die Amerikaner können, was Auswüchse von Prüderie angeht, auf bizarre Weise erfinderisch sein. Alkohol darf in der Öffentlichkeit nicht konsumiert werden, es könnte irgendwie Gott beleidigen oder Jugendliche entwurzeln, folglich sieht man zum Beispiel die Jungs von der Bukowski-Stiftung downtown immerzu grosse Papiertüten zum Munde führen. Jedes Kind weiß, dass Flaschen darin stecken, aber deren unverhüllter Anblick darf niemandem zugemutet werden. Ich habe mich natürlich gefragt, was so eine Tüte vor einem Grabstein zu suchen hat, aber es gibt Totenkulte, die unserer weißen westlichen Zivilisation bislang verborgen geblieben sind. Und tatsächlich, das Grab gehört auch keinem Weißen. Hier liegt jemand, den man politisch korrekt mit Afro-Amerikaner bezeichnet. Woher ich das weiß? Nun, der Mann ist berühmt.

James Marshall »Jimi« Hendrix – 1942–1970

Heute ist der 18. September. Ich sitze unter dem Affenrätselbaum und bemühe mich, das Flaschenrätsel zu lösen. In der Luft jene feuchte Substanz, die noch nicht ganz zu Regen geworden ist. Irgendeine Vorstufe. Drizzle. Eigentlich kann man überall im Nordwesten komfortabel plärren, weil das Gesicht ohnehin meistens feucht ist. Jetzt, wo die Tage wieder kürzer werden, muss ich öfter an Sylvia denken. Der Satz »Ich geh immer zum Friedhof, weil es da am wenigsten auffällt, wenn man weint« ist natürlich auf ihrem Mist gewachsen. Die Wolken ziehen rasch weiter, hinten im Westen, über den Olympics, ist das Band aufgerissen. Da laufen Goldadern über den Himmel. Während ich mir nachdenklich die Radieschen von oben betrachte, fühle ich mich kalt und fremd und bin froh, dass die Tüte wieder meine Aufmerksamkeit einklagt. Natürlich will ich wissen, was drin ist. Ich stehe auf, mache ein paar zwanglose Schritte mit den Händen in den Taschen, bin dann blitzschnell am Stein, knie mich nieder, öffne die Tüte, die mir fetzenweise entgegenkommt, denn natürlich ist sie völlig aufgeweicht. Eine Bierflasche. Ein Blick auf das Etikett, und ich muss schlucken.

»Heidelberg-Beer«! Mir wird schlecht. Ich glaube nicht an Omen oder Zeichen. Ich bin eher profan, bodenständig, so unesoterisch wie es nur geht, vor allem seit Sylvia. Aber das hier ist zuviel: ich bin aus Heidelberg, Deutschland, abgehauen, habe versucht, so viele Kilometer wie irgend möglich zwischen uns zu bringen und Unsummen dafür ausgegeben, und jetzt das. Ist das ein Zeichen? Tja, hätte ich mehr über den Nordwesten gewusst, hätte mich die ganze Geschichte weniger mitgenommen, denn diese Marke ist nicht eben unpopulär. Ist mir bisher nur nie aufgefallen. So beschließe ich, dieser Angelegenheit auf den Grund zu gehen, meine Tage kann ich ebensogut als Amateurdetektiv verbringen. Aufgabe Nr. 1: neue Tüte besorgen! Tagsüber bin ich in der Stadt gewesen, habe gleich in meiner Lieblingsbuchhandlung im Rocklexikon unter Hendrix nachgeschlagen: tatsächlich, er wurde 1942 in Seattle geboren. Ich hätte auch eine Biographie über ihn kaufen können, aber die war mir zu teuer, und ehrlich gesagt, war ich nie Hendrix-Fan. Ich habe so lange darin geschmökert, bis sich die missbilligenden Blicke der Verkäufer in meinen Rücken bohrten. Oh, ich weiß um die Verdienste, unbestritten, unbenommen, klar! Die meisten Hendrix-Anbeter, die ich kenne, sind jedoch selber Musiker. Sein Tod hat mich lange nicht so mitgenommen wie die Nachricht vom Hinscheiden Alan Wilsons, dem Sänger von »On The Road Again«. Mein Mundharmonikagott, man höre sich nur die Aufnahmen mit John Lee Hooker an. Die Natur hatte ihn nicht gerade verwöhnt: ein pummeliger, ungelenkiger, schüchtern dreinblickender Jüngling mit Brillengläsern wie Glasbausteine, der an Komplexen sicher keinen Mangel litt. Dafür hatte sie ihn musikalisch entschädigt. Er war etwas, nun, wunderlich: Fünf Stunden unentwegten Starrens in die Sonne auf einem LSD-Trip hatte seine Sehkraft zur Bedeutungslosigkeit reduziert und ihn der Schwermut anheim gestellt. Behauptet die eine Legende. Die Gegenlegende schwört Stein und Bein, dass er keine einzige Droge angerührt hat. Wie dem auch sei: Eines Tages verschwand er. Tage später fand man seine Leiche in einen Schlafsack eingerollt in einem dieser ehrfurchterregenden Sequoiawälder (Legende) beziehungsweise hinter dem Haus von Bob »The Bear« Hite im Laurel Canyon (Gegenlegende). Sequoias klingt romantischer, das sind diese kalifornischen Baumriesen, unter denen man sich wie ein armseliges Würstchen vorkommt. All dieses Zeugs ging mir an meinem Tisch in der Elliott Bay Book Company durch den Kopf, in jener Buchhandlung, in deren Souterrain sich ein inspirierendes Café mit lauter Regalen voller alter Bücher versteckt und gegen deren Zimtschnecken mein Körper bislang noch keine wirkungsvollen Abwehrstoffe entwickeln konnte. Da unten gibt es auch eine Telefonzelle, und aus Jux habe ich den Namen Hendrix aufgeschlagen: insgesamt einunddreißigmal steht er im Buch. Wer weiß, wer von denen mit Jimi assoziiert ist? Und wieso haben sie ihn an einem derart prosaischen Ort wie Renton zur letzten Ruhe gebettet? Vielleicht, damit sein alter Herr nicht soviel Sprit verfahren muss? Falls er überhaupt noch lebt. Oder um die Pilger fernzuhalten, obwohl ich mir das bei Amis nicht vorstellen kann. Hendrix ist längst Geschichte, von ihm geht aktiv keine Gefahr für die Jugend mehr aus, damit wäre der Weg frei für ein Mausoleum, die »Hendrix Hall of Fame« oder »Jimiland« mit Andenkengeschäften, Erfrischungsständen und was sonst so dazugehört.

Mich verbindet – wie gesagt – wenig mit diesem Mann. In Ems hatte er mich sogar einmal in Schwierigkeiten gebracht, nachdem Stengel, der Leadgitarrist unserer Band The Etz, und ich einmal einen ganzen Nachmittag und eine ganze Flasche VAT 69 gebraucht haben, um den Text von »Foxy Lady« rauszuhören. Keine Ahnung mehr, *was* wir rausgefunden haben, Hendrix hätte jedenfalls nicht eine Zeile davon wiedererkannt. Der Stengel, übrigens selbst ein hochtalentierter Gitarrist, konnte Hendrix persönlich interviewen, er hat ihn nur um drei oder vier Jahre überlebt. Jedenfalls hat Hendrix schrecklich genuschelt, und ich musste das Zeugs entschlüsseln und dann singen. Ich nuschelte folglich ebenso, so dass keiner meine englische Aussprache überprüfen konnte. Ansonsten nölte der Mann für meinen Geschmack eindeutig zu lange und zu penetrant auf der Gitarre herum, was höchstens einen Vorteil brachte: keine Zeit für ausufernde Schlagzeugsoli. Mit Strat, Fender Twin und Maestro-Fuzz-Gerät hat er die Welt auf den Kopf gestellt und alle Gitarrenhelden zur Verzweiflung gebracht, aber mein Herz hat er nie erobert, Revolution hin, Revolution her. Außerdem finde ich, dass man sein Instrument mit mehr Respekt behandeln sollte. Komisch, beim Diagonallesen der Biographie bin ich ausgerechnet bei dem Kapitel hängengeblieben, indem der Biograph behauptet, Jimi habe sich während seiner Schulzeit auf der Garfield High niemals geprügelt. War das Zertrümmern von Gitarren also bloß Jimis Art gewesen, Zärtlichkeit zu zeigen? War es irgendein Voodoo-Ritual? Oder war ihm einfach nicht warm genug? Jesus! Ich halte es lieber mit John Hiatt, den ich gerade erst beim »Bumbershoot«-Festival gehört habe: »It hurts my eyes to see stars smashing a perfectly good guitar.« Vielleicht war ich damals schon altmodisch, aber das Abfackeln und Aufessen von Stratocastern fand ich nie spannend. Anfang der 90er haben sie diese Tradition wieder aufleben lassen, besonders in Seattle, da war diese Stadt derart hip, dass eine Zeitlang erfolglose Bands aus ganz Amerika hergezogen sind, nur um von den bienenhaft umherschwirrenden Scouts der Plattenkonzerne als Seattle-Band entdeckt und verkauft zu werden. Der Lärmpegel mochte imposant sein, aber mir waren diese Bands zu humorlos, schlimmer als die Doors. Vielleicht bin ich auch kein Hendrix-Fan geworden, weil ich bei ihm nirgends einen Funken Ironie entdecken konnte, nicht mal bei »Star Spangled Banner«. Ich stehe nicht auf Kunst, die sich selbst zu ernst nimmt. Mir war meine Kindheit ernst genug, einmal muss Schluss sein. Kunst muss mich nicht dauernd an irgendwelche Schrecknisse erinnern. *Den* Job schaffen lässig meine Träume. Was Musik angeht, bin ich ein unerbittlicher Harmoniebolzen. Beinahe hätte ich übrigens in der Elliott Bay zuviel Zeit vertrödelt, der Herbst hat die Dämmerung vorverlegt. Ich muss mich sputen, den richtigen Bus zu erwischen, damit die Rush Hour nicht meine Happy Hour vermasselt. Auf der Rainier Höhe Columbian Park passieren wir eine riesige Werbetafel, auf der eine Radiostation verspricht: »Less music from dead guys«.

19. September. Heute nieselt es ausnahmweise nicht. Heute hat Gott alle Schleusen aufgemacht. Möglich, dass das auf Eds Stimmung schlägt. Er ist mufflig, einsilbig, fragt mich, ob ich einen oder zwei Schuss Espresso in meinen Latte haben möchte. Als hätte ich

je zwei genommen! Und ich habe geglaubt, es gäbe keine unhöflichen Verkäufer in den USA. Allerdings habe ich Ed noch nie um diese Zeit erlebt, vielleicht ist er ja ein Morgenmuffel. Ich bin, alle Gewohnheiten brechend, vormittags hergekommen. Dieses »Heidelberg«-Bierflaschen-Mysterium hat mich nervös gemacht. Verdammt, zu spät, die zerfetzte Tüte von gestern muss ersetzt worden sein. Patschnass, aber unversehrt. Die Flasche mag dieselbe sein, die Tüte ist eindeutig neu. Was soll ich nun mit der machen, die ich mitgebracht habe? Normalerweise bin ich nicht übertrieben neugierig, aber heute will ich mir die Hendrix-Pilger genauer ansehen, vor allem die Flaschenkinder unter ihnen. Am besten vom Kaffeekarren aus. Wann schläft dieser Kerl eigentlich? Obwohl Ed meine Gesellschaft nicht recht zu sein scheint, bleibe ich eine Weile unter seinem Schirm stehen, schließlich will ich meinen Latte nicht mit Regenwasser verlängern. Die Plastikdeckel auf den Bechern mag ich nicht, die killen den Schaum. Ich sage Ed, ich hätte gar nicht gewusst, dass hier Jimi Hendrix begraben liegt. Er sieht mich nur ausdruckslos an. Und rauchen habe ich ihn auch noch nie gesehen! Naja, brummelt er nach einigen Minuten, irgendwo müsse er ja liegen. Klar, sage ich und trinke hastiger. Der ist ja richtig ungemütlich heute! Na warte! Ich habe noch nie viele Leute an Hendrix' Grab gesehen, versuche ich es in einem neuerlichen Anlauf, das sei doch seltsam, schließlich handele es sich um eine Legende! Ed schnauft. Ed hüstelt. Er sollte vielleicht nicht rauchen. Ich räume keineswegs das Feld, selbst wenn mir das Wasser vom Schirm in den Nacken tropft. Naja, fahre ich fort, von Jim Morrisons Grab in Paris erzähle man sich so allerlei. Fans, die dort Rauschgift konsumieren. Feste feiern. Liebe machen. Neulich habe sogar einer ein Karnickel ausgesetzt, das sämtliche Blumen in der Umgebung weggemümmelt habe. Und irgendwer habe sogar mal über Nacht eine elektrische Eisenbahn rund um das Grab aufgebaut. Ed verzieht keine Miene, kann sich aber immerhin zu einer Antwort durchringen. Hier geht's erst nachts richtig los, sagt er, manchmal veranstalten die so was wie Halloween. Dieses Pack traut sich doch erst nach Anbruch der Dunkelheit auf die Straße! Woher er das wüsste, will ich wissen, ob der Stand auch nachts geöffnet wäre?

Als habe er sich mit seinem letzten Satz verausgabt, verweist er deutlich geschwächt auf ein kleines Schild unterhalb der Espressomaschine. Ich muss mich bücken, um es zu lesen, wahrscheinlich ist es mir deshalb nie aufgefallen: »The Burning Of The Midnite Lamp«. Das ist ein Hendrix-Titel, das weiß sogar ich, zufällig ein Stück, das mir noch einigermaßen gefällt. Stirnrunzelnd verlasse ich Ed. Sollen sie doch das Grab mit fleischfressenden Pflanzen umgeben oder Tiger vom Woodland Zoo davor postieren, dann ist vielleicht Ruhe.

Zwei Stunden später, meine Kleidung hat genügend Zeit gehabt, sich sattzutrinken, trete ich zum nächsten Kaffee an, als echter Nordwestler zieht man einen Schirm nicht mal in Betracht. Gerade schließen sich meine klammen Finger um den heißen Becher, als eine weibliche Person mit ausladenden Schritten über den Rasen schreitet. Ihr Ziel ist klar, sie trägt eine braune Papiertüte in der Hand. Ein brauner Mantel, vielleicht Parka. Braune Cordjeans. Braune Schuhe. In solchen Farben haben sie Anfang der 70er Flughäfen ausstaffiert. Sie schenkt uns nicht mal einen Blick, stapft unbeirrt auf den Hendrix-Stein zu. Oje, denke ich, die Schuhe sind womöglich Birkenstock. Die tragen sie jetzt von Küste zu Küste. Wenn vor fünf Jahren in Amerika jemand in Birkenstocks daherkam, war es einfach: Berkeley oder Boulder. Aber was geht's mich an, ich will sie ja nicht heiraten. Ich will überhaupt nichts von ihr. Aber ehe ich mich recht versehe, bin ich schon losgerannt. Auf der Stelle soll sie mir erklären, was es mit der »Heidelberg«-Flasche an Hendrix' Grab auf sich hat! Der Regen hat aufgehört, jetzt nieselt es wieder. Unterwegs verschütte ich meinen Kaffee, mit Plastikhaube wäre das nicht passiert. Meine Baseballmütze landet auf dem Rasen. Als ich eher atemlos bei ihr ankomme, bin ich sprachlos. Ich habe vor lauter »Heidelberg-Beer« meine Schüchternheit vergessen, hätte mir aber einen Einstiegssatz ausdenken sollen. Nur haarscharf vor ihr schaffe ich eine Vollbremsung, jetzt kann ich schlecht mit »Auch Hendrix-Fan, wie?« eröffnen. Sie starrt mich mit weit aufgerissenen Augen an. Die sind nicht braun, sondern smaragdgrün. Schimmern wie die Kolibris im Sommer. Ansonsten dominiert das Braun, sogar ihre Haut. Oder sagen wir bernsteinfarben. Sie ist eine Afroamerikanerin. Ich habe zwar in Koblenz viel mit Farbigen zu tun gehabt, aber mittlerweile bin ich aus der Übung, jetzt verunsichern sie mich eher, weil ich dauernd an Sklaverei und Ausbeutung denken muss und an den Klan und an Lynchjustiz. Die »Sorry, nicht mein Problem!«-Philosophie funktioniert da nicht. So eine Art Erblast, obwohl ich streng genommen nichts damit zu tun habe. Zudem macht mich ihre Gegenwart linkisch, ich komme mir körperlich noch unvollkommener vor als sonst. Ich kann nicht auf einen Schlag jahrzehntelang sorgsam angesparte Komplexe über den Haufen schmeißen. Wahrscheinlich hat das mit Sylvia zu tun, der ich mal in einem schwachen Moment gestanden hatte, dass mich dunkle Frauen anziehen. Nach den üblichen Beschimpfungen wie »Frauenschänder!« und »sexistisches Ferkel!« konnte ich mich nie wieder einer Frau mit einem Schuss Mokka im Blut auf 30 Meter nähern, ohne Sylvias heiligen Zornes teilhaftig zu werden. Und wenn sich eine zufällig in meine Nähe verirrte, suchte ich – Präventivmaßnahme – schleunigst das Weite. Nun, Sylvia war in Deutschland, und die junge Dame hier ist nicht unbedingt eine exotische Schönheit, jedenfalls nicht auf den ersten Blick. Alles an ihr ist eine Nummer zu groß geraten, die riesigen Smaragde, die gigantische Brille davor, der unglaubliche Walfischmund, das wildwuchernde Haar, durch ein Stirnband mit afrikanischen Stickereien nur mühsam gebändigt. Wahrscheinlich bin ich ungerecht: überraschte Menschen strahlen selten Schönheit aus, und ich habe sie schließlich in diese Situation gebracht. Hi, höre ich mich zu meiner eigenen Überraschung sagen, etwas atemlos zwar, aber doch relativ sortiert. Sie drückt die Tüte fest gegen ihren Parka. Keine Angst, füge ich hinzu. Ich habe ganz vergessen, dass ich in Amerika bin. Normalerweise wird so ein Vorpreschen als Attacke gewertet, die mindestens sofortigen Schusswaffengebrauch nach sich zieht oder, schlimmer, eine Anzeige wegen sexueller Belästigung, einer Art neuzeitlicher Volkssport. Ich lächele schwach: Das »Heidelberg-Beer«, stammele ich. Die Tüte stand seit Tagen da, und gestern habe ich einfach mal reingesehen. Äh, aus Neugier. Dabei habe ich die Tüte ruiniert, Entschuldigung! Ich, äh, sitze immer auf dieser Bank.

Und? fragt sie kurz angebunden. Ihre Augen flattern nicht wenig, sie hat Wimpern lang wie Teppichfransen. Sie lockert keine Sekunde den Griff. Was sie wohl in dieser Tüte hat? Ob sie jeden Tag das Bier austauscht? Selber säuft? Die Pflanzen gießt? Trinkt Jimi heimlich? Entschuldigung, hebe ich wieder an, ich habe hier eine neue Tüte, wenn Sie … Saublöd. Und weiter? fragt sie, und ihre Züge entspannen sich leicht, jetzt etwas mehr Schönheit, wenn auch nicht exotisch. Das kommt mir entgegen, ich atme durch. Ich will wissen, sage ich, warum da »Heidelberg Beer« auf der Flasche steht. Das sei bei QFC am billigsten, sagt sie, und: warum??? Weil ich aus Heidelberg bin, sage ich. Sie lacht. Jetzt kommt's: Ich bin da geboren, kichert sie. Wo? In Heidelberg.

Das wird mir allmählich zu bunt! Eine Heidelbergerin? Nicht mal ich bin gebürtiger Heidelberger, ich habe lange geglaubt, die gibt es gar nicht, bis ich irgendwann las, dass Jackson Browne in Heidelberg geboren ist. Anscheinend spricht sie kein Deutsch, wahrscheinlich war der Vater bei der Army. Ich will jetzt nicht penetrant werden, da sich die Lage entspannt. Ob sie vielleicht einen Kaffee will? frage ich. Sie schüttelt heftig mit dem Kopf. Ich brauche umgehend einen neuen, mit dem vorherigen habe ich den Friedhofsrasen gedüngt. Sie lächelt wieder. Hohe Backenknochen. Sieht ein bisschen indianisch aus. Sie könne mir höchstens einen Schluck Bier anbieten. Na bitte: wir lachen. Wie in der Schlusssequenz einer Seifenoper. Eines passt nicht zu ihrer Ökoperformance: Sie raucht. Seattle ist eine dermaßen gesundheitsfanatische Stadt, dass ich schon ernsthaft erwogen habe, wieder mit dem Rauchen anzufangen. Es wird ja mit fortschreitendem Alter schwieriger, etwas zum Provozieren zu finden. Sie zündet ihre Zigarette mit einem Streichholz an, das sie durch das linke Nasenloch ausbläst.

Die Tage rasen ins Land. Es nieselt. Gelegentlich regnet es. Ab und an kontrolliere ich, ob nicht schon Moos zwischen meinen Zehen wächst. Wir sehen uns täglich und versuchen uns in dürren Dialogen. Ansonsten schreibe ich zügig. Bei jedem Versuch, zu mir selbst zu finden, bietet mir Seattle Verstecke an, mindestens sechsundvierzigtausend. Kein Problem, Zeit totzuschlagen. Fernsehen, Letterman, »Northern Exposure«. Amerikanische Fernsehgeräte haben bekanntlich keinen Ausschalter. Zielloses Schlendern durch die Stadt. Eine Zeitungspause im Burke Museum Café. In einem französischen Schloss haben sie einen holzgetäfelten Raum Span um Span abgetragen, nur um ihn hier wieder aufzubauen. Manchmal lese ich die »Süddeutsche«, die man gut abgehangen auf dem University Way kaufen kann, meistens aber den »Post-Intelligencer«, mein Vorschlag übrigens für den bizarrsten Zeitungsnamen gleich nach »Trierischer Volksfreund«. Im »P-I« lese ich von einer gewissen Cynthia Albritton, die in den 60ern Penisabdrücke berühmter Popstars gesammelt hat, unter anderem den von Hendrix. Diese sollen nun als Pop-up-Buch in Originalgröße veröffentlicht werden. Ich kann es kaum erwarten. Sinistren Stimmungen pflege ich im Virginia Inn nachzugeben, wo ich mehrere Biere mit dem passenden Namen »Ballard Bitter« abkippe. Auf dem Klo hängt ein Plakat von Hanna Schygulla, das hilft gegen Heimweh. Dann wieder sitze ich im Du Jour und starre gedankenverloren den Fähren nach, die im Sund verschwinden. Vielleicht geht's doch weiter westlich? Gelegentlich fahre ich selber mit einer raus, nach Vashon oder Bainbridge, nur um ein bisschen mehr Abstand zu gewinnen. An einem Abend spielt Danny O'Keefe im Backstage. Vor zwanzig Jahren hat er ein Lied geschrieben, das Jackson Browne berühmt gemacht hat: »Just Another Town Along The Road«. Bei Browne kommt mir Heidelberg in den Sinn. Alles scheint mich mit der Nase drauf zu stoßen. Leider bin ich nicht sonderlich talentiert darin, mein Leben zu romantisieren. Das Art Museum zeigt eine Hopper-Ausstellung. Überall hängen die wunderschönsten Bilder der Welt. Ob er das Leuchten seiner Sonnenuntergänge im Nordwesten vom Himmel gekratzt hat? Sieht fast so aus. Das Licht hier unterliegt einem strengen Reinheitsgebot. Sogar der Smog ist klarer als sonstwo. Unter jedem Gemälde hängen Anmerkungen zu seiner Biographie. Lesen sich recht flott: wie und wo er lebte, das Haus auf Cape Cod, glückliche Tage mit seiner Frau und so weiter. Ich frage mich, warum ich nicht so eine Biographie hinkriege, sondern mich ständig im Gestrüpp alltäglicher Nichtigkeiten verfange. Gab es nie die Situation, dass ihm die Farbe ausging und zwei Feiertage vor ihm lagen? Wird es bei mir überhaupt zu einem Biographen reichen?

Ich bemühe mich um einen halbwegs empfindsamen Lebenswandel. Ein bisschen Erhabenheit muss her! Neunzehnhundertirgendwas: Breuer verbringt ein halbes Jahr in Seattle, schreibt wie ein Besessener. »Just Another Town Along The Road«. Kein Wort von Tränen, schrecklichen Teppichböden, eine Sylvia kommt überhaupt nicht vor (hieß sie Sylvia?) und vielleicht auch keine Marie-Estelle. Marie-Estelle ist natürlich meine Friedhofsbekanntschaft und ich darf sie bereits Estelle nennen. Sie hat nicht nur schwarzes, sondern auch indianisches Blut in den Adern. Cherokee. Passt zum Indian Summer. Sogar Idealbesetzung, was das angeht. Übrigens: die »Heidelberg«-Flasche habe ich erstmals am 18. September gesehen, als ich die braune Tüte kaputtmachte. Das ist natürlich der Todestag von Hendrix.

Schnell entwickeln wir eigene Rituale. Wahlwiederholungstaste. Ob sie einen Kaffee will? Immer schüttelt sie den Kopf. Ihr Blick sagt: Du glaubst wohl, wenn du mich zum Kaffee rumkriegst, kannst du mich auch generell rumkriegen. Was sie nicht daran hindert, ständig Ökonahrung anzuschleppen. Einmal ist es ein Humus-Sandwich, mal löffelt sie eine Pampe namens Tahine in sich hinein. Wir verbringen grauenhafte Stunden miteinander. Und ohne diese widerlich-ranzigen Alfalfasprossen geht schon grad gar nix, außer vielleicht beim Regenwaldeis von Ben & Jerry. Regenwaldeis, die haben sie nicht mehr alle! Schmeckt allerdings vorzüglich. Eines Tages bietet sie mir einen Schluck Banane-Schoko-Joghurt-Mix an. Leider, sagt sie entschuldigend, hatten sie keine Proteine mehr da. Ich zeige mich ehrlich bestürzt: Ja, was machen wir denn da? Ja, Estelle ist das, was man bei uns zuhause eine Teesocke nennt. Beziehungsweise nannte. Wenigstens hat sie mich nicht nach meinem Sternzeichen gefragt. Kategorisch lehne ich jegliches Kaninchenfutter ab, probiere aber heldenhaft das »Heidelberg-Beer« im Selbstversuch. Naja, viel besser ist das Bier in Heidelberg auch nicht. Es ist mir gelungen, sie zu überreden, ihre Besuche auf spätnachmittags zu verlegen. Das Licht, obwohl es mich nichts angeht, scheint für ihre Haut wie geschaffen. Estelle duftet wie eine dieser Parfümproben aus den Hochglanzmagazinen. Garantiert keine Ökoessenzen. Ich weiß bis jetzt noch nicht, warum sie immer hier herkommt, aber irgendwann wird sie es mir schon erzählen. Ich habe keine Eile und kann ganz gut mit mysteriösen Dingen umgehen. Wenn sie spricht, spricht sie leise. Der Friedhof sei der einzige Ort, an dem man flüstern dürfe, ohne gleich angefahren zu werden, lauter zu reden. Die winzigen Töne finden leichter ihren Weg unter meine Haut. Mit diesen ganzen Büscheln von Geheimnissen vergeben wir uns nichts. Ich mag ihre langsamen Bewegungen, sie sind von Natur aus träge und beruhigen einen Hektiker wie mich. Nein, nein, ich will nichts von ihr, auch wenn Estelle und ich uns in Zeitlupe aufeinander zubewegen. Um Gottes willen keine Amouren. Sie bleibt zugeknöpft, ich eher hölzern. Irgendwie steht ihr der stachelige Affenrätselbaum fantastisch.

Ein denkwürdiger Dialog aus diesen Tagen ist mir in Erinnerung geblieben, wir sprachen über Hendrix.

War er nicht großartig, göttlich? will sie wissen.

Doch, doch, sage ich. Sicher!

Estelle sagt: Ehrlich gesagt, habe ich mir nie viel aus seiner Musik gemacht! Vielleicht sollte sie doch nicht *alle* Geheimnisse in ihrem Bernstein verschlossen halten.

Es ist Oktober. Der Pazifische Ozean verdoppelt seine Anstrengungen, die Vereinigten Staaten mit Wolken zu versorgen. Seattle ist das Testgebiet. Die Menschen versuchen, dem Regen mit noch mehr Kaffee entgegenzusteuern. Hier müssen sie starke Herzen haben und unzerreißbare Mägen. Ein Geheimnis hat Estelle mittlerweile preisgegeben: Ed ist Ted. Und Ted ist Ed. Das muss ich erklären: Eine banale Zwillingskomödie. Sie betreiben den Kaffeestand in zwei Schichten. Ed die eine, Ted die andere. Ed freundlich, Ted unwirsch. Die Stadt hat ihnen die Standgenehmigung erteilt, damit jemand ein Auge auf die Grabstätte hat. »All Along The Watchtower«. Verstehst du? ereifert sich Estelle, wird plötzlich laut, das sind Hilfssheriffs. Oder wie sagt man in Deutschland? Blockwarts? Verdammt, wieso werde ich dauernd an Deutschland erinnert? Deswegen bin ich weiß Gott nicht hergekommen, schade um das schöne Kerosin! Ich sage, sie wollen doch nur, dass die Kids nicht die ewige Ruhe stören. Sie gluckst. EWIGE RUHE??? Naja, sage ich, das hier ist schließlich sowas wie ein Wallfahrtsort, da sollten die Leute Respekt zeigen! Respekt und Hendrix, das passt ja wohl kein bisschen zusammen! schnaubt sie. Und was heißt hier Ruhe? Wie kann man bei solchen Unmengen Kaffee zur Ruhe kommen? Kaffee ist ein durchgehender Wiederbelebungsversuch! Und sowieso hätte Hendrix nie Zeit gehabt, richtig zu sterben. Sie würde sich nicht wundern, wenn die ganze Sache von seiner Plattenfirma … Gähn! Geschenkt. Aber der Satz über Kaffee als durchgehender Wiederbelebungsversuch, der hat mir gefallen. Schenkst du mir den? frage ich sie. Mal sehen, gibt sie zur Antwort.

Manchmal geht Estelle mir auf die Nerven. Ich überlege, ob ich sie noch mehr in Rage versetzen soll, indem ich ihr sage, wie süß sie aussieht, wenn sie wütend ist. Oder ob ich ihre Gesundheitsphilosophien mit ein paar garstigen Bemerkungen über ihre Rauchgewohnheiten ausbremse? Was brächte das? Tatsächlich sieht sie immer süßer aus, selbst wenn sie nicht wütend ist, was ich aber verdrängen will. Die Frauen auf den zweiten Blick sind die gefährlicheren, ich habe mir die ganze Zeit was vorgemacht. Die smaragdgrünen Augen haben mich die Kolibris längst vergessen lassen und … HÖRST DU MIR ÜBERHAUPT ZU, KEEMOSABE? Sie beugt den Kopf nach vorne und schiebt die Mundwinkel bis zum Anschlag nach hinten. Ich weiche nicht zurück. Ein Freilufttheater ist das hier, faucht sie. Du solltest Ed und Ted bei Schichtwechsel sehen! Na und, frage ich. Sie teilen sich ein Toupet! Ed macht Feierabend, nimmt das Haarteil vom Kopf, reicht es Ted. Ist das etwa Respekt vor der ewigen Ruhe? Das ist Slapstick! Wahrscheinlich machen sie nicht soviel Umsatz, dass es für zwei Toupets reicht, entgegne ich, und in der Asservatenkammer gibt es keine passenden. Hoffentlich ist wenigstens der Schnurrbart echt, denke ich dabei. Wir schlagen Funken, dabei ist mir schleierhaft, wieso ich mich dermaßen ins Zeug lege, es gibt keinen Grund. Unsere Köpfe sind dicht bei dicht, und während ich mir noch überlege, wo ich das Wort KEEMOSABE schon mal gehört habe, packt sie mich an den Ohren, zieht mich mitten in ihr Gesicht hinein und küsst mich. Die Ökotante! Die Bernsteinmutter! Wenn das Sylvia sehen würde, ich mit einer Dunkelhäutigen, göttlich! Indianerin im Indian Summer! Steckt mir die Zunge geradewegs in meinen Hals. Die Rhythmik ihrer Lippen ist irgendwo doch exotisch und für den Skeptiker in mir die optimale Vollnarkose. Obwohl nicht gerade eine romantische Erscheinung, bin ich ein richtiger Glückspilz. Trotzdem: Entschuldigung! Wir sind hier auf einem Friedhof!

Ich weiß nicht, ob ich später mal auf einem Friedhof liegen möchte, aber wenn, dann nur mit Kaffeestand. Es kann mir eigentlich hekuba sein, aber ich möchte mich nach meinem Ableben lieber in alle Winde zerstreut wissen. Niemand kann mich dann für sich vereinnahmen. Ich vergesse nie die Beerdigung vom »Betten-Schulz« in Trier, der natürlich nicht so hieß, sondern Bernhard. Der Name bezog sich auf das Geschäft seiner Eltern. Jedenfalls hatte er einen Autounfall nicht überlebt. Zeitlebens hatte er sich nie was aus der Kirche gemacht, aber tot wie er war, konnte er sich nicht wehren, und gleich kam die gierige katholische Verwandtschaft herbei und reklamierte ihn für den Herrn. Die können an Seelen nicht genug kriegen! Nur die Mormonen sind schlimmer. Wer glaubt, dass er nach dem Tod seine Ruhe hat, irrt gewaltig. Das Geschäft von Betten-Schulz liegt in der Fußgängerzone und so kamen zur Bestattung brav alle Inhaber der umliegenden Geschäfte bis auf die Gebrüder Aldi. Höchstens drei Prozent haben den Bernhard persönlich gekannt. Wildfremde Leute, die auf ihm herumtrampelten, und ein routinierter Pfaffe, der ihn ungefragt der Gnade Gottes überantwortete. Noch fürchterlicher ergeht es Berühmtheiten: Plötzlich taucht man sogar in Reiseführern auf, wird zur begehbaren Persönlichkeit. Man kann keinen Schaden mehr anrichten, das ist das Beste! Eines Tages wird sich auch die Stadt Andernach am Rhein zu einem Bukowski-Gedenkdings durchringen, er muss nur ein paar Jahre länger tot sein. Also heißt es beizeiten Vorkehrungen zu treffen, will man diesem Geschmeiß nicht in die Hände fallen! Berühmt oder nicht, ich für meinen Teil möchte am liebsten so enden wie Ambrose Bierce: verschollen in Mexiko. Oder meinetwegen im Nordwesten. Letzte Ruhe, das ist lächerlich. Übrigens, ich habe tatsächlich wieder mit dem Rauchen angefangen.

Während dieser Tage hätte Jimi genügend Zeit gehabt, mir nachts im Traum seine Aufwartung zu machen. Er hätte sich auf die Bettkante setzen und sich gemütlich eine anstecken können, müsste ja

nicht gleich eine Gitarre sein. Er hätte von seiner Jugend erzählen
können oder davon, dass ihm ein Mann von der Plattenfirma damals den Schierlingsbecher gereicht hat und dass er auf gar keinen
Fall an Erbrochenem erstickt ist, wie es neueste Gerüchte behaup-
teten. Scheiße, Mann, nicht wie Mama Cass! Er hätte sich über die
sogenannten Seattle-Bands lustig machen können und über Seattle-
Bärtchen. Jesus! Lächerlich! Freiwillig rumlaufen wie Oberlehrer!
Oder hast du schon mal Fotos von Debussy gesehen? Grad so. Da
hat es Seattle noch nicht mal gegeben. Ich könnte vorsichtig ein-
fließen lassen, dass Debussy erst 1918 gestorben sei, aber Jimi würde sowieso nicht zugehört haben, säße einfach so da mit verächtli-
cher Schnute und dem Ballon aus Haaren. Sicher ist er deswegen
weggezogen, in so einem Klima will so eine Frisur einfach nicht
halten. Womöglich hätte er mir erklärt, dass ihm Pearl Jam als einzig akzeptable aller Seattle-Bands noch besser gefallen hätte, wenn
der Sänger nicht fortwährend die Arme vor dem Oberkörper ver-
schränkt und das Weiße seiner Augen hervortreten lassen hätte, um
sowas wie Dahingeworfensein oder Einsamkeit auszudrücken. Und
diese braune Feincordjacke sei ja wohl ein Fall für die Altkleider-
sammlung gewesen ... Brauner Cord, eine Aversion, die wir teilen.
Hendrix hätte sich darüber mokieren können, dass Mitch Mitchell,
der Drummer der Experience, immer noch alte Strats als Original-
Hendrix-Gitarren verscherbelte, die er kurz vorher aus Pfandlei-
hen in White River Junction oder Cheyenne ausgelöst hat. Ich hätte ihm wohlweislich verschwiegen, dass eines seiner Gitarrenbän-
der im April bei einer Auktion in New York 11.000 Dollar erzielt
hat. Er hätte fragen können, wie es seiner Tochter geht. Und ich
hätte ihm die Frage gestellt, die mir am meisten unter den Nägeln
brennt: In deiner Bio habe ich gelesen, dass du dich in der High-
School-Zeit nie geprügelt hast. Mal ehrlich: Hast du Gitarren nur
zerschlagen, weil du dich an Menschen nicht rangetraut hast? Aber
nichts da, nicht ein einziges Mal hat er sich blicken lassen. Ich bin
so schlau wie ehedem, nur eine neue Frage hat sich aufgetan: Wen
verdammt könnte er mit seiner Tochter gemeint haben? Ich habe
Estelle seit zwei Tagen nicht gesehen, aber das ist meine Schuld.
Nicht dass ich Angst davor hätte. Nur ein bisschen. Aber vor Un-

geduld verzehre ich mich nicht. Ich bin ohnehin nervös, weil ich mit den Geschichten nicht vorankomme. Proust trug Handschuhe aus gelbem Leder, damit er nicht an seinen Fingernägeln herumnagte. Ich werde mir was einfallen lassen müssen. Ich habe mir doch die Hendrix-Bio gekauft und mich sofort im Elliott Bay Café festgelesen. Die Ikea-Grundausstattung sowie die Tatsache, dass es sich bei dieser Lokalität um einen Schwerintellektuellentreffpunkt handelt, schrecken mich nicht. Habe so fieberhaft die Seiten flattern lassen, dass ich den entscheidenden Bus nach Renton verpasst habe. Vor allem, als ich die ersten Gemeinsamkeiten mit Hendrix entdeckt habe. Da gibt's nichts zu grienen! Schüchtern soll er gewesen sein und ohne Selbstbewusstsein. Das ließe sich ohne weiteres auch von mir behaupten. So, wie ich mich für eine Weile von Deutschland verabschiedet habe, weil's nicht so voranging, ist Hendrix nach England ins Exil. Wenn ich das nächste Mal nach Seattle komme, dann in einer Holzkiste, soll er gesagt haben. Dasselbe habe ich mal von Bad Ems behauptet. Die Ehe seiner Eltern war ziemlich fertig. Damit Ende der Gemeinsamkeiten. Sein Vater Al war bei der Armee und seine Mutter Lucille ein siebzehnjähriges Mädchen und so schwach, dass ihn seine Großmutter väterlicherseits großzog, übrigens eine halbe Cherokee. *Cherokee!* Kein Indianerstamm hätte mich mehr elektrisieren können! Ich weiß jetzt eine Menge über Hendrix, aber so gut wie gar nichts über Marie-Estelle. »The Wind Cries Mary«! Nicht mal ihren vollen Namen. Geschweige denn ihre Telefonnummer, ihren Wohnort, ihren Arbeitsplatz, so sie einen hat. Immerhin kann sie es sich leisten, jeden Tag zum Greenwood Cemetery rauszukommen. Vielleicht arbeitet sie ja in der Nähe bei einer vegetarischen Autovermietung. Ah, wahrscheinlicher ist was Soziales. Hat sie nicht erzählt, nach dem Selbstmord von Kurt Cobain hätten über dreihundert völlig verstörte beziehungsweise verzweifelte Kids angerufen? Wo haben die angerufen, und hat *sie* die Gespräche angenommen? Möglich wär's. Im Bad in ihrer Wohnung hängt garantiert einer dieser Regenwaldfrösche-Duschvorhänge von der Nature Company. So eine ist sie. Die großen Augen, der riesige Mund, sogar das Stirnband, sie könnte sehr wohl die Tochter von Jimi sein, auch vom Alter her. Schluss

mit der Geheimniskrämerei, ich kann es nicht weiter vor mir her-
schieben. Mag sie eine missionarische Teesocke sein, eine wan-
delnde Müslireklame, sich nicht im Entferntesten nach meinem Geschmack kleiden, oft pampig und nicht mein Typ, ich will ja mit
Frauen generell nichts zu tun haben zur Zeit und nach ihren musikalischen Präferenzen habe ich mich noch nicht mal zu fragen getraut, alles spricht dagegen, kurz: es hat mich voll erwischt! Love
the one you're with?? Wahrscheinlich hängt mein Zigaretten-
konsum mit ihr zusammen. Morgen werde ich mich outen, wir werden diese ambrosischen Dinge mit unseren Mündern tun, womöglich in Sünde leben, notfalls werde ich ihr sogar ein paar Lieder auf
meiner neuen Zahnbürste vorputzen, vielleicht bin ich bald mit
Hendrix verwandt, Herrschaften, Jimi Hendrix, etwaige Biographen werden kopfstehen, ich bin nur froh, dass ich nicht zufällig
am Grab von Bruce Lee gelandet bin, der liegt auch irgendwo in
der Nähe, und Estelle wird mir die Tür zu ihrer Welt öffnen, in der
kleine Regenwaldfrösche enthusiastisch quakend ...

Wenn Träume durch den Schädel blitzen, ist das nicht selten wie
ein Neuanstrich der Gehirngänge. Wenn nur die Farbe haltbarer
wäre! Erinnern Sie sich an Stacey? Das ist der gemütliche Polizist,
der seinen Kaffeebecher am Gürtel baumeln lässt und immer mit
Ed oder Ted, ich glaube Ed, denn Ted ist nicht so redselig, sein
Schwätzchen hält. Hält mir wortlos einen Brief hin. Ich schnappe
mir meinen Café Latte, zockele hinüber zu meiner Bank beim Affenrätselbaum. An Jimis Grabstein steht keine Tüte mehr, nur eine kleine, rundliche Figur aus einer Art Elfenbein. Das verheißt
nichts Gutes! Ich öffne den Brief, lese.

Keemosabe!
Der Mann, der dir den Brief ausgehändigt hat, ist, wie du unschwer
feststellen konntest, ein Cop. Die Jungs von dem Kaffeestand sind
alle welche. Sie wurden nicht zur Bewachung des Hendrix-Grabes
abgestellt, sondern um das ganze Terrain im Auge zu behalten. Sie
befürchten Aktionen von Umweltschützern, nachdem vor einem
Monat bekanntgegeben wurde, dass alle Gräber dieses Friedhofes
umgebettet werden sollen. Sie wollen den Municipal Airport aus-

bauen für Boeing. Hier soll eine neue Startbahn hin, aber in Renton gibt es nicht soviele Grünflächen, und die Bürger wollen auf keinen Fall auf den Friedhof verzichten. Außerdem kann man wohl kaum Jimi Hendrix' letzte Ruhestätte einfach irgendwo anders hin verlegen! Keemosabe, ich habe nichts anderes getan als die drei Cops: ich habe das Terrain sondiert. Bei der geringsten Baubewegung hätte ich binnen Minuten unsere gesamte Gruppe mobilisiert und die halbe Stadt. Jetzt wird es Zeit, dass jemand anderes den Job übernimmt, sie sind misstrauisch geworden. Wahrscheinlich werden sie auch bald ein ernstes Wort mit Dir reden wollen! Sieh Dich vor! Ich denke, wir sehen uns noch in diesem Leben, aber jetzt muss ich erstmal nach British-Columbia. Da ist, verzeih, die Kacke voll auf den Ventilator geknallt! Der Buddha des unendlichen Mitleids soll dich trösten! (P.S. Keine Angst, kein Elfenbein, sondern Speckstein! P.S. II Ich schenke Dir den Ausdruck »Wiederbelebungsversuch«.)

Amerikaner! Immer muss es gleich so klingen wie: »Wir müssen Dodge City sauberhalten, das ist eine heilige Mission!« Drunter machen sie's nicht! Mir flimmern die Augen, als hätte soeben ein Flugzeug eine Ladung Kerosin über mir abgelassen. Wer weiß? Wäre so abwegig nicht bei diesem Standort. Eine Startbahn ... wo leben die denn? Und ich dachte, die Amis wären uns immer ein paar Jahre voraus! Hier liegen sie hoffnungslos zurück, wenn ich mich an diese Startbahn in der Nähe von Frankfurt erinnere. Ich muss schlucken: Das war's wohl mit der psychischen Wiederaufforstung! Und soviel zum Thema letzte Ruhe. Wie denkt Gott eigentlich darüber? Gibt es kosmische Gesetze, die ein Wiedersehen mit Estelle garantieren? Wieviele Quadratmeilen umfasst British-Columbia und wo genau steht dieser Ventilator?

Ratlos glotze ich den Buddha des unendlichen Mitleids an. So einen hatte ich auch mal, in Koblenz. Der hier ist größer, na klar: ist ja auch Amerika. Mit wem soll ich jetzt reden? Wenigstens bin ich hier auf einem Friedhof, da fallen meine Tränen nicht so auf. Was macht das schon, wenn es regnet? Komisch, denke ich, es heißt »Happy Hour«, und trotzdem habe ich hier meine glücklichsten Stunden verbracht.

Hartmut El Kurdi

THE KING HAS LEFT THE BODY

Das Besondere an Rockstars ist, dass sich ihre Seele nach ihrem Tod mehrmals teilt, um dann in unzähligen Körpern wiedergeboren zu werden. Dabei bestehen die solchermaßen vervielfachten Rockstarseelen in der Regel noch nicht einmal auf einer unbenutzten Neuverpackung, sondern fahren auch gerne mal in eine schon länger umherwandelnde Hülle ein. Egal ob diese zwölf, zwanzig oder schon fünfundvierzig Jahre alt ist. Sie bitten dann die ortsansässige Seele, ein bisschen zur Seite zu rücken, was diese meist auch klaglos tut. Die größte Anzahl dieser multiplen Wiedergeburten dürfte wahrscheinlich Elvis Aaron Presley vollzogen haben. Es müssen zehntausende Elvisse mit den unterschiedlichsten kulturellen und ethnischen Hintergründen auf dieser Erde herumhüftwackeln. Schlitzäugige, naturblonde und dunkelhäutige. Sicher gibt es unter ihnen auch einige, die sich die Haare nur aus kommerziellen Gründen zur Tolle türmen, also einfach nur Teil des Showbusiness sind, aber die meisten Elvisse sind zweifelsohne echt im wiedergeburtlichen Sinne. Die meisten sind wie die dicke, fünfzigjährige Berliner Hausfrau, die sich, ihr Geschlecht ignorierend, buschig wuchernde Koteletten an die Backen pappt, sich fast ausschließlich von Bananen-Erdnussbutter-Toasts ernährt und deswegen ihren eigentlich extrem dehnfähigen Stretch-Glitzerstrampler regelmäßig mit farblich abgesetzten Seiteneinsätzen geräumiger gestalten muss. Hier wiederholt sich die Tragik des Ur-Elvis im Maßstab 1:1 und bürgt für eine authentische Seelenwanderung.

Im Gegensatz zum Wiedergänger-Evergreen Elvis gibt es auch tote Rockstars, deren Seelen eine Zeit lang sehr oft reinkarnieren, dann aber anscheinend für immer ins Nirwana entschwinden oder sich vielleicht auch nur andernorts ausruhen und auf einen späteren, ein/zwei Teenager-Generationen überspringenden Einsatz warten. Zu diesen gehört Jimi Hendrix. Heute, Anfang des dritten Jahrtausends, stößt man ausgesprochen selten auf einen authentischen Jimi, in den 70er und 80er Jahren des zwanzigsten Jahrhunderts jedoch konnte jede deutsche Stadt mit mehr als 50.000 Einwohnern mindestens einen solchen zurückgekehrten Gitarrengott aufweisen.

Der Hendrix meiner Heimatstadt Kassel hieß David Baumann. Man schrieb das Jahr 1979, und David war wie ich 15 Jahre alt, wirkte aber mindestens wie 19 und hatte als unbestrittener nordhessischer Teen-Hippiekönig ein hofstaatliches Gefolge um sich geschart, das hauptsächlich aus antiautoritär erzogenen Lehrerkindern und desorientierten jugendlichen Heimbewohnern bestand. David besuchte wie die meisten Mitglieder seines Clans die hiesige In-Gesamtschule, von der man sich nicht nur erzählte, dass sie pädagogisch unglaublich fortschrittlich sei, sondern auch, dass man dort auf dem Schulhof wirklich alles kaufen könne, von harten und weichen Drogen über Handfeuerwaffen bis zu Analverkehr-Pornos.

David war schon äußerlich ein echter Bringer. Den Makel, kein Schwarzer zu sein und daher auch nicht mit der afrolockigen Hendrixschen Mikrofonfrisur aufwarten zu können, glich er mit einer langen, dickhaarigen, fast bis zum Arsch reichenden Mähne aus, die stets von einem roten, mit Paisley-Pantoffeltierchen bedruckten Stirnband, einer klassischen »bandana«, in Form gehalten wurde. Dazu trug er exzentrische Freak-Moden: Cowboystiefel, tausendfach geflickte Jeans, bestickte Westen, Musketier-Hemden mit Puffärmeln und um den Oberarm und -schenkel gebundene bunte Tücher. In diesem Outfit soll er, so die Fama, sogar zu seiner Konfirmation erschienen sein und für beträchtliches Aufsehen im 70er-Jahre-Beton-Gotteshaus gesorgt haben. Abgerundet wurde sein leicht übergewichtiges, aber dadurch um so wuchtigeres Erscheinungsbild durch einen verwilderten Vollbart. Unglaublich: Der Mann war 15 und hatte einen Vollbart! Okay, ein bisschen zutzelig war das Gesichtsmoos schon, leicht an das ebenfalls eher karge Backenkraut Che Guevaras erinnernd, aber immerhin flächendeckend vorhanden. Ich hatte mich übrigens zu diesem Zeitpunkt noch kein einziges Mal ernsthaft rasiert ... Das Beeindruckendste an David Baumann aber war sein Gitarrenspiel. Als Akustik-orientierter

Nachwuchsfolkie und Anhänger einer Glaubensgemeinschaft, deren Götter Bob Dylan und Neil Young hießen, saß ich damals Nachmittag für Nachmittag auf dem Kasseler Friedrichsplatz und schrummte auf meiner Westerngitarre einen Knaller nach dem anderen herunter:»Like A Rolling Stone«,»Just Like A Woman«, »Heart Of Gold«,»Are You Ready For The Country«. Auch David Baumann fand sich fast täglich auf diesem Platz ein, und so ergab es sich, dass wir unser sich größtenteils überschneidendes Repertoire gelegentlich auch gemeinsam darboten. Aber ich bemerkte schnell, dass David anders war. Ob er nun »Cowgirl In The Sand«, »Me And Bobby McGee« oder »All Along The Watchtower« spielte – der jeweilige Song wirkte immer nur wie das Vorspiel zu seinem Solo, das spätestens nach der 2. Strophe unausweichlich wie ein Gewitter am Ende eines schwülen Sommertages über die Zuhörer hereinbrach, teils angeberisch virtuos, teils verstörend dissonant, in manchen Momenten aber auch einfach nur ehrlich anrührend. Ich weiß nicht, wie er es bewerkstelligte, aber dieser Irre schaffte es tatsächlich, auf einer Akustikgitarre ein E-Gitarrensolo vorzutäuschen! Offensichtlich war, dass er nicht besonders freundlich mit seinem Instrument umging. Er schlug mit der Faust auf den Korpus, benutzte sein stets mitgeführtes Pfadfindermesser als Bottleneck und zerrte während des Spiels den Gitarrenhals nach hinten, um seltsame Vibratoeffekte zu erzielen. Zunächst war ich darüber sehr verstört. Natürlich bewunderte ich sein technisches Können, aber irgendwie verstand ich nicht, was er da eigentlich veranstaltete. Allerdings hatte ich bis zu diesem Zeitpunkt nie bewusst Hendrix gehört. Ich wusste, dass es diesen Herrn mal gegeben hatte, kannte »Hey Joe« und »Purple Haze« vom Nichtweghören auf Partys, konnte mich dunkel an seine Performance im Woodstock-Film erinnern, aber das war's dann auch schon. Aber als mein Kumpel Dirk mir nach einer Freiluft-Session mit David zuflüsterte: »Ey, der spielt ja original wie Hendrix« , fühlte ich mich doch genötigt, etwas intensiver zu recherchieren. Während ich die Hendrix-Sammlung unseres Gemeinschaftskunde-Referendars durchhörte, begriff ich: David coverte nicht nur Hendrix, er coverte auch *wie* Hendrix. David hatte die Hendrixsche Spieltechnik so verinnerlicht,

233

dass er alles so spielte, wie der Meister es gespielt hätte. Er konnte gar nicht anders. Er war Hendrix. Erst in diesem Zusammenhang wirkten auch sein Äußeres und sein Lebensstil wirklich schlüssig und zwingend. Zwar hatten wir alle lange Haare, rauchten Haschisch und träumten davon, zehn Jahre früher auf die Welt gekommen zu sein, aber keiner lebte das Hippie-Klischee so energisch und mit soviel offensichtlicher Lebensfreude wie David. Inklusive moderater Drogenexzesse und Gruppensex-Nachmittage im elterlichen Wohnzimmer, die gelegentlich ihren bizarren, allgemein als humoristisch empfundenen Höhepunkt darin fanden, dass Davids Freundin Sabine dem aufgegeilten Basset der Baumanns (der im übrigen große Ähnlichkeit mit seinem jugendlichen Herrchen aufwies) per Handentspannung zu einem erfüllteren Hundedasein verhalf. Allerdings war Sabine damit die einzige, die bei diesen drolligen Orgien mehr als einen Sexualpartner hatte. Gruppensex im engeren Jeder-macht-mit-jedem-rum-Sinne fand nämlich nicht statt. Dazu waren dann doch alle zu brav. Nur bereits gepaarte Pärchen übten dort nebeneinander und gleichzeitig ihre Sexualität aus. Deswegen war ich auch nur einmal Zeuge dieses Geschehens. Ich hatte damals keine Freundin, und als ich aus der Küche zurück kam und alle Anwesenden kopulierend vorfand, nahm ich meinen Parka und ging. Im Hintergrund hörte ich Monika stöhnen: »Oh, Lutscher, ich lieb dich doch so!«, und »Lutscher« (der eigentlich Michael hieß) antwortete ihr tatsächlich und noch dazu im nordhessischen Dialekt: »Isch disch doch au, Moni!« An diesem Tag war ich froh, alleinstehend zu sein und nicht bleiben zu müssen.

Meine Bewunderung für David als Gitarrist und Hippie erreichte ihren Höhepunkt, als ich ihn zum ersten Mal mit E-Gitarre und Band spielen hörte – und kippte noch am selben Abend in enttäuschtes Desinteresse um. Das Konzert fand in einem typischen, verratzten 70er-Jahre-Jugendzentrum statt. An den Namen der Band kann ich mich nicht mehr erinnern. Und das wahrscheinlich aus gutem Grund. Eigentlich spielte an diesem Abend gar keine Band, sondern ein Solist mit Begleitcombo. Die Jungs (ein Bassist und ein Schlagzeuger – wie bei Hendrix) lieferten die klangliche Auslegeware, auf der David wie ein hyperaktives Kind herumtoben

konnte. Und er tobte, wie ich noch nie jemand live auf einer Bühne hatte toben sehen. Was immer Hendrix auch mit seiner Gitarre getan hatte, David tat es auch. Und wahrscheinlich noch mehr:
Er ließ sie jaulen, rückkoppeln, fiepen, spielte sie auf dem Rücken,
leckte sie, schlug sie, zupfte die Saiten mit den Zähnen, fiel dabei
um, drehte sich auf dem Boden liegend um sich selbst, sprang wieder auf, steckte seinen Kopf in die offene Bassdrum ... Ich war so
fasziniert und baff, dass ein Kolibri in aller Ruhe und ungefährdet
in meinen Mund hätte fliegen, Eier legen und Brutpflege betreiben
können.

Aber je länger der Abend dauerte, desto mehr fragte ich mich,
wie er enden sollte. Eine derartig durchgeknallte Freakshow konnte man nicht einfach so mit einem »So das war's, schönen Abend
noch« beschließen. Diese Show schrie nach einem ganz großen Finale. Und eigentlich war klar, wie dieses auszusehen hatte: Entweder musste David selbst explodieren oder zumindest seine Gitarre
zu Sägemehl oder Matschepampe verarbeiten ...

Nach eineinhalb Stunden war David bereit, den Leuten zu geben,
wonach die Leute verlangten. Und sie dabei grandios zu bescheißen.
Wäre ich nicht so konzentriert gewesen, hätte ich meinen Blick
auch nur einen Moment von ihm abgewandt (und nicht seitlich an
der Bühne gestanden!), vielleicht wäre auch ich ein Opfer dieses
Betruges geworden. Aber ich sah alles. David, der alte Scharlatan,
nuschelte nach dem vorletzten ... ja sagen wir ruhig: Song ins Mikro,
er müsse mal kurz was trinken, entstöpselte seine Gitarre, verschwand hinter seinem auf einer großen, selbstgebauten Box ste-
henden Marshall-Verstärker und setzte eine Bierflasche an. Zuvor
hatte er allerdings die wertvolle Fender Stratocaster in den nicht
sichtbar bereitstehenden Gitarrenkoffer gelegt. Und dort blieb sie
auch. Nachdem er das Bier auf einen Zug halbleer getrunken hatte, griff er zu einer anderen, von hinten an den Verstärker gelehn-
ten Stromgitarre, hängte sie sich um und ging damit wieder nach
vorne. Einerseits war die billige Strat-Kopie (ich schätzte sie auf
höchstens 200 Mark Neupreis – für einen 15-Jährigen immer noch
ein Haufen Geld!) im gleichen Schwarz-Weiß gehalten wie Davids
echtes Brett, und auch das Gitarrenband war das Gleiche wie am

Original, andererseits konnte man nicht nur an den Mechaniken und Reglern erkennen, dass man es hier mit einem Fake zu tun hatte: Oben auf dem Wirbelbrett, dort wo eigentlich das schreibschriftige »Fender« hätte stehen müssen, konnte man ein schnödes »Luxor« lesen. Aber das war David anscheinend egal. Es war nicht sein Anliegen, die Fachleute zu täuschen. Ihm ging es um die breite Masse. Und die fiel voll drauf rein. Zwar klang die Gitarre beim folgenden Stück dünner und dürftiger als vorher, aber das war im Fuzz- und Wah-Wah-Gewitter nur mit nüchternem Ohr und einer gehörigen Portion Misstrauen zu bemerken und ansonsten sowieso nebensächlich, denn David attackierte den Sechssaitling immer vehementer und körperlicher, so dass der Sound im Verhältnis zum Spektakel sekündlich an Bedeutung verlor. Nachdem er drei Minuten mit dem Rücken zum Publikum direkt vor seinem Amp gestanden und mit dem so produzierten Feedbacklärm im Duett soliert hatte, löste er das Gitarrenband und knallte die falsche Strat immer wieder senkrecht auf den Boden. Das gequälte Instrument donnerte, quietschte, stöhnte, schrie. Schließlich schleuderte er es von sich, ging wieder hinter seinen Verstärker und kehrte – Monterey Pop, here we come – mit einem Fläschchen Feuerzeugbenzin (oder irgendeiner anderen brennbaren Flüssigkeit) zurück, spritzte sie auf den Korpus und zündete diesen an. Die »Luxor« brannte, und David tanzte um das Feuer wie eine Macbethsche Hexe, immer mal wieder in die Flammen greifend, um die Saiten zum Schwingen zu bringen, während seine Band weiter den Grundbeat hielt. Nach einiger Zeit packte David die immer noch brennende Gitarre mit beiden Händen am Hals und begann sie gegen einen sich mittig am vorderen Bühnenrand befindenden und eigentlich blöden, weil sichtbehindernden Betonpfeiler zu schlagen. Die ob der Verve der Bühnenaktion dann doch überraschten Zuhörer bzw. -schauer waren außer sich. Über ihren Köpfen schien eine gigantische Denkblase zu schweben:»OK, wir sind zu jung und zu deutsch, um gesehen zu haben, wie der frühe Pete Townshend sein Equipment zu Klump haute, wir sind zu jung für Hendrix, zu jung für Woodstock, aber das hier ist echt und passiert hic et nunc. DANKE!« Irgendwann begann die Gitarre zu splittern und David zu keuchen. Er ließ die Überreste der falschen Strat fallen und lehnte sich erschöpft an den Pfeiler. Seine beiden Rhythmus-Sklaven zelebrierten ein klassisches Rock'n'Roll-Finale mit nicht enden wollendem schrammeligen Bass-Gegrummel und immer neu ansetzenden Trommelwirbeln, bis David schließlich wieder erwachte, »ONE, TWO, THREE, FOUR ...« zählte, in die Luft sprang und exakt im Timing mit seinen ausgelatschten Cowboystiefeln auf dem Gitarrenwrack landete. Er riss die Arme hoch: »THANK YOU!!!!!« Das Publikum rastete aus. So etwas hatten sie wirklich noch nie erlebt. Schon gar nicht bei einem Konzert einer lokalen Amateurband, einer Schülerband gar. Der Held ging ab und blieb verschwunden. Zugaben gab es keine. Er hatte ein endgültiges Statement abgeliefert. Basta. Außerdem wollte und konnte David die Legende von der zerstörten Gitarre nicht auffliegen lassen.

Als ich in das zum Backstageraum umgeräumte Tischtenniszimmer des Jugendzentrums kam, feierten der Häuptling und sein Stamm mit einer Flasche Whiskey und diversen Joints den Sieg. Ich klopfte ihm auf die Schulter, ehrlich bewundernd und gleichzeitig tief frustriert. »Lutscher« kam herein und brachte die echte Strat. David klappte den Koffer auf, warf einen kontrollierenden Blick hinein und schloss ihn wieder. Er nickte mit seinem Kopf in Richtung Bühne: »Geil, was? Das Schrottding hab ich für 50 Mark bei Lederer gekauft.« Lederer war ein Musikalienhändler, der gelegentlich auch Gebrauchtinstrumente anbot. »Da ging nur noch ein Tonabnehmer, und der Hals war auch vollkommen krumm.« »Klasse«, sagte ich ernst. Ich fühlte mich betrogen. David aber war sich keiner Schuld bewusst. Er hatte es nur gut gemeint und dem Publikum eine tolle Show bieten wollen. Und das war ihm voll und ganz gelungen. Dass dies nichts mehr mit Hendrix, sondern mehr mit KISS und Alice Cooper zu tun hatte, war ihm entweder gar nicht aufgefallen oder schien ihn zumindest nicht sonderlich zu stören. Und vielleicht hatte er damit sogar Recht. Nichts ist schlimmer als Puritanismus.

Trotzdem glaube ich, dass an diesem Abend Hendrix aus David Baumann ausgefahren ist. The king has left the body. Die Gitarrentechnik ließ er zurück.

PS: Heute ist David Mitte/Ende 30, Lehrer, sieht eigentlich immer noch so aus wie damals und spielt in einer Heavy-Metal-Band, deren englischer Name einen heiteren apokalyptischen Unterton hat. Persönlich habe ich ihn seit 20 Jahren nicht mehr gesehen. Eher zufällig stieß ich beim Herumvagabundieren im Netz auf die Homepage seiner Band, auf der es nicht nur jede Menge Infos und Konzert-Fotos gibt, sondern auch ein Gästebuch, in dem man Einträge wie den folgenden lesen kann: »Herr Baumann, Sie sind echt der coolste Lehrer, den ich kenne. Bloß der Bierbauch muss weg!« Irgendwie gefällt mir das ...

Dietrich zur Nedden

HUNDERT JAHRE ABGRUND
(AND THE GODS MADE LOVE)

Es war einer dieser Zufälle, die sich bei näherer Betrachtung als unbestreitbare Notwendigkeit entpuppen. Im Zentrum der scheinbaren Koinzidenz standen zwei prominente Männer – Denker der eine, Musiker und Sänger der andere –, für die im so schrecklich symbolbelasteten Jahr 2000 jeweils ein Gedenktag fällig war.

Die letzten Seufzer, Huldigungen und Schwerdenkerelogen zum 100. Todestag Nietzsches waren nämlich just verklungen, vielleicht auch versandet, versendet und weggedruckt, als die entsprechenden Stellen sich wenige Tage später dem nächsten mehr oder weniger runden Jubiläum zuwenden mussten. Jimi Hendrix war dreißig Jahre tot. Wie die Zeit vergeht, sagten die Einfallslosen, und die vielen anderen wunderten sich: Wie bitte? Zwischen Nietzsche und Hendrix liegen nur siebzig Jahre? Einige formulierten es sogar noch genauer: Siebzig Jahre liegen zwischen ihren Todesdaten?

Auf diese Fragen kann es für den Kundigen nur die eine Gegenfrage geben: Was sind schon siebzig Jahre? Das wiederum weiß schon die Bibel: »Vnser Leben wehret siebenzig Jar / wens hoch kompt so sinds achtzig jar / Vnd wens köstlich gewesen ist / so ists Mühe vnd Erbeit gewesen / Denn es feret schnell da hin / als flögen wir dauon.«

Auf den ersten Blick scheint übrigens Hendrix' »Little Wing« von diesem Psalm inspiriert worden zu sein, aber das kann – so stellt sich bald heraus – nicht stimmen, wenn man sich den Songtext genauer anguckt, deswegen schnell zurück zu Nietzsche, denn beide Jubilare verbindet denn doch mehr als die Arithmetik.

»Das Leben ohne Musik ist einfach ein Irrtum, eine Strapaze, ein Exil«, schrieb Nietzsche an Köselitz im Januar 1888. Kein Jahr später brach er zusammen und ward nicht mehr gesund, sondern kurzerhand entmündigt und siechte dahin noch elf Jahre, wobei sein

Ruhm, um nicht zu sagen der Mythos Nietzsche ausgerechnet, aber letztlich logischerweise und nachvollziehbar erst in diesen elf Jahren, in dieser Zeit der geistigen Zerrüttung und Zerstörtheit wuchs und gedieh, denn hier war der Beweis, dass einer in den Abgrund geschaut und es nicht ausgehalten hatte.

Dagegen Hendrix' raketenhafter Aufstieg und jähes Ende zusammen nahmen bloß vier kurze Jahre in Anspruch. (Den zu Nietzsche parallel geführten, Hendrix betreffenden *nervous breakdown* hatte allerdings nicht er, sondern Bassist Billy Cox, so dass das letzte Konzert der Europa-Tournee am 14. September 1970 in Rotterdam ausfallen musste.)

Ein anderer, quasi übergeordneter Zusammenhang berührt gleichermaßen Technik- wie Mediengeschichte. Man muss sich das vorstellen: Während Grammophon und Phonograph noch Sensationen, quasi gerade erfunden sind, als Nietzsche 1900 in einer zur Floskel verkommenen »geistigen Umnachtung« stirbt, revolutioniert Hendrix innerhalb kürzester Zeit und keine siebzig Jahre später den Sound der ohne Elektrizität gar nicht denkbaren Rockmusik und insbesondere den der Stromgitarre, ohne dass er, wie es heißt, je Noten lesen konnte.

Um zwei Uhr morgens an seinem Todestag, dem 18. September 1970, besucht Hendrix Leute, die laut Aussage seiner Freundin Monika Dannemann »not his friends« waren. »Hendrix apparently smoked some grass there« heißt es in einer Zusammenfassung seiner letzten Stunden, und Nietzsche wusste, wovon die Rede war: »Wenn man von einem unerträglichen Druck loskommen will, so hat man Haschisch nötig.« Aber – und das ist eine der vielen Fragen, die für immer unbeantwortet bleiben werden und deswegen bestens geeignet sind, als Grundlage diverser Verschwörungstheorien zu dienen –, aber warum nur schluckte Hendrix gleich neun Schlaftabletten Vesperax, wenn die empfohlene Dosis eine halbe ist und Hendrix selbst normalerweise zwei nahm? Oder nahm er sie ganz und gar nicht? Sondern sie wurden ihm verabreicht? CIA? FBI? Beide gemeinsam?

Falls es aber gegen jede Erfahrung doch einen Ort gibt, wo die beiden sich seit 1970 ff. ab und zu über den Weg laufen (Nietzsche verständlicherweise kleinlaut und in sich gekehrt, da er offenbar, wie sich jetzt herausstellt, etwas voreilig Gott für tot erklärt hatte), dann werden sie einander aller Wahrscheinlichkeit nach kaum etwas zu sagen haben, obwohl es vielleicht eine Möglichkeit der Kommunikation zwischen den beiden gäbe, auf die nur bis jetzt niemand – und die beiden gleich gar nicht – gekommen ist: Hendrix setzt sich (ja, ja, meinetwegen auf die Wolke Nummer neun), nimmt beiläufig seine Gitarre, spielt und singt genauso beiläufig sein je nach individueller Befindlichkeit Wunden schließendes oder Wunden schlagendes »Angel«, woraufhin Nietzsche nach einer kurzen, aber wirklich nur kurzen Bedenkzeit murmelt so leise, dass es sonst niemand hören kann: »Yeah, man, wie ich sagte: Ich weiß keinen Unterschied zwischen Tränen und Musik zu machen«. Und dann, in einer ihm sonst eher unvertrauten, die Synthese beider Positionen herstellenden oder vielmehr, wenn mans recht bedenkt, womöglich zertrümmernden dialektischen Geste, nimmt Hendrix die Axt erneut zur Hand und spielt »Manic Depression«. Oder wäre die Playlist doch umgekehrt, so dass zuerst »Manic Depression« und danach ...

War ja nur so ein Gedanke, den man bitte, bitte weder philosophisch noch rocktheoretisch auseinander nehmen oder interpretieren sollte.

Klaus Schneider

WEIHNACHTEN MIT JIMI

Zugegeben, ich bin kein wirklicher Hendrix-Fan. Gerade einmal eine mehr schlechte als rechte Best Of-Zusammenstellung (»The Ultimative Experience«) findet sich von dem größten Gitarren-Gott aller Zeiten in meiner Plattensammlung. Immerhin! Denn von den Beatles habe ich nun rein gar nichts vorzuweisen ... Aber trotzdem bin ich in den letzten Jahren doch zu so etwas wie einem Jimi Hendrix-Kenner geworden. Schuld daran ist mein Onkel.

Es war 1997, ich schrieb gerade an meiner Examensarbeit, und mein Onkel half mir ein wenig durch das Leben und Werk von Walter Benjamin. Wir telefonierten und mailten viel, da ich zunächst wenig verstand von dem, was Benjamin so über das »mimetische Vermögen« geschrieben hatte. Nun ist mein Onkel nicht nur ein kluger Mann, sondern auch ein viel beschäftigter dazu. Und ich hatte ihm viel Zeit geraubt, durch meine dummen Fragen. Zeit, die ihm jetzt offenbar fehlte, um Weihnachtseinkäufe zu tätigen. Jene Einkäufe, von denen seine Frau nichts mitbekommen sollte, da die Geschenke für sie gedacht waren.

Mein Onkel verfiel daher der Idee, ich könne diesen Part doch für ihn übernehmen. Als Student hätte ich ja auch viel mehr Zeit dazu, meinte er. Trotz Examensarbeit. Nein-Sagen war für mich nicht drin, hätte ich doch ohne meinen Onkel Benjamins Definition von »Ähnlichkeit« wohl nie zur Gänze begriffen.

Ich zog also los, ein Geschenk für meine Tante zu besorgen. Eine Kleinigkeit nur, so wie man sie sich in ehelichen Verhältnissen gern in Form von Parfüm oder selbst gestrickten Socken schenkt. Mein Onkel und meine Tante tauschten am Heiligen Abend aber nicht das traditionelle Sockenpaar gegen Parfüm, bei ihnen waren es Grateful Dead oder Bob Dylan gegen Jimi Hendrix. Die Grateful Dead- oder Bob Dylan-Tonträger waren quasi die selbst gestrickten Socken für meinen Onkel. Jimi Hendrix lag dem Joop!-Flakon meiner Tante bei.

Wie schon gesagt, ich zog also los, in einen Plattenladen, wie man ihn am ehesten aus Nick Hornbys Roman »High Fidelity« in Erinnerung hat. Wenn man den Besitzer gut kannte und ungefähr seinen Geschmack teilte, dann bekam man in diesem Laden nicht nur seltene Import-Platten und andere Raritäten, ab und an war auch ein Einkaufsrabatt oder eine Promo-Dreingabe drin. Manni, mein Plattenladen-Besitzer, und ich, wir kannten uns, so will ich behaupten, sehr gut. Nicht nur, dass wir uns abends immer im einzigen Live-Club der winzigen Studentenstadt wiedersahen, wir verstanden uns auch sonst. Ich musste nur die Geschäftsräume betreten und mit einem freundlichen Nicken zum Gruße in die »Alternative«-Abteilung verschwinden, schon kam Manni hinter mir her und legte mir diverse Neuerscheinungen zum Probehören vor. Ohne ihn wären Tortoise für mich wohl ewig unentdeckt geblieben. Ebenso Yo La Tengo. Mein Faible für Tocotronic und Die Sterne konnte er zwar nicht teilen, dafür bestellte er schon einmal eine Radiohead-Japan-Only-Import-Maxi auf Verdacht für mich mit. Meine Schwäche für Pearl Jam kommentierte er zwar mehr als nur bissig, aber trotzdem hatte er von irgendwoher ein seltenes Bootleg aus Holland für mich aufgetrieben. Zum Freundschaftspreis mit den üblichen zehn Prozent Rabatt. In meiner Not lief ich also zu Manni und nicht zu Karstadt, um für meinen Onkel beziehungsweise seine Frau eine Jimi Hendrix-Platte zum Weihnachtsfest zu erstehen.

Den entsetzten Blick vergesse ich wohl nie, den mir Manni entgegen warf, als ich ihn nach »was Neuem von Hendrix« fragte. Eine scheinbar nicht enden wollende Aufklärungsstunde darüber, dass Hendrix nunmehr fast auf den Tag genau so lange schon tot sei wie ich alt wäre. Der dezente Hinweis, dass der Verstorbene streng genommen gerade einmal vier offizielle Alben zu Lebzeiten veröffentlicht habe, rundeten die Nachhilfestunde ab. Zaghaft warf ich ein, dass doch gerade die Rechte am Hendrix-Nachlass von dem fiesen Interimsverwalter Alan Douglas nach langem Rechtsstreit an den Vater Al Hendrix übergegangen wären. Was wiederum zur Folge habe, dass heuer der damalige Toningenieur von Jimi Hendrix nicht nur »Are You Experienced«, »Axis: Bold As Love«, »Electric

Ladyland« und »Band Of Gypsys« digital remastert habe. Darüber hinaus habe besagter Eddie Kramer auch einiges zusammengetragen, was auf diversen postumen Veröffentlichungen sträflich verstreut gewesen war. Nämlich die kurz vor Jimis Tod von ihm eingespielten Lieder aus dem Electric Ladyland Studio. Mit einem Wort, er möge mir das niegelnagelneue Album »First Rays Of The New Rising Sun« verkaufen. Es stand somit 1:1. Und der Tonträger wechselte den Besitzer. Mein Onkel hatte sein Weihnachtsgeschenk. Meine Tante ein Hendrix-Album mehr. Und ich bei meinem nächsten Einkauf ein paar vertrauensbildende Maßnahmen zu tätigen, etwa Blur und Laika zu erwerben.

Leider gefiel meiner Tante »First Rays Of The New Rising Sun« so sehr, dass ich in den folgenden Jahren immer kurz vor Heiligabend bei Manni die Weihnachtseinkäufe meines Onkels erledigen durfte. Weshalb ich so glanzvolle und irgendwie auch vorweihnachtliche Hendrix-Veröffentlichungen wie »The BBC Sessions« oder »Live At Woodstock« besorgte. Alles schicke Neuauflagen in verbesserten Klanggewändern respektive glorreiche Ausgrabungen aus den Archiven. So richtig weihnachtlich wurde es aber erst im Jahre 2000. Eine fulminante Hendrix-Box ward angedroht, und mein Onkel verfiel in große Vorfreude. Dieses Box-Set war quasi genauso gut wie Parfüm und Duschgel, in einem liebreizenden Kulturbeutel verpackt. Natürlich mit Schleifchen drum. Vier CDs, voll gepackt mit allerhand unveröffentlichtem, seltsamem und seltenem. Das war endlich das ultimative Weihnachtsmitbringsel für meine Tante.

Dachte er.

Mein Onkel wusste ja nicht nicht, was ich ihr in besagtem Jahr zum Geschenke auserkoren hatte. Den schnieken US-Import »Jimi Hendrix – Merry Christmas And Happy New Year« nämlich. Eine Maxi-CD bloß, aber mit sensationellem Äußeren und einem gar komischen Liedchen im Inneren. Ein ganz unfassbares »Little Drummer Boy/Silent Night/Auld Lang Syne«-Medley! Genauer: Ein Abfallprodukt aus einer Jam-Session der Herrschaften Hendrix, Cox und Miles, wie man es im Booklet besagter Import-Perle nachlesen kann. Schlimm genug, dass in Baggy's Studios zu jener Zeit offenbar kein Mangel an Aufnahmebändern geherrscht hat, noch schlimmer das Cover-Foto, welches den Tonträger schamhaft verdecken soll. Auf diesem Bildchen mimt Hendrix selten affig den Weihnachtsmann. Das Dokument der Peinlichkeit wurde, so klären die von John McDermott verfassten Linernotes auf, im Dezember 1967 für das englische Musikmagazin »Record Mirror« aufgenommen. Santa Hendrix wollte derart verunstaltet sein zweites Album »Axis: Bold As Love« promoten.

Die Platte wurde trotzdem ein Erfolg. Und ich von nun an freigestellt vom Weihnachtsshopping.

Ulrich Holbein

WO WAR JIMI HENDRIX, BEVOR ER JIMI HENDRIX HIESS?

Jimi Hendrix ist nicht nur so alt wie die Menschheit selbst, sondern natürlich x-mal älter. Sein erster Kick war der Big Bang persönlich – welch Flash! Horizontsprengend ... bewusstseinserweiternd – WHAUUUUNGH!!! Jimi tanzte als Feuerkopf und Sternschnuppe auf heißer Party, lieferte galaktischen Eiertanz, Veitstanz, vulkanische Aktivität ... bevor rundum die ersten Planeten erkalteten und alterten, ein Riesenvolk versteinerter Kotzbrocken sich etablierte und runterhing, geologisches Establishment, Vorläufer heutiger Bürokraten, Betonköpfe, Seelenkrüppel. Fazit: Die später »Subkultur« betitelte Massenbewegung war viel älter als der Mainstream der Normalkultur. Und so ging es weiter. Alsbald schwamm Jimi Hendrix als Vollkorn-Nudel in der Ursuppe, als Sauna-Hedonist schaumgeboren im Whirlpool von Blubber-City, diesseits aller Scheinprobleme, Gesetzeslücken, finanziell unabgesichert, dafür in immergrüner Summertime, diesseits afrikanischer Versteppung – and the living was easy! In der Frühphase Nr. 3 standen olle Schachtelhalmwälder humorlos rum, deren Einheitskluft Jimi mit rotgoldnen Farbtupfern aufmischte, mit Arrangements zwischen Blümchen, Bienlein und Lüftchen. Kostenloser Kuschelsex allüberall, knallvolle Pollenhöschen, frühlingsgrün, ein vorauseilendes Fernziel, der erste Sommer of Love, First of May, Taoasis-Cocktail aus Flowerpower kompakt, Greenpeace pur, naturidentischer Paradieshauch, Summelgebrumm, Schnurrdiburr und Sommerwind. Ehe neben einem Affenbrotbaum die Cola-Flasche der Zivilisation niederfiel, als ungute Vorahnung dessen, was alsbald folgen sollte.

Auch als höhere Säugetiere tingelten x Gorillas, ehe sie sich als die elf kleinen Negerlein evolutionär aufschwangen, relativ stresslos durch unverschandelte Tundra, ständig on the road. Doch Thesenpapers über Völkerverständigung schlug man den lustigen und peacefully stets nur einen draufmachenden Typen aus der hochelastischen Hand. Gewisse Schimpansen sahen die Gorillas als Pöbel. Dabei sahen die feinen Pinkel so ungepflegt aus wie alle anderen, halt wie ein auch damals schon so gut wie komplett vorhandener Jimi Hendrix, der sich erst später in seine ausgebleichten Varianten auseinandertat. Welche da Struwwelpeter oder Rübezahl zu heißen begannen. Nur leider, auf nächsthöheren Evolutionsstufen blickten die Bleichgesichter von noch weiter oben auf die musikalischen Dunkelmänner herab, diese umtriebigen, nervösen, zänkischen Schwächlinge und Klugscheißer! Hintertückisch verkopft! Angekränkelt von Gedanken an Faustkeiloptimierung und Minderheitendiffamierung. Und blass wie Grottenolme und andere Blindlurche. Wussten die nicht, dass man in derselben Band spielen kann und ... trotzdem happy sein? Nämlich nett wie Robinson, der mit Freitag eine doch recht positive Beziehung aufbaute. Kaum jedenfalls hatte man die letzten Mohikaner aus Neandertal fortgemobbt, liefen die kraushaarigen Ureinwohner überall herum wie eh und je, gut gebaut und ekelhaft gesund. Und wurden von den Griechen als »Barbaren« abgekanzelt, und von Christen als Heiden! Und von Weißen, wie angedeutet, als Neger! Und von Oberpriester Sarastro als geiler Monostatos und Osmin. Und von den ewigen Realisten als ewige Spinner! Von blonden Brahmanen als kastenlose Schmuddelrabbis, auch das noch! Und von höheren Töchtern als Proleten ohne Knete! Dafür mit Klampfe.

Unterdrücker stellten sich über Untermenschen. Umweltverpester, Steuerzahler und Kriegshetzer denunzierten den langfristigen Jimi Hendrix als Gammler und Hippie! Also in summa: als ewigen Neandertaler. Ständig bombte man Tarzan und Bowambi in die Steinzeit zurück. Falls Conan, der Barbar, je aus seiner Höhle hervorguckte. Und Louis Armstrong je aus seinem Trumpet-Blues. Oh diese ewigen Monotheisten und Besserwisser! Egal, welchem Hobby Jimi frönte, stets stellte von frühauf irgendein verlängerter Arm Gottes sich vor ihm auf, Moses, Brahmanuel oder Konfusius, und mischte sich in sein ungekämmtes Privatleben:

»Tu dies! Lass jenes! Friss nicht soviel Linsensuppe, Esau!«

Immer öfter sehnte Jimi sich ins früheste Love-and-Peace-Paradies, das aber auch schon übel verunzierte, von der ersten Drogen-Razzia der History, mit Paragraphen:

»Du sollst nicht essen von der Banane der Erkenntnis.«

»Rauchen gefährdet nicht nur Ihre Gesundheit!«

Die Wüste der Zivilisation mutierte zur Kultur- und Betonwüste, im Flatland aus Einwohnermeldeamt und Behindertenparkplatz. Kein Wunder, dass Jimi als schlitzäugiger Vor-Hippie, des Namens Laotse, aus verknöcherten Staatsreligionen und Bürokratenstaaten floh, zurück zur Natur, in grüne Eremitagen. Hinterm Rücken barscher Aufpasser zuckte und tanzte er auf fetzigen Open Air Festivals um goldblitzende Kälber. Eingebettet in bäuerlichen Alltag, gelang es ihm nur punktuell, mal auszuflippen, als Schamane, Sonnenanbeter, Spielmann, Minne- und Bänkelsänger, Wanderprediger ... man konnte sich's ja oft nicht aussuchen. Als Fool on the Hill, Morgenlandfahrer, Maschinenstürmer, und dann so um 1920 herum als jugendbewegter Kohlrabi-Apostel, barfüßiger Makrobiotiker. Jesus, Rasputin, Alexis Sorbas, alles Ur- und Früh-Hippies.

Dann kamen die Hippies. Und auch hier war Jimi wieder voll zugange und dabei. Und hieß sogar wörtlich »Jimi Hendrix«. Eingebettet in die verkrusteten Strukturen obligat unaushaltbaren Spießermilieus, dem Machtbereich des ewigen Moses. Den sofortigen Zerfall des Flowerpower-Movements bekam er kaum noch mit, nämlich überhaupt nicht. Bei der erstbesten Gelegenheit klinkte er sich aus. Und stand hier mit Brian Jones und Janis Joplin in einer frühromantischen Tradition, als Wiederauflage, als Novalis, Wilhelm Heinrich Wackenroder oder Franz Schubert im Afro-Look. Diesmal immerhin als flächendeckende Strömung, die halt umso imposanter zerfiel, sehr urknallartig, feuerwerkhaft. Andere hielten an seiner Stelle noch ein Weilchen ein grünes Fähnchen aufrecht und versuchten nicht zum Stamm zurückzurollen. Viele sahen vom TV-Sessel allen Wochenend- und Ex-Hippies beim Altern zu, oder wie sie zu Punk und Tekkno pervertierten, zu Love Parade, CSD-Tag und Herzberg-Festival. Wäre Jimi leben geblieben, hätte er heute die TV-Konkurrenz des blendaxlachenden Roberto Blanco auszuhalten ... na, ob das auszuhalten wäre? Die Legende wäre in die Breite gegangen und sähe Roberto Blanco vielleicht ähnlicher als dem Jimi von 1969. Er würde dann halt wie Donovan den hundertsten Teebeutel in die hundertste Teetasse hängen, und wie Bob Dylan augenverdrehend Preise entgegennehmen, oder allmählich vom Teerstoff eingeholt werden, mit enormem Leibwächterverschleiß. Immerhin wären die Finger fast noch genauso schnell wie ehedem. Aber aus jedem neu abgesungenen »Hey Joe« wäre so die Luft raus wie aus Iron Butterfly und allen andern New Animals, sobald sie nochmal so richtig draufdrücken und den Beweis erbringen, dass sie immer noch unvermindert born to be wild sind. Und fast so herrlich wie am ersten Tag. Wodurch natürlich keinerlei Tragik kleiner wird.

Immerhin, die Hendrixe dieser Welt leben inkognito weiter. Das Establishment trägt nach wie vor jene blutroten Krawatten, die die Bleichgesichter und klugen Affen Dabbelyou Bush und Mr. Rumsfeld am Tag des christlich-demokratischen Kriegsbeginns trugen, und die Hippies, Morgenlandfahrer und Dschieses-Freaks mutierten zu friedlich aussehenden arabischen Topterroristen, so von der Konstellation her.

DIE AUTOREN

Ulrich Blumenbach, geboren im Todesjahr von Sam Cooke, überstand die Tanzstunde mit »Voulez-Vous«, die erste Liebe mit »Running On Empty«, die Schule mit »We Don't Need No Education« und das Studium mit »It Never Entered My Mind«. Nach einer Stippvisite in der Lyricist Lounge landete er bei »Fuchs, du hast die Gans gestohlen«.

Esther Breger, 1961, Ostfriesin und gelernte Schweizerin mit Basler Wohnsitz, Ex-Verlagslektorin, Ex-Springreiterin und Indienfahrerin, versucht seit vielen Jahren vergeblich als Übersetzerin zumeist drogenkonsumierender Autoren zu Ruhm und Reichtum zu gelangen.

Udo Breger, 1941 in Göttingen geboren. Übersetzer, der gelegentlich schreibt und fotografiert. Alles Tätigkeiten, die er seit einem Vierteljahrhundert in der Schweiz ausübt.

Thomas C. Breuer, geb. 1952 in Eisenach, lebt als freier Schriftsteller in Heidelberg, seit 1977 auch als Kabarettist unterwegs auf Kleinkunstbühnen in Deutschland, in der Schweiz und in Nordamerika. Über 1800 Auftritte, regelmäßige Rundfunkarbeit für WDR und SWR. Gerade ist sein neues Buch erschienen: »Paradies, etc.« (Maro Verlag). – »Happy Hour« ist ein Kapitel aus dem sehr schönen, immer noch lieferbaren Roman »Sekt in der Wasserleitung«. Abdruck mit freundlicher Genehmigung des Maro Verlags.

Karl Bruckmaier, geboren 1956 in Niederbayern, war Radio-DJ im BR (»Club 16«, »Zündfunk«, »Nachtmix«, »Nachtsession«), Konzertveranstalter, Plattenlabelboss, TV-Moderator, Übersetzer; seit 1981 ist er Pop-Kritiker bei der »Süddeutschen Zeitung«, seit 1987 ihr fester Kolumnist und seit 1994 verantwortlich für deren Schallplattenseite. Buchveröffentlichungen: »I'm only in it for the Zeilenhonorar« (1993); »Soundcheck – die 101 wichtigsten Platten der Popgeschichte« (1999). Zuletzt: »›Dann aber wird ein Dichter an ihm verloren gegangen sein‹ – Mutmaßungen über Jakob van Hoddis« (Hörspiel, 2002). – »Beim Afro des Propheten« erschien zuerst leicht verändert in der »Süddeutschen Zeitung«.

Christoph Dieckmann, geb. 1956, aufgewachsen in der DDR als Rand-harzer Dorfpastorenkind, Filmvorführer, Theologiestudium, Vikar, freier Autor, seit 1991 Reporter/Redakteur der »Zeit«. Erste Bandauf-nahme: Roy Black, »Ich habe geträumt, das Glück kommt heut zu mir« (Frühjahr 1970). Erstes Rockkonzert: Die Puhdys im Kulturhaus Artern (Sommer 1972). Erste Westplatte: Emerson, Lake & Palmer, »Pictures At An Exhibition« (Mitbringsel von Omi, 1974). – 1990 fünfmonatige USA-Kreuzfahrt auf Einladung des World Press Institute St. Paul/Min-nesota. 1992 Internationaler Publizistik-Preis von Klagenfurt, 1993 Theodor-Wolff-Preis, 1994 Egon-Erwin-Kisch-Preis, 1996 Friedrich-Märker-Preis für Essayistik. Dieckmann veröffentlichte sechs Bücher im Ch. Links-Verlag, zuletzt: »Volk bleibt Volk. Deutsche Geschichten« (2001). Von Rockmusik als Gegenwelt und Fluchtweg aus der DDR er-zählt »My Generation. Cocker, Dylan, Honecker und die bleibende Zeit« (1991, Neuausgabe 1999). Dieckmann lebt in Berlin-Pankow.

Wolfgang Doebeling, Jahrgang 1950, lebt als Radio-DJ und Musik-journalist (u.a. »Rolling Stone«) in Berlin.

Hartmut El Kurdi, geb. 1964 in Amman/Jordanien, lebt in Braun-schweig. Er schreibt Theaterstücke, Kolumnen für die »taz«, liest auf Aufforderung die eigenen Texte laut und deutlich auf deutschen Büh-nen vor, arbeitet als Regisseur und Schauspieler und veranstaltet (ge-meinsam mit Frank Schäfer und Gerald Fricke) die Live-Lese-Litera-turshow »Lemmy und die Schmöker«. Für seine vom DeutschlandRadio Berlin als Hörspiel produzierte Schisshasenkomödie »Angstmän« erhielt er den Deutschen Kinderhörspielpreis 2002. Buchveröffentlichungen: »Die Oma-Patrouille. Kolumnen« (Braunschweig 2000), »Schwarzrote Pop-Perlen« (Hannover 2001) und »Mein Leben als Teilzeit-Flaneur« (Berlin 2001).

Gerald Fricke, Dr. rer. pol., Jg. 1969, Politikwissenschaftler und Autor aus Braunschweig, arbeitet seit 2000 in einer Internet-Agentur in Ham-burg. Mitveranstalter der Live-Lese-Literaturshow »Lemmy und die Schmöker« (mit Hartmut El Kurdi und Frank Schäfer). Letzte Buchver-öffentlichungen: »Von Rio nach Kyoto. Verhandlungssache Weltklima: Global Governance, Lokale Agenda 21, Umweltpolitik und Macht« (2001); »Für alles gibt's ein Erstes Mal. Das Buch der Vordenker, Bahn-brecher und Neutöner« (1999, mit Frank Schäfer).

Ulrich Holbein, geb. 1953 in Erfurt, mehrfach preisgekrönter Sprach-
artist, Kolumnist, Hörspiel- und Romanautor, schreibt regelmäßig Glos-
sen, Essays, Dialoge, Rezensionen für einen ganzen Sack voll Rund-
funksender und Zeitungen. Zuletzt erschienen separat »Nekrolog auf
den Ladenhüter« (1999), »Zwischen Liquid Sound, Spirituallekt und
Zwerchfellatio« (1999), der gewaltige Collageroman »Isis entschleiert«
(Elfenbein 2000), eine schöne Sammlung mit Doppelporträts, »Unglei-
che Zwillinge« (Radius 2002), und eine nicht minder schöne mit Gro-
tesken, »Drehwurm« (yedermann 2002)

Axel Klingenberg, geb. 1968, lebt und schreibt in Braunschweig, Schriftsteller und Journalist, Co-Herausgeber der Zeitschrift »Subh«
(www.subh.de). Letzte Veröffentlichung: »Goethes Faust in die Fresse
und andere öde Oden. Gedichte« (Braunschweig 2001). Als Herausgeber: »Maulkörbe. Anthologie über Menschen und Revolten«, Braunschweig 2000; »Schäbige Schriften. Sogenannte Klassiker des 20. Jahrhunderts neu gelesen« (Braunschweig 2002, mit Andreas Reiffer). Alles
im Verlag Andreas Reiffer.

Andreas Klotz, Jg. 1965, lebt als Antiquar und Gelegenheitskritiker (vornehmlich für den »Lünebuger Tages-Anzeiger«) in Lüneburg. Was hätte alles aus ihm werden können, wenn er sich Mühe gegeben hätte.

Bernd Matheja, geb. 1951 in Lübeck. Publizistik-Studium in Göttingen.
TV- und Musik-Redakteur bei der »Hamburger Morgenpost«; Textchef
»Funk Uhr«. Hörfunkserie: »Rock File« (NDR, 1987/88). Autor u. a.
für »Sounds«, »Musik Express«, »Rolling Stone«, »GoodTimes«. Herausgeber von »BOMP!« (Rowohlt). Beratende Tätigkeit für die englische »Encyclopedia Of Popular Music«. Seit 1999 freier Journalist.
Bücher: »1000 Nadelstiche – Amerikaner & Briten singen deutsch« (Bear Family, 2000), »Bernd Mathejas Listen-Reich« (Hannibal, 2001),
»The 60s Picture Book« (Bear Family/GoodTimes, 2002). Aktuelle CD-
Reihen: »1000 Nadelstiche«, »Smash..! Boom..! Bang..!«, »Pop In Ger-
many«.

Christian Meurer, geb. 1958 in Malchow/Mecklenburg-Vorpommern,
lebt mit Frau und drei Töchtern als FAZ-Kreuzworträtselmacher, Hei-
matforscher und Oberleutnant der Reserve bei Itzehoe in Schleswig-
Holstein. Beschäftigung mit Rockmusik eher sporadisch, doch wenn,

dann professionell – siehe z.B. die Beiträge zu John Lennon als Zeichner & Humorist (»titanic« 4/95) und Besucher der Lüneburger Heide (»taz« 13. Juli 1998) sowie zu Lou Reeds in der Nähe des KKW Brokdorf entstandener Lieblings-Eigenkomposition (»Norddeutsche Rundschau« 12. April 1996). – »All along the Quatschtower« wurde in der »Titanic« erstveröffentlicht.

Dietrich zur Nedden, geb. 1961, lebt als freier Autor in Hannover. – Eine etwas kürzere Fassung von »Hundert Jahre Abgrund (And The Gods Made Love)« erschien zuerst auf der »Wahrheit«-Seite der »taz«.

Matthias Penzel, geb. 1966. Frei in London, beruflich in Berlin. Musikjournalismus für »Fachblatt Musikmagazin«, »Kerrang!«, »Rock Hard«; über Literatur in »Frankfurter Rundschau«, »foglio«, »Rolling Stone«; Neue Medien für »Spiegel-Online«, »Wired« und »brand eins«; Formel 1 für »Financial Times Deutschland«, »Max« und »F1 Racing«. Klügste Entscheidung: Statt sich seiner ersten Band als vierter Gitarrist anzuschließen, wurde er lieber Trommler. 2003 soll sein Rock-'n'-Roll-Roman »TraumHaft« erscheinen.

Michael Quasthoff, geb. 1957 in Hildesheim, lebt als Publizist in Hannover. Beiträge für die »Süddeutsche«, »Zeit«, »FR«, »Weltwoche«, »Freitag« etc. Veröffentlichungen in Anthologien, zwei Bücher mit Dietrich zur Nedden und ebenfalls mit Herrn zur Nedden lange Jahre Gastgeber der Fitz-Oblong-Show.

Friedhelm Rathjen, Jahrgang 1958 und wohnhaft im Hurricane-Kaff Scheeßel, steht seit jeher auf der Beatles- und nicht der Stones-Seite. Freier Literaturkritiker, u.a. für die »Zeit«, deren Abonnement er freilich mit einem denkwürdigen Leserbrief kündigte, weil das Blatt Ernst Jüngers 100. Geburtstag mit viel Brimborium, Neil Youngs anschließenden 50. Geburtstag aber überhaupt nicht beging; freier Übersetzer mit Schwerpunkt in vorrockmusikalischen Epochen (Melville, Stevenson, Mark Twain usw.). Rathjens fünf Bücher und unzählige Aufsätze über James Joyce und Arno Schmidt (zuletzt »... in fremden Zungen«, edition text + kritik 1995) kulminieren in der Entdeckung, dass beide Autoren mit John Lennon verknüpfbar sind; seine drei Bücher über Samuel Beckett (zuletzt »Samuel Beckett & seine Fahrräder«, Häusser 1996) sind als Erklärung von Rathjens Vorliebe für Roy Harper (»waiting for godot / with ravenous cries«) unzulänglich; sein literarischer Wander- und Radfahrverführer »Irische Reise« (Lamuv 1999) lässt unter der Hand durchblicken, dass U2 an die Stelle von James Joyce getreten sein könnten – allerdings nicht in jeder Hinsicht.

Michael Sailer, freier Schriftsteller, Kolumnist, Musiker u.a.; 1963 in München geboren, lebt daselbst ein ruhiges Leben. Zuletzt erschienen: »In Wahns Welt. Belästigungen 31-60« (Schwabinger Kunstpreis 2001); zuletzt nicht erschienen: »Die Verrückten stehen in der Sonne. Roman« (Literaturstipendium der Stadt München).

Helmut Salzinger, 1935 in Essen geboren, studierte Literaturwissenschaft und arbeitete nach seiner Promotion (»Eugen Gottlob Winklers künstlerische Entwicklung«, 1967) einige Jahre als Literatur- und Musikkritiker für verschiedene Zeitungen und Rundfunkstationen, u.a. für »Die Zeit«. »Aufgrund zunehmender Schwierigkeiten mit den Redaktionen, deren politische Natur sich nach und nach herausstellte«, emigrierte er aufs Land. Hier schrieb er für »Sounds« seine legendäre »Jonas Überohr«-Kolumne und neben Gedichten und Aufsätzen auch seine bekanntesten Bücher: den kulturrevolutionären Collage-Essay »Rock Power oder Wie musikalisch ist die Revolution?« (1972) und »Swinging Benjamin« (1972), das den Philosophen Walter Benjamin für eine linke Gegenkultur »praktisch« nutzbar zu machen suchte. In der Folge zog sich Salzinger aus der Öffentlichkeit mehr und mehr zurück und übte sich bis zu seinem Tod 1993 in quasi-buddhistischer Naturversenkung, seiner Form der »Verwilderung«. Auch darüber schrieb er, am eindrucksvollsten in seinem »Gartenbuch«: »Der Gärtner im Dschungel« (1992). – Der hier nachgedruckte Text »Rock Power oder Wie musikalisch ist die Revolution?« ist eine Passage aus dem gleichnamigen Buch.

Klaus Schneider, 1970 in Kassel geboren, lebt als Lehrer und Gelegenheitskritiker (»Intro«, »Wildwechsel«, »Glitterhouse-Mailorder«) in Warburg. Mitbetreiber des schönen Internetmagazins »Poprentner«.

Frank Schulz, geb. 1957, lebt als Autor und Redakteur in Hamburg; er erhielt den Hamburger Literaturförderpreis 1989, den Förderpreis des Kasseler Literaturpreises 1999 und 2001 für »Morbus fonticuli oder Die Sehnsucht des Laien« den Literaturpreis des Landes Niedersachsen. – »Hexenritt« ist ein Ausschnitt aus diesem voluminösen, sprachmächtigen, ganz grandiosen Roman, der zunächst im Haffmans Verlag publiziert und nach dessen Pleite von Eichborn Berlin neu aufgelegt wurde. Abdruck mit freundlicher Genehmigung des Autors.

Klaus Theweleit, geb. 1942, lebt als freier Publizist in Freiburg im Breisgau, Lehraufträge im In- und Ausland. Berühmt wurde Theweleit durch das Buch »Männerphantasien«. Zur Zeit schreibt er an einem vierbändigen Werk über den Pocahontas-Mythos, von dem Band 1 (»Pocahontas in Wonderland. Shakespeare on Tour«) und 4 (»›You Give Me Fever‹: Arno Schmidt. Seelandschaft mit Pocahontas«) bereits erschienen sind (beide Frankfurt/M. 1999). Zuletzt: »Der Knall. Essays, Reden, Poems, Interviews« (Frankfurt/M. 2002). – »Rock for Grown-ups« wurde zunächst in der »taz« veröffentlicht und dann in einer verbesserten Fassung, die wir hier mit freundlicher Genehmigung des Autors nachdrucken, in dem Omnibus »Das Land, das Ausland heißt« (München 1995).

Mark-Stefan Tietze ist »Titanic«-Redakteur in Frankfurt/M. und Autor in Münster. Spielte bis zum großen Paradigmenwechsel in der Soziologie Leadgitarre bei The Jürgen Habermas Experience, anschließend in derselben Funktion bei Niklas A-Wop-Bop-A-Luhmann und seinen rockenden Systemtheoretikern.

Wolfgang Welt, Jahrgang 1952, studierte nach dem Abitur erfolglos im heimatlichen Bochum. Danach Schallplattenverkäufer. Arbeitete beim Ruhrgebietsmagazin »Marabo«, bald als dessen Musik- und Literaturredakteur, schrieb für überregionale Blätter wie »Sounds« und »Musik Express«. 1982 wurde Welt Nachtwächter in Diensten der Stadt, 1986 veröffentlichte er den Roman »Peggy Sue«. 2001 erschien endlich die Fortsetzung »Der Tick« (bei Heyne). – »Tod in London« erschien zuerst in der Tageszeitung »junge Welt«.

Der Herausgeber: Frank Schäfer, geb. 1966, Dr. phil., lebt in Braunschweig und schreibt regelmäßig für Rolling Stone, Neue Zürcher Zeitung, taz, Titanic, konkret u.a. – Buchpublikationen (zuletzt): (als Hg.): The Boys Are Back In Town. Mein erstes Rockkonzert – ein Lesebuch. Schwarzkopf & Schwarzkopf (2000); Heavy Metal. Geschichten, Bands und Platten. Reclam Leipzig (2001); Die Welt ist eine Scheibe. Roman. Oktober Verlag (2001); Ich bin dann mal weg. Streifzüge durch die Pop-Kultur. Schwarzkopf & Schwarzkopf (2002).

Die Bücher von Frank Schäfer im Schwarzkopf & Schwarzkopf Verlag:
Kultbücher • The Boys Are Back In Town • Ich bin dann mal weg

IMPRESSUM

A TRIBUTE TO JIMI HENDRIX
Herausgegeben von Frank Schäfer

ISBN 3-89602-419-1
© bei Schwarzkopf & Schwarzkopf Verlag GmbH, Berlin 2002

KATALOG
Wir senden Ihnen gern unseren kostenlosen Katalog.
Schwarzkopf & Schwarzkopf Verlag GmbH / Abt. Service
Kastanienallee 32, 10435 Berlin.
Service-Telefon: 030 – 44 33 63 00 • Fax: 030 – 44 33 63 044

INTERNET
Ausführliche Informationen zum
Verlagsprogramm finden Sie im Internet.
www.schwarzkopf-schwarzkopf.de • www.lexxxikon.de

EMAIL:
info@schwarzkopf-schwarzkopf.de